北魏在中华文明连续发展链条中的地位研究

Study on the position of the Northern Wei Dynasty in the continuous development chain of Chinese civilization

胡克森 著

中国社会科学出版社

图书在版编目(CIP)数据

北魏在中华文明连续发展链条中的地位研究/胡克森著.
—北京:中国社会科学出版社,2022.3
ISBN 978-7-5203-9790-2

Ⅰ.①北… Ⅱ.①胡… Ⅲ.①中国历史—研究—北魏
Ⅳ.①K239.210.7

中国版本图书馆CIP数据核字(2022)第031026号

出 版 人 赵剑英
责任编辑 宋燕鹏
责任校对 周 昊
责任印制 李寡寡

出　　版 中国社会科学出版社
社　　址 北京鼓楼西大街甲158号
邮　　编 100720
网　　址 http://www.csspw.cn
发 行 部 010-84083685
门 市 部 010-84029450
经　　销 新华书店及其他书店

印　　刷 北京明恒达印务有限公司
装　　订 廊坊市广阳区广增装订厂
版　　次 2022年3月第1版
印　　次 2022年3月第1次印刷

开　　本 710×1000 1/16
印　　张 15.75
插　　页 2
字　　数 225千字
定　　价 89.00元

目　　录

导　　言

一

本书主要内容是我2012年申报湖南省教育厅的一个社科重点课题，原立项课题题目为“北魏在中华文明连续发展链条中的地位研究”，立意源于对中华文明连续性发展的思考。选择这一课题的一个重要原因，是我的第一个国家社科基金项目于2009年结题，最终成果是一部专著:《融合：春秋至秦汉时期从分裂走向统一的文化思考》，于2010年由人民出版社出版。该书的基本思路是将中华民族文化从源头上分为中原与蛮夷两大体系，全面分析了这两种文化的发展演变和融合进程。核心观点是：中华民族之所以能在春秋至秦汉时期完成民族大统一，在于中原与蛮夷两种文化的充分融合而形成优势互补，从而揭示了二者在中华民族文化融合中各自所占有的位置及其在从分裂走向统一趋势中所起的作用。随着汉皇朝的建立，民族融合的完成，中华民族多元一体大格局中的主体民族，中华民族的凝聚核心：汉民族正式形成。从此，统一成为中华民族历史发展的主流和常态，而分裂只是一种支流，一种变态，中华民族的统一传统自此形成。这次民族融合也为中华文明连续发展而未曾中断的历史格局打下了坚实的基础①。而秦汉以后是魏晋南北朝，这是继秦汉大一统之后出现的又一次长时段的民族分裂时期，这一长时段的民族分裂又酝酿着更深入的

① 胡克森:《融合：春秋至秦汉时期从分裂走向统一的文化思考》，人民出版社2010年版。

民族融合，为新的民族统一打下基础。因此，从中华文明延续发展的角度来看，魏晋南北朝这段历史又可分为两个阶段，第一阶段：东汉末年的社会大分裂到西晋的短暂统一，属于汉族内部各政权的权力角逐，其主流的文化传承没有中断，这就是后人所称的汉魏文明。第二阶段：东晋十六国至南北朝。当西晋灭亡后，汉民族政权被迫迁出黄河流域，代之而起的是众多胡族政权在中原的崛起，中华传统文化面临发展中断的危险。但历史发展到十六国后期，在北方众多胡族政权中，拓跋鲜卑乘时崛起，建立起了北魏帝国政权。北魏帝国大胆地进行汉化改革，勇敢地吸收汉族文化，从而担当起结束十六国，统一黄河流域，下启隋唐统一新局的历史使命，使中华文明得以延续、丰富和发展。北魏帝国在延续中华文明连续发展进程中占有非常重要的历史地位。而我作于 80 年代北京大学的硕士学位毕业论文正是研究北魏学校制度的，对北魏一朝的历史还是比较熟悉的，因此，我就选中北魏在中华文明连续发展链条中的历史地位作为研究课题，对中华民族文化的交流和融合继续进行探讨，也使自己的民族融合史研究具有连续性。

二

如果从课题立意的渊源来看，可以说，该课题已经酝酿了近 30 年。笔者 1986 年考入北京大学历史系，师从田余庆、祝总斌先生学习魏晋南北朝史，至少从 1987 年下半年我就开始较多地注意北魏一朝的历史，尤其是北魏的教育制度，我的毕业论文原定为《论北朝教育与科举制之关系》，是准备将北朝的中央官学、地方官学和私学均进行一番考察的。但祝总斌师认为，如全面考察北朝的教育，又要探讨其与科举制的关系，内容太多，怕 3 万字写不下（当时系里有个一般原则规定：硕士论文 3 万字左右，博士论文 10 万字左右），也怕时间不够。于是在资料收集好后，正式定稿时只留下了北朝（实际主要是北魏）的地方官学和私学部分，而中央官学，主要指北魏中央官学的一些观点、看法则放到《序言》中叙述，主要是对其性质进行界定，对其源流进行了简单叙述。① 由于众所周知的原因，那年毕业非常仓促，加之毕业后找工作处处碰壁，经过 3 个多月后，才回到洞口县委办公室从事秘书工作，后又先后辗转到县委党校、洞口县百惠实业公司等单位。到 1998 年毕业近 10 年后才调到邵阳师专（2002 年与邵阳高专合并升本，改为邵阳学院）政史系从事专业的历史教学和研究工作。到邵阳师专需要一段时间熟悉大学教学工作，无暇顾及论文写作，当然更无暇去考虑修改原来的毕业论文了。在进入 21 世纪后，我开始翻检原来的毕业论文和原来在北大学习时写过的作业，进行修改整理加工，陆续发表于各刊物，如发表于《贵州社会科学》2006 年第 4 期的《论北朝私学与科举制诞生的关系》是从我毕业论文中抽出来的部分内容；而发表于《晋阳学刊》2003 年第 6 期的《西晋国子学建立原因初探》和发表于《贵州社会科学》2005 年第 1 期的《九品中正制度再评价》都是在北大学习时就有所思考的。

在我重新修改硕士毕业论文时，发现我在 20 世纪 80 年代提出的有关北魏教育制度的一些观点，到 21 世纪仍未有人涉及，尽管关于北魏中央官学，学者们发表了较多的成果，但均是对中央官学的发展及其与汉化改革的作用进行了拔高，与历史事实并不相符，尤其是有关北魏地方官学的研究，几乎没有任何进展。有些学者竟然一直怀疑北魏地方官学开办的真实性，更莫提地方官学对孝文帝汉化改革的作用了。于是，我开始将研究的目标放到北魏中书学和地方官学上来②。在修改毕业论文的基础上，我逐渐将北魏州郡学、中书学与冯太后和孝文帝的汉化改革联系起来进行思考。到 2012 年，我就以“北魏在中华文明连续发展链条中的地位研究”为题申报了湖南省教育厅重点社科项目。

当时我是这样思考的：

北魏与同时代十六国其他众多的胡族政权相比较，无论是经济、

---

① 我感到奇怪，北大历史系我们那一届毕业的研究生选教育史作为毕业论文的题目特别多，我们 20 个同学毕业，选教育史及与教育有关的竟达 9 篇之多。

② 来到邵阳学院后，我的关注点主要是先秦和秦汉史，具体内容是政治文化和民族融合史，偶尔写一些魏晋南北朝史的文章。应该说，真正将研究重点转向魏晋南北朝，尤其是北魏史，已经到了 2010 年以后。

政治，还是文化，均最为落后，然而就是这个最为落后的胡族政权却能够顺应时代，融入当时的历史发展大势，勇敢地接受处于主流地位的汉族文明，一跃成为一个最为先进的胡族政权，完成上接汉魏传统，下启隋唐新局的历史使命。之所以能够如此，除开历史赋予的原因之外，还因为北魏历史上有两位英主和一位皇太后。两位英主，一位是道武帝拓跋珪，一位是孝文帝拓跋宏；一位皇太后就是文明冯太后。他们三位完成了两件大事：一是北魏道武帝拓跋珪于公元 386 年定都平城，建立起封建帝国，使这一落后的氏族部落国家成功步入文明行列；再就是文明冯太后和孝文帝所推行的彻底的汉化改革。如果说，拓跋珪的影响主要在北魏政权内部的话，那么，孝文帝与冯太后则是整个中华民族历史上的伟大人物，深得汉族士人所拥戴。因为，古代士人最看重的是文化的传承，儒学道统的延续，而孝文帝和冯太后的汉化改革、儒学复兴运动将中断了的中华文明接续起来。

田余庆师在《拓跋史探》一书的《前言》部分中提出："道武帝拓跋珪这个人物，他的历史作用，概括说来，就是用极野蛮的手段，把拓跋部落带入文明，由拓跋部落来澄清北方的乱局。"① 而这种极野蛮的手段，就是建立"子贵母死"制度，以此野蛮制度来离散部落，建立起进入中原的封建帝国。这是拓跋部落步入中原，迈入文明的第一步。

而孝文帝与冯太后的汉化改革又是北魏中后期历史上最为重大的事件。孝文帝汉化改革不但使拓跋部落彻底摆脱落后野蛮，也使中华文明在经过几百年的发展中断之后，成功延续而形成新的文明。这是北魏儒学士人最为感怀的，使得孝文帝在逝世后相当长的历史时期，均被历代士人给予极高评价。如在世宗、孝明帝时代，汉族士人屡屡提到文帝时期的汉化改革和儒学复兴。灵太后掌政时期，儒学教育全面衰败，冀州刺史李崇上表高度评价孝文帝的汉化成果："仰惟高祖孝文皇帝禀圣自天，道镜今古，徙驭嵩河，光宅函洛。模唐虞以革轨仪，规周汉以新品制，列教序于乡党，敦诗书于郡国。使揖让之礼，

① 田余庆：《拓跋史探》，生活·读书·新知三联书店 2003 年版，第 3 页。

横被于崎岖；歌咏之音，声溢于仄陋。”提出应该以孝文帝为榜样，“使辟雍之礼，蔚尔而复兴；讽诵之音，焕然而更作。美榭高墉，严庄于外；槐宫棘宇，显丽于中。道发明令，重遵乡饮，敦进郡学，精课经业。如此，则元、凯可得之于上序，游、夏可致之于下国，岂不休欤！”① 而前废帝时期，侍中羊深针对当时“胶序废替，名教陵迟”现状的上疏也是以孝文帝的儒学复兴作为标准的：

> 臣闻崇礼建学，列代之所修；尊经重道，百王所不易。是以均塾洞启，昭明之颂载扬；胶序大辟，都穆之咏斯显。伏惟大魏乘乾统物，钦若奉时，模唐轨虞，率由前训。重以高祖继圣垂衣，儒风载蔚，得才之盛，如彼薪楢。固以追隆周而并驱，驾炎汉而独迈②。

即使到隋唐时期，冯太后和孝文帝的汉化改革也得到学界和政治家的充分肯定。隋代儒学大家文中子对孝文帝的评价极高，无论是在《中说》中与其弟子的谈论中，还是在自己的历史著述《元经》中，毫不吝惜对孝文帝的赞赏。薛收对《元经》卷九经文“后魏孝文帝太和四年，春正月”一句注释说：

> 文中子曰：或问孝文。子曰：“可与兴化矣。”又曰：“中国之道不替，孝文之力也。”又曰：“太和之政近雅矣，一明中国有法也。”又曰：“修元经以断南北之疑。”董常问：“《元经》之帝魏何也？”子曰：“乱离斯瘼矣，吾谁适归？天地有奉，生民有庇。且居先王之国，受先王之道，子先王之民矣，谓之何哉？”子曰：“《元经》之专断，盖禀于天命，吾安敢至之哉？帝都洛，造明堂，置职制，凡诏策帝自述之。”③

---

① 《魏书》卷 66《李崇列传》，中华书局 1974 年点校本，第 1471—1472 页。

② 《魏书》卷 77《羊深列传》，中华书局 1974 年点校本，第 1704 页。

③ （隋）王通撰，薛收传，阮逸注，南昌袁绚校：《元经》，中华书局 1991 年版，第 133 页。以上引文分别出现在《中说》卷 2《天地篇》（第 8 页 a）、卷 4《周公篇》（第 3 页 b）、卷 5《问易篇》（第 3 页 b）、卷 6《礼乐篇》（第 4 页 b）、卷 7《述史篇》（第 2 页 a）、卷 8《魏相篇》（第 5 页 a）等文献中，二者对照，除最后“帝都洛，造明堂，置职制，凡诏策帝自述之”这几句话，《中说》中没有，其他均有对应话语，不过少量字词表达不同，但文义无大差异。

而唐代的虞世南在《帝王略论》中对先秦至北魏时期的帝王大都进行了简单评价，其中对北魏一朝评价了道武帝、太武帝、献文帝、孝文帝、孝明帝和孝庄帝，其中对孝文帝评价最高，而对献文帝的评价，即主要是肯定了献文帝将帝位禅让给其儿子孝文帝的做法，归根结底是赞扬了孝文帝。他借公子之口问孝文帝可比历史上哪位君主，在回答中首先就将孝文帝定为“非常之人”，是因为他建立了“非常之功”，这个“非常之功”，就是：

> 后魏代居朔野，声教之所不及。且其习夫土俗，遵彼要荒。孝文卓尔不群，迁都瀍、涧，解辫发而袭冕旒素，祛毡裘而被龙衮，衣冠号令，华夏同风。自命非代之才，岂能至此？比夫武灵胡服，不亦优乎①？

从以上历代士人的评价可以看出，孝文帝毫无疑问是中华民族历史上最为重要的历史人物之一。

那么，要正确认识孝文帝及北魏在延续中华文明的历史地位，就必须从最重大的事件着眼，即大处着眼，小处动手。前面提到，北魏历史上最重大的事件有两件，一是拓跋珪定都中原，再就是冯太后和孝文帝的汉化改革。而如果从延续中华文明的历史地位来考虑，汉化改革则更为重要，因此我就选中北魏的汉化改革作为研究的起点。然而，冯太后和孝文帝改革一直是北魏史研究的热点，无论是哪个方面都已经有了精深的研究，确实是几无剩义可言。而在苦苦思索中，我想到了一个问题，冯太后孝文帝改革的原始起点到底在哪里？也就是说，冯太后改革的最初动因是什么？冯太后启动的第一件改革是什么？田余庆师在构思《拓跋史探》这一重大课题时联想起：道武建国并没有强大的外界敌人要去认真对付，真正棘手的倒是他的母族部落和妻族部落，还有自己的母、妻。他说，这一现象使他恍然大悟，从而打开了思路，开启了“子贵母死”问题的思考②。我也顺着田师的

---

① （唐）虞世南撰，陈虎译注：《帝王略论》，中华书局 2008 年版，第 179—180 页。

② 田余庆：《拓跋史探》，生活 · 读书 · 新知三联书店 2003 年版，第 3 页。

方法去寻找问题意识。

我们知道，北魏中期的汉化改革与以前历代汉族皇朝的各种改革不同，北魏的改革既是一场政治、经济改革，更是一场汉文化改革。古代的政治、经济改革重点是制度，可以是局部的，也可以是整体的；而汉化改革则必须是一种综合性的改革，是全局性的，也是深层次的。那么，其改革的重点主要为文化和价值观念，因此儒学教育显得尤为重要。只有让汉文化普遍深入人心，彻底的汉化改革才会水到渠成。还有就是，我们俗称的孝文帝改革是冯太后、孝文帝改革，即冯太后与孝文帝的改革同样重要，甚至说，冯太后的地位更为重要。因为，汉化改革是冯太后开启的，前期的改革也是冯太后负责的，尽管孝文帝后期的改革比冯太后前期改革更深化，但却是在冯太后前期的基础上进行的，即没有冯太后前期的改革，便不可能有孝文帝后期的改革。再者，孝文帝之所以有如此丰富和深刻的改革思想，完全是冯太后教育的结果。那么，冯太后改革开始于何时是需要认真思考的。传统看法是以吏治、三长制和均田制改革作为北魏汉化改革的起点。但如果从北魏后期汉族士人对孝文帝汉化改革的评价来看，则更多的是对孝文帝时代推动地方官学建设、礼制改革，从而促使儒学的全面复兴赞颂有加。那么，原来一直将改革的起始年份放在太和八年（484）是否合适？或者说，这一改革是否有其前期准备？一般来说，历史上的重大改革一定会有一个长期的准备阶段。那么冯太后是怎样登上政治舞台的呢？据《魏书》记载，冯太后的涉政开始于显祖即位之初，其机遇缘于车骑大将军乙浑专权。《显祖纪》记载说：和平六年夏五月，显祖即皇帝位，可是大权却掌握在车骑大将军乙浑手中，乙浑矫诏杀掉尚书杨保年、平阳公贾爱仁和南阳公张天度，以及侍中、司徒、平原王陆丽，逼迫显祖下诏封自己为太尉、录尚书事，到同年七月，乙浑又晋升为丞相，位居诸王之上。一切大小政事，均取决于乙浑。乙浑的专权引起拓跋宗室内部的恐慌。《神元平文诸帝子孙列传》提到当时朝廷“百官震恐，计无所出”，于是顺阳公、殿中尚书拓跋郁率殿中卫士数百人从顺德门进入，准备诛杀乙浑，最后反而被乙浑所诛杀。很明显，乙浑专权对拓跋王室已是一场生死存亡的考验。而在这种危急情况下，冯太后“密定大策，诛浑，遂临朝听政”①。也就是说，冯太后为拓跋皇朝建立了卓越功勋。但冯太后第一次临朝听政只持续了一年多。那么，在这一年多时间里，冯太后做了什么大事没有？十余年后对中国历史产生深远影响的汉化改革是否可以在此找到迹象？

有学者说冯太后第一次临朝听政什么事也没有做。我认为，这不可能，也不符合冯太后的性格。说冯太后没有做什么大事，是因为他们将大事当作小事而轻忽了。史书上说，冯太后诛灭乙浑之后，“临朝称制”的第一件事，就是“引中书令高允、中书侍郎高闾及贾秀共参大政”。② 既然将原本不具有实权的人物引入禁中，参与大政决策，本身就是准备有所作为，而且新提拔的这几个人都是汉族士人。说明原来禁中大权主要为拓跋保守派贵族所掌控，提拔汉族士人的目的就是为汉化改革做准备。同时也说明，冯太后上台，并不是什么也不干的，而是准备有所作为。那么，“共参大政”的具体内容是什么呢？我发现，这就是在全国范围内统一建立地方官学，即州郡太学。《魏书·高允列传》记载说：冯太后将高允引入禁中，参决大政后，便对高允下诏：“自顷以来，庠序不建，为日久矣。道肆陵迟，学业遂废，子衿之叹，复见于今。朕既篡统大业，八表晏宁，稽之旧典，欲置学官于郡国，使进修之业，有所津寄。卿儒宗元老，朝望旧德，宜与中、秘二省参议以闻。”③ 显然，“共参大政”就是指建立全国统一的州郡太学。也就是说，冯太后本人是将州郡学的统一建立当作她的重大决策来看待的。因为，冯太后第一次一年多的临朝听政的第一步就是将高允、高闾和贾秀等几位汉族士人引入禁中，第二步就是与他们共同决策建立统一的全国性的州郡太学。这难道不是冯太后心目中的大事吗？祝总斌师在对北魏的宰相制度研究中，认为一般情况下，北魏的中书监、令权力不大，主要任务大概是对草拟好的诏诰加以审署，起

① 《魏书》卷13《皇后列传》，中华书局1974年点校本，第328页。
② 《资治通鉴》卷131《宋纪十三》，明帝泰始二年，中华书局1956年版，第4104页。
③ 《魏书》卷48《高允列传》，中华书局1974年点校本，第1077页。

监督作用。但有时也预闻政事，或为时极短，或出于特殊原因。在这里，祝师举例提到高允入禁中参与大政这件事，但随即为鲜卑贵族源贺、拓跋丕等所代替[1]。说明在当时的制度环境下，冯太后引高允入禁中是特殊原因，是一项临时决策。而这特殊原因、临时决策的目的就是与高允商议建立统一的州郡太学。那么，冯太后敢于冒着违背传统制度的风险也要建立全国统一的州郡太学，说明建立统一的州郡太学在冯太后的心目中是何等重要的一件大事。因此，说冯太后第一次临朝听政时没有做什么大事是不符合历史事实的。在全国建立统一的地方官学，在冯太后看来是一件非同小可的大事。

但对于北魏的地方官学及其与汉化改革的关系问题，学界一直对其评价不高，有些学者甚至认为只是规章制度颇详，而对其实际存在持怀疑态度。我经过仔细爬梳史料发现，从时间上来看，有显祖时期、孝文时期、世宗时期、孝明帝时期以及北魏末年均有地方官学的建学史料；从地域上来看，有荆州、相州、东豫州、西兖州、河东郡、广州鲁阳郡和定州等多个地区的；从行政体系上来看，有朝廷最高统治者明确颁布的统一建学诏令，也有地方官的具体办学实例。很明显，北魏地方官学是确确实实存在的。

再就是，北魏君臣，对北魏的中央官学很少有正面评价，无论是冯太后、孝文帝等最高统治者，还是其他汉族朝臣几乎都不谈及北魏前期的中央官学。如孝文帝对北魏前期的评价是："祖先情专武略，未修文教。"[2] 冯太后即有"自顷以来，庠序不建，为日久矣。道肆陵迟，学业遂废，子衿之叹，复见于今"[3] 的感慨，还有高允对冯太后"自永嘉以来，旧章殄灭。乡闾芜没《雅颂》之声，京邑杜绝释奠之礼。道业陵夷，百五十载。仰惟先朝每欲宪章昔典，经阐素风，方事尚殷，弗遑克复"[4] 的应答，可是史书上明明记载说太祖初入中原就

① 祝总斌：《两汉魏晋南北朝宰相制度研究》，中国社会科学出版社 1990 年版，第 370—371 页。

② 《魏书》卷 108《礼志三》，中华书局 1974 年点校本，第 2780 页。

③ 《魏书》卷 48《高允列传》，中华书局 1974 年点校本，第 1077 页。

④ 《魏书》卷 48《高允列传》，中华书局 1974 年点校本，第 1077 页。

建立了国子太学。那么，这只能说明北魏士人们不认同前期的中央官学具有传承儒学文明的功能。

但对北魏州郡学的作用却好评如潮。前举灵太后掌政时期的冀州刺史李崇将当时中央官学的衰败与孝文帝时期的州郡学发达之盛况进行比较就很清楚。如果说，太祖以来兴办的中央官学卓有成就，或者说是儒学之正宗，李崇为何不以中央官学作为正面典型来歌颂，而却大肆颂扬孝文帝时期开办的地方官学呢？

那么，冯太后为何要选择地方教育改革作为她的改革试水呢？从长远来看，是为了延续儒学传统，承续汉魏文明，就是李斤䜣请求建立地方官学的上疏所言："郁郁之文，于是不坠"①；而从近期目标来看，是为了汉化改革培养人才。儒学道统的中断，前引冯太后和高允的应对已有说明。至于汉化改革人才储备的目的，《李䜣传》提到他在作相州地方官时对此作过调查，当时地方上儒学人才已经奇缺，察举制在地方上已到了难以为继的地步。② 李䜣也是在这样的基础上向冯太后提出统一建立州郡学建议的。但当时的中书学是一种培训内侍人员的学校，不以培养儒学人才为目标。这可能是当时相当一部分汉族士人共同思考的问题，因为几乎在李䜣提出设立地方官学建议的同时，冯太后也已经向高允下达了全国统一建立州郡太学的诏令。

再就是，学界对北魏的中央官学：中书学，似乎研究成果比较多，但我认为，这些研究有点罔顾历史事实。客观讲来，魏晋南北朝教育的总的状况是处于衰落状态的，除开家学外，中央官学和地方官学和馆办私学基本处于停顿状态，但北魏却是个特例，无论是官学还是私学的发展都比较突出，如《隋书·儒林列传》载：

> 自晋室分崩，中原丧乱，五胡交争，经籍道尽。魏氏发迹代阴，经营河朔，得之马上，兹道未弘。暨夫太和之后，盛修文教，搢绅硕学，济济盈朝，缝掖巨儒，往往杰出，其雅诰奥义，宋及

---

① 《魏书》卷46《李䜣列传》，中华书局1974年点校本，第1040页。

② 《魏书》卷46《李䜣列传》，中华书局1974年点校本，第1040页。

齐、梁不能尚也①。

很明显，这里只是充分肯定了孝文帝太和以后的儒学教育发展之盛况，认为太和以后，北魏的儒学教育是当时的南朝也无法比拟的，丝毫没有涉及孝文以前太祖建立的国子太学和太宗改建的中书学，《隋书·儒林列传》这一评价也与冯太后和孝文帝对儒学教育的评价观点相统一，这又是什么原因呢？如果从具体的实例来看，中书学学生的个案是最多的，为何《隋书·儒林列传》对此会熟视无睹呢？我百思不得其解，后来我在进一步考察中发现，《隋书·儒林列传》主要是从儒学教育的教化功能来立论的，而不是单纯从学校的培养培训人才功能立论。《隋书·儒林列传》开篇就说：

> 儒之为教大矣，其利物博矣。笃父子，正君臣，尚忠节，重仁义，贵廉让，贱贪鄙，开政化之本源，凿生民之耳目，百王损益，一以贯之。虽世或污隆，而斯文不坠，经邦致治，非一时也。②

而照孝文帝与汉族士人看来，北魏前期建立的中书学只是一所培养和培训内侍成员的行政学院，不具有传统的儒学教育功能。故尽管中书学规模大，培养的学生有名有姓的也多，但不足以在《儒林列传》中留下记载。古代的儒学教育有两大功能，即古代教育的两大办学宗旨，是西汉兴办中央官学时由董仲舒和公孙弘提出的。董仲舒于建元元年（前140）向汉武帝提出兴办太学时就指出："故养士之大者，莫大乎太学；太学者，贤士之所关也，教化之本原也。"③ 董仲舒开宗明义地提出开办太学的宗旨，指出太学两大基本教育功能，一是培养人才，一是注重教化。公孙弘后来也向武帝提出：

> 闻三代之道，乡里有教，夏曰校，殷曰庠，周曰序。……故教化之行也，建首善自京师始，由内及外。今陛下昭至德，开大

① 《隋书》卷75《儒林列传·序》，中华书局1973年点校本，第1705页。

② 《隋书》卷75《儒林列传·序》，中华书局1973年点校本，第1705页。

③ 《汉书》卷56《董仲舒传》，中华书局1962年点校本，第2512页。

明，配天地，本人伦，劝学兴礼，崇化厉贤，以风四方，太平之原也。古者政教未洽，不备其礼，请因旧官而兴焉。为博士官置弟子五十人，复其身①。

公孙弘进一步阐明，建太学的目的就是“崇化厉贤”，即推广教化，培养人才。太学为封建统治培养人才，意思清楚，不言自明；而所谓教化，就是说太学应该承担起对全民的道德精神培育，就是现代教育中所说的人文精神培养。这又包括两个方面的内容，一是对当代人进行思想道德教育，二是承担起对民族文化传承的历史重任。这是从汉族皇朝的角度来说的，而对于胡族政权来说，就是延续汉族文脉，成为中华正统。

那么，我接着往下想，对于儒学教育的这两大功能，拓跋统治者又是怎样认识的呢？首先看拓跋珪，太祖拓跋珪早期罪徙中原，接受过较多的汉文化教育，这是他进入中原就能提出兴办国子太学的主要动因，田余庆师和李凭师兄都提到拓跋珪在中原早期流乱经历是其后来进行汉化改革的主要动因。《魏书·儒林列传》说：“太祖初定中原，虽日不暇给，始建都邑，便以经术为先，立太学，置五经博士生员千有余人。天兴二年春，增国子太学生员至三千。”② 太祖一进入中原，就建立了国子太学，到天兴二年，又进一步扩充太学规模，可是到太宗朝，却将国子太学改为中书学，到世祖始光三年，又另起太学于城东。这里涉及中书学建立的背景。应该承认，尽管太祖时建立的太学比较粗糙，儒学的教化功能并不是很强。因为，没有多少有名的大儒，但应该还是在一定程度上起到儒学传承的作用的。也就是说，拓跋珪对儒学教育的功能是有着较为深刻的认识的。那为何到太宗时期会一下子改为中书学了呢？这一问题，没有任何现成的史料可做解释，以前研究中书学的学者也没有做过任何深究。我在曹文柱先生的《论北魏初年都址的选择及其对前期社会的影响》一文中获得启发。曹文柱先生说，拓跋珪原准备将都城定于邺，也准备了一系列的

① 《汉书》卷88《儒林传》，中华书局1962年点校本，第3593—3594页。

② 《魏书》卷84《儒林列传》，中华书局1974年点校本，第1841页。

汉化改革措施，但后来突然宣布放弃邺城，其他汉化改革成果，包括尚书省机构同时废弃。同时指出汉化改革之所以被中断是因为北魏初年民族矛盾问题比较突出，以及拓跋珪本人性格的双重性所致。① 关于天兴二年的汉化改革及其反复，何德章更有专文进行了详尽的分析和论述②。

通过进一步探讨，我在《魏书・官氏志》中发现尚书省机构的设立与天兴二年扩大太学规模的事放在一起记载，原来国子太学改为中书学与太祖时期的汉化改革成败有重大关系，中书学的建立是保守派贵族胜利的信号。因为，一个民族的文明水准，不是取决于某位领袖个人的文明程度，而是取决于整个民族群体的文明水平。汉化改革的兴起是拓跋珪倚靠崔玄伯等汉族士人推动的，而其废止又是因为拓跋鲜卑的整体汉化水平有限。任何改革都是阶段性推进的，拓跋鲜卑的汉化改革也一样。当然，国子太学改为中书学又与拓跋部落制向君主集权国家过渡这一历史发展形态相适应。新兴的专制集权国家需要培养一批绝对忠于专制君主的文武人才，人才培养需要学校。因此，现成的国子太学便被改造为中书学，尽管它没有如尚书省一样遭废弃，其儒学的教化功能和文化传承功能却大打折扣了。但从培训官员的角度来看，毕竟也是一大进步。后来世祖即位，又重用崔浩进行新一轮的改革，因此重新在城东建立新的太学，可是好景不长，在拓跋保守贵族的反扑下，崔浩被杀，汉化改革遭到更大挫折，因此城东的新建太学也收效不大。就是说，在显祖太安元年（466），即冯太后建立州郡学以前，正宗的儒学教育在北魏一直没有得到顺利发展。所以，冯太后才会发出“自顷以来，庠序不建，为日久矣。道肆陵迟，学业遂废，子衿之叹，复见于今”的感慨，高允才有对冯太后“自永嘉以来，旧章殄灭。乡间芜没《雅颂》之声，京邑杜绝释奠之礼。道业陵夷，百五十载”的应答。

① 曹文柱：《论北魏初年都址的选择及其对前期社会的影响》，原载《北京师范大学学报》1987 年第 1 期，后收入《魏晋南北朝史论合集》，商务印书馆 2008 年版，第 121—145 页。

② 何德章：《北魏初年的汉化制度与天赐二年的倒退》，《中国史研究》2001 年第 2 期。

当我将这些问题思考清楚之后，进而提出大胆的设想，建立全国统一的地方官学是冯太后对整个汉化改革决策的一部分，至少可以看作冯太后对整个汉化改革的前期酝酿，或者也可以说是改革的序幕。

而我之所以有这样的思考，即将北魏的汉化改革与儒学教育联系起来，还是源于当代改革的启示。任何有价值的历史课题都是在现实的启示下提出的。众所周知，我们当代俗称的改革开放是由邓小平主导的，而邓小平的改革开放也有一个相对长期的思考。邓小平在“文化大革命”中被打倒，直到 1978 年对改革开放的全面启动，其中还有过一次短暂的执政过程，即 1973 年被重新起用，一直到 1976 年春再度被打倒。邓小平在这一短暂的执政阶段，已开始了一些改革试水，其最主要的改革来自教育领域。尽管在“四人帮”的干涉和“左”倾大背景下，他无法在教育领域有较大作为，但他一上任，就提出大学招生要采取政治推荐和文化考试相结合的措施，改变过去那种只重推荐，根本不看成绩的做法。所以 1973 年的大学招生要进行一些文化基础知识的考试，进而使中小学也开始重视文化知识的学习。这一初试锋芒的微小改革后来尽管遭到“四人帮”抵制，“四人帮”抓住张铁生交白卷一事为由头，全面开展了对所谓“资产阶级教育路线回潮”的批判，彻底否定了邓小平当时非常微小的教育改革。但这一十分短暂的教育改革依旧对后来的社会进程产生较大影响。打倒“四人帮”后，邓小平出任国务院副总理，主动提出由他来主管教育和科技，并进而提出“科学技术是生产力”这一命题，而科学技术又依赖于教育，从而又提出“教育改革”先行的大计方针，彻底纠正被“四人帮”搞乱了的教育，以最快的速度启动高考制度改革。而通过 1977、1978、1979 三届高考的录取结果来看，各届高中毕业考生中考上大学最多的是两个群体，一是“文化大革命”前升入中学，“文化大革命”中毕业的老三届，即 1966、1967、1968 三届高中毕业生；再就是 1973 和 1974 两届高中毕业生。如李克强总理就是 1973 年的高中毕业生。20 世纪 70 年代后期的教育制度改革为后来的四个现代化建设培养了大量人才，尤其是“新三届”（指 1977、1978、1979 三年入校，在 20 世纪 80 年代初期陆续毕业）毕业生后来陆续成为各行业的骨干和精英，有力地促进改革开放向前发展。现在回过头来看，邓小平当时“教育改革”先行的做法是何等正确！这就启发了我对北魏统一建立地方官学的认识，从而提出北魏地方官学的统一建立是拓跋鲜卑汉化改革的序幕的观点。因此，我将这一课题的切入点放在北魏教育制度的改革上，尤其是州郡太学的统一建立上。北魏的中央官学为何要叫中书学，归中书省管辖？北魏的地方官学为何要叫太学，其所有建制不是仿照汉魏地方官学，统统要仿照汉魏中央官学传统，这些都是我对北魏教育体制进行深入思考的问题意识。

那么，冯太后将教育改革作为汉化改革的切入点，为何选中地方官学，而不是中央官学？我进一步发现，第一，北魏的中央官学——中书学不是汉魏传统的儒学教育体系，只是一种培养内侍人才的类似于现在行政学院性质的学校，中书学生主要是贵族功臣与中书侍郎、博士之子弟，他们一入学就有官品，是第七品中①。改革必然触及这些人的利益；再就是，中书学的大权牢固控制在拓跋保守派贵族手中，改革难以启动，总之中书学是一时难以攻破的堡垒。第二，从地理因素来看，这应该是更为重要的一点，即当时拓跋部落的保守派有两个大本营，一是京都，即当时的平城；再一个就是所有的军事重镇，而地方州郡相对是拓跋贵族防守薄弱的地方。严耕望先生说：

> 北魏前期疆域，若以平城为中心，东北自和龙向西南经平城、太原、离石，渡河，经渭北上邽，至仇池，划一斜线，恰将全域等分为西北与东南部，东南为汉人区，以州郡县制度治之。西北为鲜卑、汉族及其他被征服民族杂居区，以军镇等制度治之。北魏前期中央尚书有东西南北之目，而南北二尚书为恒制。《南齐书·魏虏传》：“南部尚书，知南边州郡。北部尚书，知北部州郡。”按南北当以代都为分野，其北实无州郡。盖南部尚书知东南州郡，北部尚书知西北军镇，萧子显记述偶疏耳。太和以后，西北军镇渐有废除，州郡制度几遍推行于全国矣②。

---

① 《魏书》卷113《官氏志》，中华书局1974年点校本，第2989页。

② 严耕望：《中国东方行政制度史·魏晋南北朝东方行政制度》下，上海古籍出版社2007年版，第419—420页。

这就是说，当时冯太后在州郡太学推行的教育制度改革，主要是在当时的东南地区，即汉人居住地区所推行的改革，汉人统治区当然儒学传统相对较为深厚，鲜卑保守贵族统治也相对薄弱，改革必须从阻力较小的地方下手，这就是冯太后选中地方官学作为改革起点的重要原因。而从州郡太学建立的实例来看，也主要是东南地区，这就是周一良先生所说的北魏时期山东地区的文化最为繁盛。这就是《魏书·儒林列传》中所提到燕、齐、赵、魏之间。所以说《儒林传》中所指北魏后期学术文化繁盛状况主要是地方官学和私学发达的结果，而不是中央官学的成就。

以上对北魏中央官学、地方州郡学和私学的思考都是在我原来北大硕士论文的基础上进一步深化的结果，后来集结为 3 篇文章，即《北魏州郡学的统一建立与拓跋鲜卑的汉化改革——兼谈北魏汉族士人儒学复兴的艰辛历程》《北魏中书学的学校类型——兼谈鲜卑统治者对儒学教育功能的认识》和《论北朝私学与科举制诞生的关系》。这三篇文章，第三篇修改完成最早，因为原硕士论文在私学部分写得最为充分，该文发表于《贵州社会科学》2006 年第 4 期。前两篇经过反复修改，延续几年时间，于 2015 年定稿，北魏州郡学的文章投寄于《史学月刊》，一个多月后，《史学月刊》就基本定稿，只不过是应责任编辑的要求，稍微压缩了一点篇幅。总共不足三个月，就正式定稿了。后发表于 2016 年第 6 期。有关中书学的文章，我就投给本校的《邵阳学院学报》，发表于 2017 年第 1 期。

在发表了这三篇文章后，我又想到北魏的宗教信仰问题，这是汉化改革的重要组成部分。而北魏的宗教信仰，尤其是佛教信仰，其中最重大的事件又是世祖拓跋焘的“灭佛”与文成帝拓跋濬“复佛”事件。这表面上看是佛教的问题，实际上涉及北魏以及北朝的儒释道三教融合问题，于是我又写了《从汉化大背景看北魏的“灭佛”与“复佛”》一文。该文的核心观点是：北魏在进入中原以来一百多年的历史中，其最大事件是民族文化融合，具体说就是汉化问题，而汉化和反汉化最为剧烈的冲突其实就是信仰领域的冲突，汉化改革最后的堡垒是郊庙祭祀礼制改革。而北魏王朝的“灭佛”和“复佛”正是在这一大的汉化背景下发生的信仰文化冲突，而且这一冲突不只表现在儒佛或道佛方面，还表现在儒学祭祀礼制与佛教、道教和原始宗教遗留等信仰领域、风俗文化等多个方面。北魏前期，在佛教大发展的同时，还保持大量的原始宗教残余，原始宗教残余既体现在国家祭祀礼仪中，也体现在民间信仰文化中。北魏汉化在信仰领域内的主要目标是改革旧的郊庙祭祀礼仪、移风易俗和推行道德教化。太武灭佛具有一定的偶然性，这一偶然事件导致汉化的代表人物崔浩被杀，从而推迟了汉化改革的进程。高宗即位，废除了佛教禁令，恢复民间信仰，推行儒释道融合政策，为冯太后和孝文帝全面深入的汉化改革铺平道路。当北魏的宗教信仰尤其是佛教信仰步入高峰时，孝文帝的汉化改革也进入了攻坚阶段：迁都洛阳、改革姓氏、禁穿胡服、禁说胡语、复兴儒学，尤其是对郊庙礼仪的改革，使胡汉信仰达到深度融合，这一切都为南北统一提供了保证。

而北魏的汉化，又与北魏的正统问题密切相关。汉化就是为了争夺正统，巩固统治；而完成了汉化，也就顺利地融入中华文明的序列之中，成为中华之正统。正统观在中国古代非常流行，但到近代之后，开始遭到批判，梁启超先生在《新史学》中将正统论当作中国史学中最荒谬的观念进行批判。他讥刺从朱熹到乾隆的正统说，不但所立标准相互矛盾，即使依其标准，秦以后也没有一个王朝可称正统者。① 然而，正统观是历史的产物，是社会群体对某个统治皇朝是否认同、拥戴的问题，是一种普遍的、相对稳定的心理因素，而又被思想家加以提炼归纳而上升为理论形态的思想观念。在我国这样一个由多元发展到一体的民族格局中，正统观又属于民族心理范畴。因此，不管历史上的正统观的立论标准如何不堪一击，它几千年来一直实实在在地支配着中国人的头脑，影响着社会的稳定、国家的统一，尤其是影响着民族融合的历史进程。我在《论中国古代正统观的演变与中华民族融合之关系》一文中将中国古代的正统观作为一个流动过程放

① 梁启超：《正统论》，《饮冰室文集》之九，《饮冰室合集》第1册，中华书局1989年影印本，第20—26页。

到整个中华民族融合的历史中进行考察，以此来探寻中华民族融合的历史轨迹、多元一体格局形成的历史契机。在该文中我将中国古代正统观的发展演变分作三个阶段，即中原地域正统观、汉民族正统观和中华民族统一正统观。先秦时期为中原地域正统观的产生时期，秦汉以后至北宋兴起是汉民族正统观的形成时期，宋辽金元和明清时期为是中华民族统一正统观的发展与定型时期①。

具体说到北魏的正统观，应该属于中国古代正统观的第二个发展阶段，即汉民族正统观的发展阶段。但在汉民族正统观这个长时段之内，中原地域正统观在一定时间内还有影响。这主要是因为，中华民族的历史发展是一个北方的游牧民族持续向南方迁徙的过程，而中华民族的圣地——中原即成为民族迁徙的中转站，也成为民族融合的大熔炉。北方的游牧民族在中原还没有充分完成文化融合，没有民族优势背景的情况下，试图依靠占有中原地域作为争夺正统优势的手段还是不断地被运用。当然无论是中原地域正统还是汉民族正统，都必须伴随着汉化，只不过汉化的层次不同罢了。当北方的游牧民族进入汉化的深层次改革时，他们就会自动地抛弃中原地域正统，而遵从汉民族正统。北魏政权在中原的汉化道路就是遵循了这样一条路线。对于北魏的正统观，我以为最关键的是把握其中原地域正统观向汉民族正统观转化的时间节点。因此，如何正确解读《魏书·礼志》中所载太和十四年拓跋君臣们关于北魏德运问题的讨论是其中的关键。这段资料是学界讨论正统观重点引用的资料。但如何正确看待这段资料却是涉及一个历史研究者识见的问题。

首先，德运的讨论，当然涉及北魏正统的确立，但我们应该充分考虑这一讨论所涉及的时代背景因素。这一讨论发生在太和十四年，冯太后刚刚逝世，第二阶段的汉化改革开始启动。因此，必须将其与汉化改革联系起来考虑。这段史料的基本事实是：争论分为两大派。一派以中书监高闾为代表，坚持的是中原地域正统；一派以秘书丞李

① 胡克森：《论中国古代正统观的演变与中华民族融合之关系》，《史学理论研究》1999年第4期。

彪和著作郎崔光为代表，他们坚持的是汉民族文化正统观。两派观点的争论与汉化改革的继续深化有重大关系。尽管他们都以十六国君主说事，但其落脚点是北魏自己的正统地位。因此，两派争论的核心问题并不是是否应当承认赵、燕、秦的正统地位，而是关于北魏的正统地位以何种形式来确立的问题，即到底是因为占有中原地域，还是以中华文化的传承者资格来确立其正统地位，因为这才是决定汉化改革是否应该进一步深化的问题。至于双方是否承认赵、燕、秦的正统地位，或者共同视东晋南朝为僭伪问题，都是为何种形式来确立北魏的正统地位这一中心观点服务的。如果肯定高闾的中原地域正统，就将北魏放到了与十六国其他胡族政权相同的地位上，继续改革就失去了动力；而如果赞同李彪和崔光的汉民族文化正统，就大大提升了北魏进一步汉化改革的意义，为孝文帝的下一步改革提供了理论保证，这才是孝文帝的真正意图。因此，这场大讨论是关于改革指导思想的大论战，是属于举什么旗帜的问题，是孝文帝对整个汉化改革有一个全面的指导思想的定位，从这一讨论延续时间达五个多月之久也可看出其意义之重大。

其次，太和十四年的德运问题的争论是一种历史旧案，是对一种滞后问题的讨论，是对早已施行的指导思想进行的一种确认，类似于一个历史决议。我认为，中原地域正统观与汉民族文化正统观的争论可能一直伴随着汉化改革的进程以非正式的场合进行，而新的指导思想一直在北魏最高统治者头脑中酝酿，只是没有正式成为北魏皇朝的纲领性文件而已，直到太和十四年才来一个最终总结。太和十四年并不能作为这两种指导思想，或者说这两种正统观跨越的时间坐标，只能是对其指导思想进行总结的时间节点。那么这一指导思想的时间跨越点在哪里呢？我以为是高祖即位到冯太后掌权这一段时间中。北魏世祖逝世不久，南朝刘宋王朝的雄主文帝刘义隆也在一年多后逝世，随着南北两大雄主先后去世，南北的现实使双方继任的统治者看到，至少在一个相当长的时期，双方谁也消灭不了谁，从而预示着大规模的武力结束，双方进入一个新的相对和平的新阶段。新的阶段，迫使北魏统治者的指导思想发生改变，因为，指导思想直接影响着汉化改革的思路，即以何种正统观作为改革的旗帜。如果武力南伐，就必须继续高举中原地域正统观的旗帜；而如果和平竞争就要改变策略，祭出汉民族正统观的旗号，加强汉化改造，最后以软实力赢得民心而完成统一。针对以上思考，我就撰写了《北魏的正统与汉化》一文，发表在《史林》2015年第5期，文章从邮件发出40多天，就被正式定稿刊发。文章发表后，就被中国社会科学网“中国史”栏目全文转载，在学术界起到较好的反响。

我这篇文章的立意也是来自对当今改革开放过程的启发。我们知道，改革开放是一种渐进过程，是先逐步摸索，在一些局部地区进行试验，然后再总结经验，最后归纳上升为理论的。在改革开放初期，邓小平提出“摸着石头过河”“先大胆尝试”等主张，在广东、深圳等地局部地区先搞试点，然后逐步扩大，再推向全国，到一定时候再进行理论总结等，如十一届三中全会是1978年12月召开的，改革开放的理论初步酝酿于此时，但邓小平的改革思路可能在1973年甚至更早的时期就已开始在头脑中酝酿；而“社会主义市场经济”和“中国特色社会主义”等理论是十六大以后才作为党的文件和国家方针正式提出来的。也就是说，这一指导思想从酝酿到完善，经历了几十年时间，并不是突然提出的，任何政治改革的指导思想都是在实践一段之后才对其进行理论确认的。所以，我认为，太和十四年李彪、崔光与高闾关于正统问题的争论是对高宗至冯太后掌权以来汉化指导思想的一次理论总结。而其指导思想的真正酝酿是从冯太后掌权就开始了，这就是我将高宗至冯太后掌权时期看作中原地域正统观向汉民族正统观转变的时间节点的重要原因。

《北魏的正统与汉化》一文将北魏的整个汉化进程分作两个阶段，即前期的游牧部落联盟体制与后期的农业文明体制。那么，这两个阶段是怎样转型的？我发现，文成帝拓跋濬并不是以前学界评价的那样，是一个庸主，他应该是北魏转型时期的一个有所作为的君主，是从太武帝过渡到孝文帝时期的重要历史人物。他在位14年，时间不算太长，但功劳不小，其政绩主要表现：一是巡视地方州郡，关心民间疾苦，整顿吏治，惩治腐败。二是重用汉族士人，调和胡汉矛盾，推进儒学礼制改革。三是重视宗教信仰，促使儒释道和民间信仰的融合，恢复史官职能。文成帝不但成功实现了由军事掠夺和游猎畜牧经济向农业经济的转型，而且在南北外交和指导路线上也为后世开辟了新路。拓跋濬为冯太后、孝文帝全面深入的汉化改革奠定基础。从历史发展的演变规律来看，社会发展有很多历史端口、历史机遇。抓住历史机遇，就可能迎来社会发展的盛世，但盛世的到来需要有转型过渡阶段。而历史研究者往往高度关注盛世的主导者，却忘记转型时期重要人物的作用。实际上，转型阶段的历史人物对社会发展的作用一点也不小于盛世时期的历史人物。因为，前期的社会转型决定着后世社会的发展路径。为什么有的历史人物及时地抓住了历史发展机遇，成功地完成了社会转型，从而使社会发展走向高潮；而有的历史转型却导致一个国家、民族的毁灭性灾难。从这个角度来看，拓跋濬在北魏的历史地位不容小觑。为此，我写了《北魏文成帝拓跋濬及其时代》一文。

接下来，我又针对北魏在中华文明连续发展中的地位的确立问题进行了思考。尽管后世士大夫对孝文帝的汉化改革给予高度评价，但真正使北魏及孝文帝在中华文明连续发展的历史中的地位得以确立的是隋朝大儒文中子王通，王通以孔子的继承者自居，仿《春秋》体例，撰写编年体史书《元经》。《元经》在国家民族分裂、中原无主时代，极力维护王道，申明正统，提出分裂时期，不再采用汉儒的血缘种族和授受有继的传统标准，而是推举以传承复兴中华传统文化为己任者为正统的新标准。尤其是他将南朝萧齐政权取代刘宋皇朝，北魏孝文帝成功的汉化改革作为南北正统转换的时间节点，不但给孝文帝的汉化改革以充分肯定，也使北魏帝国在延续中华文明连续发展进程中的重要历史地位得到明确确认。而也正因为《元经》一书，王通本人在中华儒学道统中的地位也得到确立。由此，我又写了《从〈元经〉看王通北魏正统的确立依据——兼评孝文帝的门阀制度重建》这篇文章。

三

前文提及，本书内容原本源于我申报湖南省教育厅的一个重点课题，其结题成果是我在《史林》《史学月刊》和《邵阳学院学报》等刊物发表的三篇长文，即《北魏的正统与汉化》《北魏州郡学的统一建立与拓跋鲜卑的汉化改革——兼谈汉族士人儒学复兴的艰辛历程》《北魏中书学的学校类型——兼谈鲜卑统治者对儒学教育功能的认识》。课题结题后，又陆续写了三篇文章，一篇发表在《史林》2018 年第 1 期，就是《从〈元经〉看王通北魏正统的确立依据——兼评孝文帝的门阀制度重建》，还有两篇：《从汉化大背景看北魏的“灭佛”与“复佛”》和《北魏文成帝拓跋濬及其时代》，还来不及发表。再加上原来发表于《贵州社会科学》的《论北朝私学与科举制诞生的关系》，共七篇文章，准备这次结集出版，也可以说是对我北大学习时重点关注北魏历史的一个总结。当然，有关魏晋南北朝这一阶段的历史，我另外还发过两篇文章，即前文提到发表于《晋阳学刊》2003 年的《西晋国子学建立原因初探》和发表于《贵州社会科学》2005 年第 1 期的《九品中正制度再评价》。两篇文章均提出了一些新的观点，在学界也有一些较好的反响。但这两篇文章不是研究北魏历史的，与该主题没有太多联系。因此，不收入本书之中。另外，从我的学术理念来说，我更愿意将中国古代的一些历史事件放到整个几千年的历史进程中去考察。这是因为随着中国古代史资料的数字化进程，资料搜集已不再是难事。因此，以重大的问题意识作为切入点，关注这些历史事件长时段的发展演变，从而探讨其在整个中国古代史上的地位和作用似乎更有意义。我的许多文章和课题，其研究内容就涉及多个朝代，甚至整个中国古代史。而这几篇文章，属于比较集中于某一个历史断代研究的，自以为有一定的创新价值，也算是对我北大研究生阶段学习魏晋南北朝史的一个小总结。这就是我要出版这本书的一个理由。

下面重点谈谈该书的书名由来与逻辑结构关系。本书共收集七篇文章，书名叫：《北魏在中华文明连续发展链条中的地位研究》，就采用湖南省教育厅立项课题的原标题。该书中所收的单篇文章不以发表时间的先后为序，而以服从书的主题的逻辑结构为主。“北魏的正统与汉化”是一个总主题，这是原发表于《史林》2015 年第 5 期的一篇文章的题目。在收集的七篇文章中，这篇文章最具有概括性。因为北魏之所以能够成为中华文明连续发展链条中的重要一环，乃在于拓跋政权对实行汉化与争夺正统的关系处理得很好。即北魏的汉化就是为了争夺中华正统，争夺中华正统就要实行汉化，而完成了汉化也就争得了中华正统，因此北魏在中华文明发展史上的重要地位也就凸显出来了。如果细分一点，七篇文章又涉及两个分论题，即北魏的正统和北魏的汉化。尽管“正统”在前，“汉化”在后，但从显性的逻辑关系来看，是北魏的汉化改革成功使其赢得正统地位。所以“汉化”放到前面，作为第一分主题。该第一分主题总共是前面四篇文章，分别是《北魏州郡学的统一建立与拓跋鲜卑的汉化改革——兼谈北魏汉族士人儒学复兴的艰辛历程》《北魏中书学的学校类型——兼谈鲜卑统治者对儒学教育功能的认识》《论北朝私学与科举制诞生的关系》《从汉化大背景看北魏的“灭佛”与“复佛”》。第二个分主题是北魏的正统观，这一分题包括后面三篇文章，分别是《北魏的正统与汉化》《北魏文成帝拓跋濬及其时代》《从〈元经〉看王通北魏正统的确立依据——兼评孝文帝的门阀制度重建》。以上七篇文章的秩序排列及其之间的内在逻辑关系，前文已陈述清楚。总之，这几篇文章尽管断断续续发表于不同的时间，但其表现为一个主题的逻辑严密，环环相扣，故这次结集出版，以《北魏在中华文明连续发展链条中的地位研究》作为书名。

北魏州郡学的统一建立与拓跋鲜卑的汉化改革

——兼谈北魏汉族士人儒学复兴的艰辛历程

在有关中国古代教育史的研究上，学者们对北魏中央官学，主要是中书学的研究相对比较充分①，而对其地方官学却重视不够，有些论著竟还怀疑北魏地方官学的真实性②。对中央官学在汉化改革中的作用有拔高之嫌，而对地方官学于北魏的汉化改革明显是轻忽了。其实，在当时的汉族士人眼里，北魏初年建立的中书学并不能代表汉族士人心目中的儒家教育传统，汉族士人对当时的中书学不感兴趣，他们一直想通过恢复地方官学来振兴儒家教育体系，传承汉族文脉。也就是说，北魏地方官学的建立寄托了汉族士人恢复汉民族文化的全部希望。正由于此，北魏州郡学不是承汉魏地方官学传统，而是完全承袭汉魏中央官学体系而来，学校名称、教师称谓、学制规模、考试方

---

① 张宪华：《北魏官学初探》，《兰州大学学报》1988 年第 2 期；施光明：《北魏中书学考述》，《教育史研究》1991 年第 4 期；严耀中：《北魏中书学及其政治作用》，《魏晋南北朝史论文集》，齐鲁书社 1991 年版，第 136—148 页；张金龙：《北魏太学与政治、文化》，原发表于《原学》第四辑，中国广播电视出版社 1996 年版，后收于《北魏政治与制度论稿》，甘肃教育出版社 2003 年版，第 221—243 页；梁满仓：《北魏中书学》，《魏晋南北朝史论文集——中国魏晋南北朝史学会第八届年会暨缪钺先生百年诞辰国际学术研讨会论文集》，巴蜀书社 2006 年版，第 260—269 页；姚宏杰：《北魏中书学新探》，《华东师范大学学报》（教育科学版）2006 年第 3 期。

② 如吕思勉先生就说北魏地方官学的规制颇详，但亦徒文具而已（见氏著《两晋南北朝史》，上海古籍出版社 1983 年版，第 1346 页）；张金龙也认为北魏郡学，制度规定明确，但是否确实执行则无史料佐证（见氏著《北魏政治与制度论稿》，甘肃教育出版社 2003 年版，第 221—224 页）。

法均与汉魏太学相似。笔者拟对北魏州郡学的设置、发展源流及与鲜卑汉化改革的关系进行探讨，并兼及汉族士人复兴儒学的艰辛历程，以就教于学界同人。

一

北魏州郡学的统一建立开始于显祖天安元年（466）。先是相州刺史李䜣上书显祖，显祖初诏：每郡置博士二人，助教二人，学生六十人①。而后高允又进一步完善了之前的方案：

> 大郡立博士二人、助教四人、学生一百人，次郡立博士二人、助教二人、学生八十人，中郡立博士一人、助教二人、学生六十人，下郡立博士一人、助教一人、学生四十人②。

古代史家认为这是中国古代第一次由朝廷统一设立的地方官学："郡国立学，自此始也。"③ 高允不仅按照郡的规模大小分设为四个等级招生和配备教师，而且制订了详细的教师选拔标准和方法④。

除中央皇朝下达了系统的建学诏令外，地方官建学的具体资料也不少，如荆州刺史贾俊治下的地方官学就属于显祖统一设学之后的事例："先是，上洛置荆州，后改为洛州。在重山中，民不知学。俊乃表置学官，选聪悟者以教之。"⑤ 又，世宗时期的李平在相州任刺史时，"劝课农桑，修饰太学，检试通儒以充博士。选五郡聪敏者以教之，图孔子及七十二子于堂，亲为立赞。"⑥《魏书·高祐列传》也载其做西兖州刺史时，提出"郡国虽有太学，县党宜有黉宇，乃县立讲学，党立小学"⑦。韦彧也于东豫州刺史任上"以蛮俗荒梗，不识礼

---

① 《魏书》卷 84《儒林列传·序》，中华书局 1974 年点校本，第 1842 页。

② 《魏书》卷 48《高允列传》，中华书局 1974 年版，第 1078 页；《魏书》卷 84《儒林列传·序》，中华书局 1974 年版，第 1842 页。

③ 《魏书》卷 48《高允列传》，中华书局 1974 年点校本，第 1078 页。

④ 《魏书》卷 48《高允列传》，中华书局 1974 年点校本，第 1078 页。

⑤ 《魏书》卷 33《贾彝列传附孙俊传》，中华书局 1974 年点校本，第 793 页。

⑥ 《魏书》卷 65《李平列传》，中华书局 1974 年点校本，第 1452 页。

⑦ 《魏书》卷 57《高祐列传》，中华书局 1974 年点校本，第 1261 页。

仪，乃表立太学，选诸郡生徒于州总教。又于城北置宗武馆以习武焉”①。《崔挺列传》载其次子孝暐于孝庄年间任赵郡太守时“兴立学校，亲加劝笃，百姓赖之”。② 族子崔纂之从祖弟崔游在熙平末由北赵郡太守转任河东太守时，看到太学原在城内，便将其移置城南闲敞之处，并亲自说经。当时学者莫不劝慕，号为良守。③ 而《北史·郦道元列传》也提到郦道元试守鲁阳，表立黉序，崇劝学教。诏曰：“鲁阳本以蛮人，不立大学。今可听之，以成良守文翁之化。”④ 而《北齐书·杜弼传》也记载说：“弼幼聪敏，家贫无书，年十二，寄郡学受业，讲授之际，师每奇之。同郡甄琛为定州长史，检试诸生，见而策问，义解闲明，应答如响，大为琛所叹异。”⑤ 杜弼死于北齐文宣帝（显祖）十年（559），卒时年 69 岁，那么，年十二时应为北魏宣武帝景明三年（502）。

从具体实例来看，有些发达地区的地方官学规模远远超过朝廷规定的建制，有学生达千人以上。如《魏书·儒林列传》说到张吾贵曾被本郡，即中山郡举为太学博士，追随者很多：“曾在夏学，聚徒千数而不讲《传》。”⑥ 郡太学生人数达千人以上。说明各地在实际执行学令中并不一致，发达地区远远突破大郡一百人的规模。《北齐书·儒林列传》提到北齐的地方教育是“诸郡并立学，置博士助教授经”。⑦ 说明北魏由朝廷统一设地方官学的范式为北齐及其后世全国地方教育的一体化奠定了基础，而到唐代以后，郡、县均由中央统一设学，而大郡、中郡、下郡和上县、中县、下县分别招收不同的生员人数更是成为定制⑧。穆岚说：“这种按州郡大小规定地方学校规模的做法，是

① 《魏书》卷 45《韦阆列传附彧》，中华书局 1974 年点校本，第 1015 页。

② 《魏书》卷 57《崔挺列传附孝暐》，中华书局 1974 年点校本，第 1270 页。

③ 《魏书》卷 57《崔挺列传附游》，中华书局 1974 年点校本，第 1276 页。

④ 《北史》卷 27《郦道元列传》，中华书局 1974 年版，第 994 页。

⑤ 《北齐书》卷 24《杜弼列传》中华书局 1972 年精装点校本，第 346 页。

⑥ 《魏书》卷 84《儒林列传》，中华书局 1974 年点校本，第 1851 页。

⑦ 《北齐书》卷 44《儒林列传》，中华书局 1972 年精装点校本，第 583 页。

⑧ 《旧唐书》卷 24《礼仪志四》：“州县及乡，并令置学。”中华书局 1975 年点校本，第 916 页；《旧唐书》卷 189 上《儒学列传上》：“上郡学置生六十员，中郡五十员，下郡四十员。上县学并四十员，中县三十员，下县二十员。”中华书局 1975 年点校本，第 4940 页。

北魏首创。”①

综合以上所引资料，从时间上来看，有显祖时期的，也有孝文时期的，世宗时期的，还有孝明帝时期以及北魏末年的；而从地域来看，有荆州、相州、东豫州、西兖州、河东郡、广州鲁阳郡和定州等多个地区的；从行政体系上来看，有朝廷最高统治者明确颁布的统一建学诏令，也有地方官的具体办学实例。因此完全可以证明，显祖、冯太后时期确实是在全国统一设置了地方官学的。尤其是世宗时期的吏部尚书元英曾向朝廷提出“谨案学令：诸州郡学生，三年一校所通经数”② 的奏疏，更是州郡学存在的铁证。当然，后世战乱时期，地方官学也许不可能再像当初那样规范，但许多发达地区还是坚持将州郡学校办下去了，直至北齐又全面承续了这一传统，所以说，北魏州郡学的统一设置应该是确切无疑的，并不是只停留在诏令和规章制度层面。③

二

其实，北魏地方官学与以前历代地方官学相比，最大特点是其规模建制、儒学传承范式不是沿袭汉魏地方官学传统，而是继承汉魏中央官学传统而来。首先，北魏州郡学与两汉中央官学的名称相同，也叫太学。前面列举地方官学具体史实时已引了李平、韦彧、高祐、崔游四条资料，其中都将州郡学记为“太学”，这里再引一条资料，就是世宗时期的吏部尚书元英关于派四门博士去检试州郡太学生的奏疏中也提到“太学之馆久置于下国”④。北魏的州郡学，当时就叫“太学”。不过吕思勉先生认为太学是成人之对童稚之教言之，所以“太学”就是“大学”⑤。也就是说，吕思勉先生认为中国古代“太学”

---

① 穆岚：《北魏时期中原（河南）教育管窥》，《河南教育学院学报》2001 年第 2 期。

② 《魏书》卷 19 下《南安王桢列传附英》，中华书局 1974 年点校本，第 497 页。

③ 吕思勉先生在谈到北魏的地方官学时只承认其规制颇详，但亦徒文具而已，然而他又举出大量地方官办学的具体史料，因此他指的“徒文具而已”不知是什么意思；而张金龙基本只是赞成吕思勉先生的观点，未做具体分析。

④ 《魏书》卷 19 下《南安王桢列传附英》，中华书局 1974 年点校本，第 498 页。

⑤ 吕思勉：《两晋南北朝史》，上海古籍出版社 1983 年版，第 1343—1347 页。

与“大学”没有任何区别。同时他又在读史札记《古学制》条中提到《荀子·大略》中“立大学”和“设庠序”对举的史料，又举《汉书》董仲舒《对策》中“古之王者，立大学以教于国，设庠序以化于邑”来说明太学实际就是大学①。不过，笔者认为，这只是先秦的叫法，秦汉之后就不是这回事了。在先秦典籍中，“大学”与“太学”确实是同义的，甚至先秦没有“太学”，只有“大学”的提法。如《礼记》有：“天子命之教，然后为学。小学在公宫南之左，大学在郊。天子曰辟雍，诸侯曰頖宫。”② 这里的大学就是指与小学对举的成年人的学校。但到秦汉以后，“太学”就只指皇帝所开办的中央官学，一般不再简单地称“大学”了。如班固《汉书》中总共有 4 处地方称“大学”，14 处地方称“太学”而不称“大学”。称“大学”4 处分别是：卷二十四《食货志》两处，卷二十二《礼乐志》一处，卷五十六《董仲舒传》一处。《食货志》两处均是介绍西周学校的情况，是与小学对举的成人学校：“八岁入小学，学六甲五方书计之事，始知室家长幼之节。十五入大学，学先圣礼乐，而知朝廷君臣之礼……诸侯岁贡少学之异者于天子，学于大学，名曰造士。”③《礼乐志》一处和《董仲舒传》一处记载的是同一件事，都是董仲舒的建学对策④，也就是吕思勉先生所引述的内容。而这段话是董仲舒引用古人立学的史实，不是指当时的实际情况。而当他劝说汉武帝建立中央官学时却用“太学”而不用“大学”：“故养士之大者，莫大乎太学；太学者，贤士之所关也，教化之本原也。……臣愿陛下兴太学……”⑤

在汉魏两晋时期，“太学”绝对不能指中央官学以外的地方官学，哪怕教学内容与中央官学完全一致。在汉魏史籍中，从未有称地方官学为太学的记载，两汉地方官学的名称是：“郡国曰学，县、道、邑、

① 吕思勉：《吕思勉读史札记》，上海古籍出版社 1982 年版，第 446 页。

② 《礼记·王制》，《四书五经》之八，北京中国书店 1985 年版，第 70 页。

③ 《汉书》卷 24 上《食货志上》，中华书局 1962 年点校本，第 1122 页。

④ 《汉书》卷 22《礼乐志》，第 1032 页；卷 56《董仲舒传》，中华书局 1962 年点校本，第 2503 页。

⑤ 《汉书》卷 56《董仲舒传》，中华书局 1962 年点校本，第 2512 页。

侯国曰校……乡曰庠，聚曰序。”① 即，太学只能是中央官学，地方官学中最高级别的郡国之学也只能称学，而不能称太学。汉末曹操统治地区和曹魏时期可能在短时间建立过自己辖区内的地方官学，但也没有称地方官学为太学的②。晋代地方官学处于衰落状态，少数地方官开办的地方官学也是沿用汉魏旧例，如《晋书·范宁列传》提到范宁在东晋孝武帝时期出任豫章太守：“在郡又大设庠序，遣人往交州采磬石，以供学用，改革旧制，不拘常宪。”③ 而在北魏以后的封建皇朝中，也没有称地方官学为太学的。李延寿《北史》关于地方官学的记载，很可以说明这一问题。检索《北史》，共有关于“太学”记载39处④，“大学”的记载两处。在39处有关“太学”的记载中，35处是指中央官学；还有4处是指州郡“太学”，即韦彧、高祐、崔游和李平任地方官时所办地方官学⑤。这是完全照抄《魏书》的原始记载。而两处“大学”均为州郡所立地方官学。一为北齐昭帝的诏书内容：“外州大学，亦仰典司，勤加督课。”⑥ 这也是照抄《北齐书》的内容⑦。另一处就是指郦道元在试鲁阳郡守时开办的地方官学，资料已见前引。这一条虽然记的是北魏的事情，但《魏书》却缺记，此条史料为李延寿增记。这就说明，到北齐隋唐以后，地方官学均不再称太学，郦道元所办地方官学一事，不管其资料来自何处，均是经过李延

① 《汉书》卷8《平帝纪》，中华书局1962年点校本，第355页。

② 《三国志》卷1《武帝纪》载：［建安八年］秋七月，令曰：“丧乱已来，十有五年，后生者不见仁义礼让之风，吾甚伤之。其令郡国各修文学，县满五百户置校官，选其乡之俊造而教学之，庶几先生之道不废，而有以益于天下。”（中华书局1959年点校本，第24页）又《三国志·魏志·高柔传》载高柔对明帝的上疏中说：“臣闻遵道重学，圣人洪训；褒文崇儒，帝者明义。昔汉末陵迟，礼乐崩坏，雄战虎争，以战陈为务，遂使儒林之群，幽隐而不显。太祖初兴，愍其如此，在于拨乱之际，并使郡县立教学之官。”（中华书局1959年点校本，第685页）

③ 《晋书》卷75《范宁列传》，中华书局1974年点校本，第1988页。

④ 《北史》一书中总共检出“太学”匹配87处、其中“太学生”6处，“太学博士”42处，纯粹指“太学”的39处。

⑤ 《北史》卷26《韦阆列传附彧》，中华书局1974年点校本，第959页；卷31《高祐列传》，第1136页；卷32《崔挺列传附游》，第1191页；卷43《李崇列传附平》，第1601页。

⑥ 《北史》卷7《齐本纪中》，中华书局1974年点校本，第269—270页。

⑦ 《北齐书》卷6《孝昭帝纪》，中华书局1972年点校本，第82页。

寿加工的，是李延寿按照隋唐习惯进行的记载，不是北魏的原始记载。因为，北齐以后，地方官学已不再叫“太学”，而对于《魏书》的原始记载，李延寿又不能篡改，必须原样记载下来，因此出现了如上现象。而这又正可以证明，除开北魏一朝，其他任何朝代，尽管地方官学的教学内容与中央官学没有太多区别，确实是指区别于童稚之学“小学”的“大学”，但也不称“太学”。同时反过来说明北魏称地方官学为太学是有着特殊意义的。严耕望先生在引用了崔挺、高祐等的地方官办学资料之后说：“称为太学，斯为滥矣。”认为北魏地方官学被称为“太学”是首创，不过他并没有深究北魏地方官学叫“太学”的原因。同时他还说道“《儒林列传·序》及《显祖纪》，称此种郡学为乡学”。① 似乎觉得称“太学”只是地方官所为。但如果对照世宗时期的吏部尚书元英的奏疏中关于“太学之馆久置于下国”之类的话就会清楚，“太学”应该是当时朝野上下对郡学的普遍称谓。也就是说，当时的郡学既称“乡学”，又称“太学”。称乡学，是对中央官学而言；称太学，是从传承儒学的性质而言。因此，笔者认为，吕思勉先生将中国古代的“太学”与“大学”完全等同缺乏史实根据，北魏地方官学称“太学”是有其独特含义的。

还有，北魏州郡学教师与两汉中央官学教师称谓相同，也叫博士和助教。当然自北魏以后历代皇朝，地方官学的教师也可以称博士、助教，那是承继了北魏传统，但两汉和魏晋地方官学的教师是不能叫博士、助教的。汉代郡国和县、道、邑、侯国官学的教师叫经师，而乡和聚的学校教师称孝经师②。而魏晋没有地方官学教师称谓的记载③。这些都说明中央官学与地方官学教师是有区别的，因为中央官学的教师是经过严格选拔的，属于中高级官吏，两汉太学博士一般是比照

---

① 严耕望：《魏晋南北朝地方行政制度》下，上海古籍出版社 2007 年版，第 673 页。

② 《汉书》卷 8《平帝纪》，中华书局 1962 年点校本，第 355 页。

③ 严耕望先生提到《三国志》《华阳国志》《金石录》和《宋书》等典籍中有“文学从事”“劝学从事”“典学从事”和“儒林祭酒”等学官的名称（《魏晋南北朝地方行政制度》上，上海古籍出版社 2007 年版，第 365—367 页）。但这里的“文学从事”“典学从事”和“儒林祭酒”与汉代的“经师”“孝经师”的性质是不同的，前者是管理地方官学的官员，后者只是普通教师。

六百石①。

正由于此，北魏州郡学教师的选拔，基本上是依照汉代太学博士的选拔方式进行。因为汉魏时期地方官学教师的选拔规定未见于任何史书记载。而据《汉官仪》载，汉代太学博士的要求是十分严格的，知识要求是通《易》《尚书》《孝经》《论语》，“兼综载籍，穷微阐奥”。北魏郡学将其概括为一句话：“博关经典。”个人生活上，汉代是“生事爱敬，丧殁如礼”。个人操守上，“隐居乐道，不求闻达；……卅六属不与妖恶交通王侯赏赐”。就是说应有儒者的基本风度，本人确实是搞学问的，而不是争名逐利之人，连家属也不得与邪恶奸党交往，接受王侯赏赐。北魏将其概括为“世履忠清，堪为人师者”。汉代对博士年龄的要求是五十岁以上，原则上未满五十，不能为太学博士。如东汉时期杨仁是一个博学的私学教师，当时太常选拔他为博士，可他自己却一定要坚持年未五十，不应旧科的原则，其结果是“上府让选”②。说明年龄问题实际只是一种原则规定，是可以变通的，因为博士本由太常直接选拔，可是杨仁自己坚决要遵循旧规，太常只得作罢。北魏也是原则上规定博士“年限四十以上”，助教“三十以上”，但明确说明可以变通，“道业夙成，才任教授”者，即“不拘年齿”，③ 当时许多博士和助教就不受这个规定的束缚。封伟伯是“博学有才思，弱冠举太学博士”。④ 张吾贵也是十八“举太学博士”。⑤ 邢臧是“年二十一……为太学博士”。⑥ 宋季儒也是弱冠起家太学博士⑦。可见对年龄的限制只是形式，主要看其学业与道

① 《汉书》卷19《百官公卿表上》：“博士，秦官，掌通古今，秩比六百石。”中华书局1962年点校本，第726页。

② 《后汉书》卷79《儒林列传下·杨仁》李贤注，中华书局1965年点校本，第2574页。

③ 以上有关汉代博士的选拔资料均见于《后汉书》卷33《朱浮列传》，李贤注引《汉官仪》，中华书局1965年版，第1145页注［三］；北魏博士助教的选拔资料见于《魏书》卷48《高允列传》，中华书局1974年点校本，第1078页。

④ 《魏书》卷32《封懿列传附伟伯》，中华书局1974年点校本，第766页。

⑤ 《魏书》卷84《儒林列传·张吾贵》，中华书局1974年点校本，第1851页。

⑥ 《魏书》卷85《文苑列传·邢臧》，中华书局1974年点校本，第1871页。

⑦ 《魏书》卷88《良吏列传·宋世景列传附子季儒》，中华书局1974年点校本，第1903页。

德是否“堪为人师”。当然以上博士的选拔，难以确定是被选为中央的太学博士，还是郡太学博士，可以肯定属于郡太学博士的只有张吾贵一人，史书明确指出是“本郡举为太学博士”①。无论其他人是不是被选为州郡太学博士，他们被选均是在北魏统一设立地方官学之后，如封伟伯、邢臧和宋季儒被选为太学博士均是孝明帝以后的事情②。因此，以上例子即便是选为中央太学的博士，也是受到州郡太学学令的影响，属于汉化改革后的成果。

再者，北魏州郡学招收学生也是继承汉代太学招生传统，即经过比较严格的选拔，只是具体选拔标准不完全相同。与汉代太学生相比，北魏郡学生是突出其门第：“取郡中清望、人行修谨、堪循名教者，先尽高门，次及中第。”③ 而西汉时更强调学生个人的素质：如“仪状端正”“好文学，敬长上，肃政教，顺乡里，出入不悖”。④ 但东汉以后，中央官学学生的选拔已开始强调出身。《后汉书·儒林列传》：“本初元年，梁太后诏曰：‘大将军下至六百石，悉遣子就学……’”⑤ 西晋设立国子学，强调“官品第五以上得入国学”。⑥ 自此，中央官学，尤其是国子学逐渐发展成为门阀士族的专门学校。

北魏州郡学还遵循汉代太学传统，制定了由朝廷统一考核的学规，考官由四门博士担任。世宗年间的考功郎中封轨曾“奏请遣四门博士明经学者，检试诸州学生”。世宗答应了他的要求：“诏从之。”⑦ 至少说明当时全国绝大部分州郡地方官学是处于开办状态

---

① 《魏书》卷84《儒林列传·张吾贵》，中华书局1974年点校本，第1851页。

② 封伟伯任博士之后，很受太保崔光和仆射游肇知赏。崔光进位太保是在明帝正光三年。而游肇征为尚书右仆射也是明帝即位不久。而《邢臧传》则提到邢臧21岁这一年是神龟年间，他是通过举秀才，问策五条，考上第之后，被选为太学博士的，神龟是孝明帝年号。而宋季儒是宋世景的遗腹子，而世景是世宗以后才去世的，说明季儒是世宗以后才出生的，那么弱冠举为太学博士也应该在明帝时期了。见《魏书》卷32《封懿列传附伟伯》，卷85《文苑列传·邢臧》，卷88《良吏列传·宋世景列传附子季儒》，中华书局1974年点校本，第766、1871、1903页。

③ 《魏书》卷48《高允列传》，中华书局1974年点校本，第1078页。

④ 《汉书》卷88《儒林传·序》，中华书局1962年点校本，第3594页。

⑤ 《后汉书》卷79《儒林列传上》，中华书局1965年点校本，第2547页。

⑥ 《南齐书》卷9《礼志上》，中华书局1972年版，第145页。

⑦ 《魏书》卷32《封懿列传附轨》，中华书局1974年点校本，第765页。

的，但后来是否真的派遣了四门博士去检试却很难说，因为后来吏部尚书元英也曾提出检试州郡学生的问题：

> 谨案学令：诸州郡学生，三年一校所通经数，因正使列之，然后遣使就郡练考。臣伏惟圣明，崇道显成均之风，蕴义光胶序之美，是以太学之馆久置于下国，四门之教方构于京瀍。计习训淹年，听受累纪，然俊造之流应问于魏阙，不革之辈宜返于齐民，使就郡练考，核其最殿。顷以皇都迁构，江扬未一，故乡校之训，弗遑正试。致使薰莸之质，均诲学庭；兰萧之体，等教文肆。今外宰京官，铨考向讫，求遣四门博士明通五经者，道别校练，依令黜陟①。

可世宗的回答却已是"学业堕废，为日已久，非一使能劝，比当别敕"。说明北魏后期战乱流离，有些地方学校荒废，由朝廷统一检试州郡学生的做法已不可能，但封轨和元英一再提出"谨按学令"检试州郡学生问题，就说明当时的地方官学还具有相当规模，同时也说明当初是规定了对各州郡学生进行统一检试程序的。优秀人才可以直接选拔为官，而不合格者取消学籍，这与汉魏太学的办学理念是相同的。而废帝时期的侍中羊深在其重振儒学的上疏中也提道："并诏天下郡国，兴立儒教。考课之程，咸依旧典。"② 所谓"考课之程，咸依旧典"说明，统一检试经学问题是当初统一设学时就已制定好的，与元英所说的"谨按学令"的内容相一致。

两汉未有地方官学课试制度的任何记载，而曹魏时期可能推行过短暂的地方官学课试制度③，晋代不再见过任何有关地方官学课试的记载。但中央官学学生的检试之法，从汉武帝元朔五年开始一直沿引下来。《汉书·儒林传·序》载：

> 一岁皆辄课，能通一艺以上，补文学掌故缺；其高第可以为

① 《魏书》卷19下《南安王桢列传附英》，中华书局1974年点校本，第497—498页。

② 《魏书》卷77《羊深列传》，中华书局1974年点校本，第1705页。

③ 《三国志》卷24《魏志·高柔传》载高柔在谈到太祖使郡县立教学之官后，接着说："高祖即位，遂阐其业，兴复辟雍，州立课试，于是天下之士，复闻庠序之教，亲俎豆之礼焉。"（中华书局1959年点校本，第685页）

郎中，太常籍奏。即有秀才异等，辄以名闻。其不事学若下材，及不能通一艺，辄罢之，而请诸能称者①。

到了曹魏时期，中央官学一直是继承这个检试经学予以黜陟的做法的："（黄初五年）夏四月，立太学，制五经课试之法。"② 西晋的中央官学也是有课试之法的："晋武帝泰始八年，有司奏：'太学生七千余人，才任四品，听留。'诏：'已试经者留之，其余遣还郡国'。"③可见，检试经学是汉代以来中央官学的传统，而北魏前期的中书学没有任何经学检试要求，因此，可以肯定地说，州郡学规定的统一检试经学是对汉魏中央官学传统的继承。

正由于北魏州郡学的学规建制全面继承了中央官学传统，代表了儒家文化的复兴，因而到孝文帝进行彻底的汉化改革，中央官学全面回归汉魏传统之后，北魏地方官学也开始回归地方国民教育体系。到北齐，尽管州郡学的教师依旧还可以称博士、助教，但再未有称地方官学为太学的了，州郡学也不再通过三年检试经学来决定学生的升迁和罢黜，检试经学可能只是一种内部考试罢了。《北齐书·儒林列传序》载："诸郡俱得察孝廉，其博士、助教及游学之徒通经者，推择充举。射策十条，通八以上，听九品出身，其尤异者亦蒙抽擢。"④ 不但州郡学生不再通过正常的检试之法选拔为官，就连州郡学的博士、助教也需要与其他社会儒学人才一样，通过察举途径升迁了。

三

北魏州郡学由朝廷统一设立，这在中国古代教育史上有着划时代的意义。但北魏地方官学为何不是对汉魏地方官学传统的继承，而是对中央官学传统的继承，其发展规模，不但远超汉魏、西晋，与同时代的东晋南朝相比，也独领风骚？令人感到奇怪的是，对中国教育史

① 《汉书》卷88《儒林传》，中华书局1962年点校本，第3594页。

② 《三国志》卷2《魏书·文帝纪》，中华书局1959年点校本，第84页。

③ 《宋书》卷14《礼志一》，中华书局1974年点校本，第356页。

④ 《北齐书》卷44《儒林列传》，中华书局1972年精装点校本，第583页。

上这样一种独特现象，学者们为何未给出任何解释。其实，如果我们深入考察，就会发现，北魏地方官学的这一特殊现象与西晋灭亡以来整个儒学教育的巨大变迁，拓跋鲜卑特殊的汉化背景有关，反映了拓跋政权汉化改革在儒学教育上的特殊性，表明拓跋政权中冯太后为首的上层汉化改革势力对儒学教育的一种迂回选择，将地方官学的建立作为汉化改革的切入点来进行考虑的。

拓跋上层汉化改革势力，应该以冯太后作为分析主线。因为，北魏中期汉化改革的总设计师，改革的灵魂人物毫无疑问是冯太后，由冯太后抚养长大的孝文帝的改革思想也深受影响。尽管北魏中期的汉化改革到底叫孝文帝改革还是叫冯太后改革，在学界还有很大的争论，但绝大多数学者认为冯太后所做贡献绝不低于甚至超过孝文帝。北魏中期开始的汉化改革分为两个阶段，第一阶段的改革由冯太后主持，第二阶段的改革是冯太后死后，由孝文帝主持。这两个阶段的改革一脉相承。尽管第二阶段的改革比起第一阶段的改革更为深化，但也只是第一阶段改革的延续而已，其指导思想完全一致。

冯太后曾经两次临朝听政，第一次听政的时间只有一年零三个月，第二次是十年之后，史书记载冯太后第一次罢政的原因是要抚养文帝，文帝为显祖妃子李夫人所生，生下来不久，就被冯太后立为太子，李夫人因“子贵母死”传统被赐死。这应该是冯太后有意为之，也为日后自己揽权打下基础①。因此，冯太后的退政应是她考虑深远的一个计划。第一次短短一年多的临朝听政对她第二次临朝听政所推行的汉化改革有着重要影响，为后来的全面汉化改革打下深厚基础。

与历代汉族皇朝的政治改革不同，北魏的改革既是一场政治、经济改革，又是一场汉文化改革。古代的政治、经济改革重点是制度，可以是局部的，也可以是整体的；而汉化改革则必须是一种综合性的改革，是全局性的，也是深层次的，因为改革的重点为文化和价值观

---

① 田余庆先生说到该问题时说：“冯氏非皇储生母，与子贵母死本无直接关联。她蓄意利用子贵母死旧制矫情饰伪，消除对手，从而巩固旧制，实现擅权的目的。”见氏著《拓跋史探》，生活·读书·新知三联书店2003年版，第51页。

念，这就使儒学教育显得尤为重要。只有让汉文化普遍深入人心，彻底的汉化改革才会水到渠成。可是拓跋政权的守旧贵族对儒学教育极为反感。如拓跋贵族穆寿曾对他儿子的老师说："但令吾儿及我，亦足胜人，不须苦教之。"① 即使到孝文帝时期，一部分鲜卑贵族对文化知识还不感兴趣。《魏书·广陵王羽列传》记载：孝文帝曾批评鲜卑贵族陆叡、元赞等"北人每言北人何用知书"②。所以，孝文帝也在冯太后丧礼上的诏书中说出"祖宗情专武略，未修文教"③ 之类的话。冯太后和孝文帝深知，只有让拓跋贵族对汉族的文化知识产生兴趣，汉化改革才有可能成功。因此，全面推行儒学教育应该是汉化改革的先行。这是北魏汉化改革区别于以前其他改革的地方，也是冯太后最为聪慧而高于他人之处。也就是说，冯太后第一次临朝听政时期内，对北魏州郡学的部署应属于北魏汉化改革的一部分。张金龙说冯太后在第一次临朝听政时期内，没有搞什么改革④。这种说法实值得商榷，不过张金龙的说法也引出了一个问题，冯太后第一次临朝听政到底做了什么大事没有？下面我们来考察冯太后第一次听政前的时代背景。《魏书》卷六《显祖纪》是这样记载的：

> 和平六年夏五月甲辰，即皇帝位，大赦天下。尊皇后曰皇太后。车骑大将军乙浑矫诏杀尚书杨保年、平阳公贾爱仁、南阳公张天度于禁中。戊申，侍中、司徒、平原王陆丽自汤泉入朝，浑又杀之。己酉，以侍中、车骑大将军乙浑为太尉、录尚书事，东安王刘尼为司徒，尚书左仆射和其奴为司空。……秋七月癸巳，太尉乙浑为丞相，位居诸王上，事无大小，皆决于浑⑤。

高宗死后，显祖即位，大权被太尉乙浑所控制，乙浑滥杀无辜，朝野震动。《贾彝列传》还记载了乙浑想给他的妻子求封公主之号，被

① 《魏书》卷27《穆崇列传》，中华书局1974年点校本，第665页。

② 《魏书》卷21上《广陵王羽列传》，中华书局1974年点校本，第550页。

③ 《魏书》卷108《礼志三》，中华书局1974年点校本，第2780页。

④ 张金龙：《"冯氏改革"说商榷》，原载《中国史研究》1986年第2期，收入《北魏政治与制度论稿》，甘肃教育出版社2003年版，第41页。

⑤ 《魏书》卷6《显祖纪》，中华书局1974年点校本，第125—126页。

吏曹任职的贾秀坚决拒绝，贾秀声称，如果乙浑一定要如此做，“秀宁死于今朝，不取笑于后日”①。《魏书》载：高宗崩，乙浑专权，隔绝内外，百官震恐，计无所出。顺阳公、殿中尚书拓跋郁率殿中卫士数百人从顺德门进入，准备诛浑，反而被浑所诛②。这说明乙浑专权确已引起内外朝臣的强烈反感，对拓跋王室确实是一场生死存亡的考验。正是在这种危亡情况下，聪慧过人的冯太后“密定大策，诛浑，遂临朝听政”③。所谓“密定大策”，就是联合宗室成员侍中拓跋丕等人，由拓跋丕告发乙浑谋反，冯太后下诏由丕帅元贺等人收浑，诛之④。冯太后的干练、果敢和超强的行政能力使她赢得崇高威望，从而开始了她的第一次临朝听政。

那么，对于冯太后这个有着极大权势欲望，或者说有着远大抱负的政治强人来说，怎能不趁此机会干一番大事呢？十余年后对中国历史产生深远影响的汉化改革难道在此没有任何迹象可寻？我们注意到，诛灭乙浑之后，冯太后“临朝称制”的第一件事，就是“引中书令高允、中书侍郎高闾及贾秀共参大政”。⑤ 可见，原来禁中大权主要为拓跋保守派贵族所掌控。这也说明，冯太后上台是准备有所作为的。那么，“共参大政”的具体内容是什么呢？《魏书·高允列传》是这样记载这一事件的：

> 高宗崩，显祖居谅闇，乙浑专擅朝命，谋危社稷。文明太后诛之，引允禁中，参决大政。又诏允曰：“自顷以来，庠序不建，为日久矣。道肆陵迟，学业遂废，子衿之叹，复见于今。朕既纂统大业，八表晏宁，稽之旧典，欲置学官于郡国，使进修之业，有所津寄。卿儒宗元老，朝望旧德，宜与中、秘二省参议以闻。”⑥

很明显，“共参大政”的具体内容就是建立全国统一的州郡太学。

---

① 《魏书》卷33《贾彝列传附秀》，中华书局1974年点校本，第793页。
② 《魏书》卷14《神元平文诸帝子孙列传》，中华书局1974年点校本，第347页。
③ 《魏书》卷13《皇后列传》，中华书局1974年点校本，第328页。
④ 《魏书》卷14《神元平文诸帝子孙列传》，中华书局1974年点校本，第357页。
⑤ 《资治通鉴》卷131《宋纪十三》，明帝泰始二年，中华书局1956年版，第4104页。
⑥ 《魏书》卷48《高允列传》，中华书局1974年点校本，第1077页。

史书记载诏书是以显祖名义所发，但这仅仅是个名义而已，实际是冯太后一手操纵的。《魏书·显祖纪》说显祖生于兴光元年（454）秋七月，和平六年（465）五月即皇帝位，此时还不足11岁，到天安元年（466）二月，冯太后诛乙浑时，显祖还不足12岁[①]，完全是个毛孩子。这样一个刚即位的毛孩子在刚刚为拓跋皇朝建立不朽功勋，获得巨大威信的冯太后面前敢自作主张吗？何况还是这样一种涉及全国的地方教育制度改革呢？因此，笔者认为这一诏书实际是冯太后所为，仅仅借显祖的手发布而已，这也就印证了前面提到的“引允禁中，参决大政”的内容，说明冯太后引高允禁中商讨的第一件大事，就是要高允按照她的意思，草拟一个在全国建立统一的地方官学的规章制度，高允的上表是这样回答冯太后的诏令的：

> 臣闻经纶大业，必以教养为先；咸秩九畴，亦由文德成务。故辟雍光于周诗，泮宫显于《鲁颂》。自永嘉以来，旧章殄灭。乡闾芜没《雅》《颂》之声，京邑杜绝释奠之礼。道业陵夷，百五十载。仰惟先朝每欲宪章昔典，经阐素风，方事尚殷，弗遑克复。陛下钦明文思，纂成洪烈，万国咸宁，百揆时叙。申祖宗之遗志，兴周礼之绝业，爰发德音，惟新文教。搢绅黎献，莫不幸甚。臣承旨敕，并集二省，披览史籍，备究典纪，靡不敦儒以劝其业，贵学以笃其道。伏思明诏，玄同古义。宜如圣旨，崇建学校以厉风俗。使先王之道，光演于明时；郁郁之音，流闻于四海[②]。

综合上引冯太后诏令与高允上表的史料分析，二者重点阐述了建立统一的地方官学的目的，就是为了在中原传承儒学文明。冯太后认为，儒学文明传承在西晋以后就已经中断，所以说：“庠序不建，为日久矣。道肆陵迟，学业遂废。”高允也充分赞成这一看法，以“自永嘉以来，旧章殄灭。乡闾芜没《雅颂》之声，京邑杜绝释奠之礼”作

① 《魏书》卷6《显祖纪》，中华书局1974年点校本，第125页。
② 《魏书》卷48《高允列传》，中华书局1974年点校本，第1077—1078页。

为回应。高允这里所说的“乡闾芜没《雅》《颂》之声”，指的是地方官学停办；“京邑杜绝释奠之礼”是说中书学与传统的太学体制不合，没有履行对儒学文明的传承功能，没有对儒学祖师爷的起码尊重。因为，“释奠之礼”是汉晋以来中央官学的主要儒学传统。而高允接下来说的“道业陵夷，百五十载”，是指孝愍帝建兴五年（316）西晋灭亡到北魏显祖天安元年（466）的150年儒学教育全面衰落，《儒林列传》说太祖初定中原时就已经建立了中央官学①，这只能说明冯太后和高允并不认同北魏早期中央官学传承儒学的功能，至少认为其未能起到应有的作用。

所以，高允在他的表章中接下来重点陈述了建立州郡学应具有的目的：“崇建学校，以厉风俗。使先王之道，光演于明时；郁郁之音，流闻于四海。”所谓“先王之道”，就是指孔子一直传承的儒学传统文化。正由于中书学的这一功能有所欠缺，所以希望通过建立地方官学来延续这一传统。

北魏地方官学的建立还涉及另一个重要人物，就是时任相州刺史的李䜣。他是第一个向朝廷提出设立州郡学的地方官。李䜣曾为世祖时中书学生，深得世祖宠幸，后被除为中书助教、博士。高宗时又任仪曹尚书，领中秘书，赐爵扶风公，加安东将军，旋即出为相州刺史②。李䜣关于建立地方官学的上疏是这样说的：

> 臣闻至治之隆，非文德无以经纶王道；太平之美，非良才无以光赞皇化。是以昔之明主，建庠序于京畿，立学官于郡邑，教国子弟，习其道艺。然后选其俊异，以为造士。今圣治钦明，道隆三五，九服之民，咸仰德化，而所在州土，学校未立。臣虽不敏，诚愿备之，使后生闻雅颂之音，童幼睹经教之本。臣昔蒙恩宠，长管中秘，时课修学有成立之人，髦俊之士，已蒙进用。臣今重荷荣遇，显任方岳，思阐帝猷，光宣于外。自到以来，访诸文学，旧德已老，后生未进。岁首所贡，虽依制遣，对问之日，

① 《魏书》卷84《儒林列传》，中华书局1974年点校本，第1841页。

② 《魏书》卷46《李䜣列传》，中华书局1974年点校本，第1039—1040页。

惧不克堪。臣愚欲仰依先典，于州郡治所各立学官。使士望之流、冠冕之胄，就而受业，庶必有成。其经艺通明者贡之王府。则郁郁之文，于是不坠①。

这段话首先阐明了古代办学的宗旨：一是传承文明，推行教化；二是培养人才。接着就说，现在是大力推行学校教育的好时代，可是各州郡的学校却未建立起来，人才十分缺乏。最后提到自己在朝廷作中秘书令时，曾为国家选拔了一批人才。因此，现在作地方官，也希望能够将地方官学建立起来，实现为国家培养人才，推行教化，延续儒学传统于不坠的愿望。

对照李訢的奏疏，值得思考的是：按照过去传统，地方官办学属于地方官的善举，应该是不需要中央政府批准的，而李訢为何一定要上报朝廷？从他的上疏来看，尽管以自己的治下为例，但好像有代表全国地方官提出统一开办地方官学要求的意思。相反的例证就是，太祖时期的良吏张恂和世祖时期的秦州刺史薛谨在自己的治下开办官学就没有申请中央王朝批准，而是事后得到朝廷的表彰。关于张恂和薛谨建学之事，后面要进行详细分析。

因此，我怀疑，这里有李訢与高允、冯太后的一种互动因素在内。即他们之间可能有一种默契。冯太后和高允希望李訢作为地方官的代表提出开办地方官学的问题，其上疏能够与他们的想法构成一个呼应，从而推动全国性的地方官学兴办高潮，使地方官的办学行为成为北魏的朝廷行为，进而推动儒学的全面复兴。从史料记载来看，李訢在自己治下了解情况，拟写奏疏的时候，朝廷的冯太后和高允也正在紧锣密鼓地做准备，先是冯太后召高允暗中商量，然后就是高允拟定规划和方案。李訢的奏疏得到了显祖的同意，而高允的方案也获得通过，二者应该是殊途同归的。尽管二者名义上都是显祖同意的，但背后操手明显是冯太后。《儒林列传・序》说，显祖下了两次兴学诏令，第一次诏令的颁布时间说是显祖天安初②。第二次诏令内容又与

① 《魏书》卷46《李訢列传》，中华书局1974年点校本，第1040页。

② 《魏书》卷84《儒林列传・序》，中华书局1974年点校本，第1842页。

高允所制定的方案完全重合。而《显祖纪》却只记载了一次诏令内容，是说天安元年九月己酉，初立乡学①。《资治通鉴》也只记下了一次诏令内容，与《显祖纪》所记时间相同，但又说是“从中书令高允、相州刺史李䜣之请也”。② 综合这些因素考虑，真正的建学诏令可能只有一次，即第一次的内容，而第二次只是批复了高允的具体方案而已，属于执行层面的问题。严耕望先生也在解释为何有两次诏令时推测说：“实则李䜣主动奏请于前，遂有初步学制，献文帝犹以为未善，故诏允复议，遂有此较详密制度耳。”③ 因此，我推测，冯太后、高允和李䜣应该是有照应的，可能是一次合谋。李䜣做过中书学博士，又做过中秘书，对北魏儒学教育的看法与高允、冯太后相同。承明元年（476）冯太后第二次临朝听政的同时，李䜣被升迁为司空，居于三公之高位④，说明在前期李䜣对冯太后改革是坚决支持的，他们的意见分歧主要是在后来⑤。不然的话，李䜣不可能在显祖崩，冯太后临朝听政的同时被升迁为三公。

综上，从史料记载来看，在冯太后第一次临朝听政的一年零三个月中，与高允没有商量过其他大事，这就充分说明了冯太后的国家大计就是建立全国统一的地方官学。也说明，建立全国统一的地方官学，不是冯太后的心血来潮，而是经过精心考虑，即将儒学教育作为改革的先行来进行设计的。正因为建立地方官学是冯太后心目中的国家大计，所以在诛灭乙浑之后，除开引高允入禁中之外，还引进了高闾和贾秀，说明她计划之深远。因为他们三人均是有着深厚儒学修养的汉族士人，尤其是他们三人都在中书学任过博士、侍郎多年，其中高允当时是中书令，过了两年，即显祖皇兴二年

① 《魏书》卷6《显祖纪》，中华书局1974年点校本，第127页。

② 《资治通鉴》卷131，《宋纪十二》，明帝泰始二年，中华书局1956年版，第4122页。

③ 严耕望：《中国地方行政制度史·魏晋南北朝地方行政制度》，上海古籍出版社2007年版，第672页。

④ 《魏书》卷7《高祖纪上》，中华书局1974年点校本，第142页；《魏书》卷46《李䜣列传》，第1042页。

⑤ 《魏书》卷46《李䜣列传》提到李䜣被杀是冯太后的意思，有“范檦知文明太后忿䜣也”的记载，中华书局1974年点校本，第1042页。

（468），又兼太常。① 到高祖即位当年，又迁为中书监②，成为中书学的最高行政长官和最高教育长官。高闾也是中书侍郎，史载其文学才能堪与高允相媲美："闾好为文章，军国书檄诏令碑颂铭赞百有余篇，集为三十卷。其文亦高允之流，后称二高，为当时所服。"③ 从这些记载来看，他们三人是冯太后经过深思熟虑而选中的人才，其考量重点是教育改革。因为身为中书令的高允此时已有七十多岁④。而引高闾入禁中，正是为将来接替高允中书令作准备的。史载，高允曾向显祖推荐高闾为中书令。于是，在承明初，冯太后第二次临朝听政一开始，就委任高闾为中书令，并加给事中，委以机密⑤。而贾秀原任过中书博士、中书侍郎，是敢于与乙浑等拓跋保守派贵族斗争的汉士族核心人物⑥。高允被引入禁中之后，教育主管的权力得到一定程度的提高，儒学教育在拓跋政权中的地位也得到一定改善。其实，设立州郡太学只是当时教育改革的一部分，冯太后第一次临朝听政同时也开始了对中书学的改革，最直接的表现是教学方法和教学内容的改革，即增加中书学生读经的分量，试图逐渐改变中书学单纯培养行政官员的功能，使其逐步具有传播儒学文明和道德教化功能。中书学原来并不重视儒学经典的阅读，但自此以后，可能加大了对经学的教育。我们查遍史料，整个中书学博士抽考学生读经典的史实仅祖莹一例，而这已是进入文帝时代的事情了⑦。可能在冯太后掌握大权和高允中书令的权力加大之后，这方面的改革就已经开始了。

---

① 《魏书》卷 108《礼志一》，中华书局 1974 年点校本，第 2739 页。

② 《魏书》卷 48《高允列传》，中华书局 1974 年点校本，第 1086 页。

③ 《魏书》卷 54《高闾列传》，中华书局 1974 年点校本，第 1209—1210 页。

④ 高允死于太和十一年（487），时九十八岁（《魏书》卷 48《高允列传》，中华书局 1974 年点校本，第 1089 页）。那么，显祖天安元年（466），高允已有 77 岁。

⑤ 《魏书》卷 54《高闾列传》，中华书局 1974 年点校本，第 1198 页。

⑥ 贾秀与乙浑斗争之事见《魏书》卷 33《贾彝列传附秀》，中华书局 1974 年点校本，第 793 页。

⑦ 《魏书》卷 82《祖莹列传》：（祖莹）年十二，为中书学生。"时中书博士张天龙讲《尚书》，选为都讲。生徒悉集，莹夜读书劳倦，不觉天晓。催讲既切，遂误持同房生赵郡李孝怡《曲礼》卷上座。博士严毅，不敢还取，乃置《礼》于前，诵《尚书》三篇，不遗一字。讲罢，孝怡异之，向博士说，举学尽惊。后高祖闻之，召入，令诵五经章句，并陈大义，帝嗟赏之。"（中华书局 1974 年点校本，第 1798—1799 页）

对于冯太后第一次临朝听政中，过去有一件事一直令史学研究者不太明白，就是，冯太后仅仅执政一年多，却愿意罢政去带养年幼的文帝。吕思勉先生就说："文明后为好专权势之人，岂有因生孙而罢政？且亦何必因此而罢政？"因此他怀疑文帝是冯太后的私生子，是因为他要免乳不得不罢政[①]。对冯太后的罢政提出怀疑，应该说有一定道理，但吕思勉先生提出的答案缺乏说服力。因为《文帝纪》明明说拓跋宏为李夫人所生，而且说李夫人是依"子贵母死"之祖训而被处死的，所以由祖母抚养名正言顺。其实，冯太后执政的一个最大愿望，就是要全面推行汉化改革。前面提到，冯太后第一次临朝听政已经进行了教育制度的改革，高允是以中书令的身份引入禁中的，当时的中书令与中书监一起掌管中书学，而且自高允以后，中书监、令开始主要由汉人担任，改变了过去全部由鲜卑贵族担任的局面[②]。因此，既然推行汉化改革的机制已经启动，教育的主管又是她最为放心的人，她又为何不能安心地去带养孙子呢？

还有，冯太后之所以能够放心罢政，主要是为了将孝文帝培养成全面推行汉化的皇帝。《魏书·皇后列传》中讲到，孝文帝的生母李氏死于皇兴三年[③]。而冯太后本传又说"及高祖生，太后躬亲抚养。是后罢令，不听政事"。[④] 田余庆先生说，这实际上就是冯太后要把新生皇子攫取于自己之手。他认为，这使得献文帝无缘与拓跋宏接近，因此，史籍中所载宏自幼"仁孝""孝谨""至孝"，都不是指他孝于生父，而是指他孝于冯太后，从而使冯太后在与献文帝的权力冲突中把握着未来，居于十分有利的地位[⑤]。也就是说，冯太后对于将来第二次垂帘听政，是稳操胜券的。她第一次之所以乐于罢政，是为了能

---

① 吕思勉：《两晋南北朝史》上册，上海古籍出版社 1983 年版，第 510 页。在继吕思勉先生之后，日本学者大泽阳典和中国学者郑钦仁也分别提出这一观点。对此，李凭有着极为详细的考证和辨析，认为孝文帝绝非文明太后所生私生子。见李凭《北魏平城时代》（修订本）第四章第一节《孝文帝非私生辨》，上海古籍出版社 2011 年版，第 186—198 页。

② 祝总斌：《两汉魏晋南北朝宰相制度研究》，中国社会科学出版社 1990 年版，第 370 页。

③ 《魏书》卷 13《皇后列传》，中华书局 1974 年点校本，第 331 页。

④ 《魏书》卷 13《皇后列传》，中华书局 1974 年点校本，第 328 页。

⑤ 田余庆：《拓跋史探》，生活·读书·新知三联书店 2003 年版，第 53 页。

更长远的掌政，更有利于她推行汉化改革。同时，冯太后还将全面深化改革的希望寄托在幼小的文帝身上，希望通过从小对他进行汉文化的熏陶，使其成为一个彻底推行汉化改革的皇帝。汉化改革，儒学教育先行，而教育又不是一朝一夕之功，她必须做相对长远的打算，冯太后是一个有着深谋远虑的政治家，比其他同辈人看得远，这也是后人没有将其真正理解透彻的地方。

事实也证明冯太后的做法是有成效的。北魏郡学的建立确实对后来的太和汉化改革产生了极其积极的影响，即出现了儒学的全面复兴：一是表现为学术文化的繁荣，二是察举制度的兴盛。《魏书·儒林列传》有一段评价孝文帝汉化改革时期儒学复兴的话：

> 高祖钦明稽古，笃好坟典，坐舆据鞍，不忘讲道。刘芳、李彪诸人以经书进，崔光、邢峦之徒以文史达，其余涉猎典章，关历词翰，莫不縻以好爵，动贻赏眷。于是斯文郁然，比隆周汉。世宗时，……虽黉宇未立，而经术弥显。时天下承平，学业大盛。故燕齐赵魏之间，横经著录，不可胜数。大者千余人，小者犹数百。州举茂异，郡贡孝廉，对扬王庭，每年逾众①。

儒学复兴依赖于教育，从该资料可以看出，孝文以后，儒学文化的全面复兴，州郡学在其中起到了不可忽视的作用。尽管孝文以后，中书学已改为国子学，回归传统的儒学教育体系，一大批如刘芳、李彪、崔光和邢峦等儒学大家被选为博士，对于短时期的文化繁盛是起到一定引领作用的。但中央官学自孝文帝迁都洛阳以后全面衰落。如上引文所述：世宗时“虽黉宇未立，而经术弥显”，“黉宇未立”就是指中央官学的学舍未修好，中央官学已经停办；“经术弥显”就是说刘芳、李彪、崔光和邢峦的经学和文史方面的学术成果颇多。而且中央官学不只在世宗时期停办，孝文帝迁都洛阳之后一直连校舍都未修建。孝文帝以后的国子祭酒刘芳和郑道昭多次针对校舍修建、教师的配备以及招生问题上疏，都没有得到很好的落实。尤其是郑道昭三次

① 《魏书》卷84《儒林列传·序》，中华书局1974年点校本，第1842页。

上疏，基本上是泥牛入海①。一直到孝明帝正光二年（521），迁都近三十年之后，才勉强招收了国子学生三十六人②。这使中央官学在人才培养方面未起到应有的主导作用。因为，以上引文又说到世宗时“天下承平，学业大盛”，既然中央官学在世宗时期全面衰落，未招收任何学生，那么，其“学业大盛”就只能是州郡学和私学的兴盛。因为史料记载当时有相当多的州郡学在继续发展。如前面提到的封轨，尤其是元英向世宗提出派四门小学博士检试州郡学生的问题是带有全局性的，说明当时全国有相当一些州郡学正处于兴盛时期，与中央官学形成鲜明的对比。

下面再看具体实例。以上引文所说孝文和世宗时期文化学术最为繁盛的地区主要是燕、齐、赵、魏之间。周一良先生认为，《魏书·儒林列传》所列多山东人，因为北魏时期山东地区文化最为发达。而其重点又是冀、定、相三州，具体说来，是分别属于冀、定、相三州的中山、邺和信都这三大重镇最为突出③。史料记载也说山东地区，尤其是冀、定、相三州的地方官学最为发达。第一部分所引州郡太学的实例中已经提到的史料有：李䜣是第一个提出在自己所在州郡设学的地方官，而他当时的治下正是相州。而到世宗时期，李平任相州刺史，也积极兴办州郡太学，并选拔通儒为博士来检试学生，还亲自为孔子立赞。而杜弼十二岁所寄郡学也就是他所在的家乡定州之中山郡。当时中山郡学的体制十分完善，检试经学是经常性的。《魏书·儒林列传》记载，张吾贵就是中山郡的太学博士，当时的郡太学学生达千数以上。《高祐列传》提到高祐在孝文帝时期任西兖州刺史，在州郡已设立太学的基础上，又在县党建学。西兖州属于山东地区。又《崔挺列传》提到崔孝暐在孝庄年间任赵郡太守时，在人户流亡的情况下，仍然“兴立学校，亲加劝焉”，说明赵郡一直有着尊重儒学的好

① 刘芳与郑道昭关于中央官学的建学上疏及得到的回答结果分别见《魏书》卷55《刘芳列传》，中华书局1974年点校本，第1221—1222页；《魏书》卷56《郑道昭列传》，中华书局1974年点校本，第1241—1242页。

② 《魏书》卷84《儒林列传·序》，中华书局1974年点校本，第1842页。

③ 周一良：《魏晋南北朝史札记·中山邺信都三城》，中华书局1985年版，第307—310页。

传统。以上史料说明,《儒林列传》中所提到的燕齐赵魏之间的学术大盛局面与州郡学的发达构成最直接的因果关系。

文化繁盛的另一表现就是察举制的推行，其时之所以能够“州举茂异，郡贡孝廉”，主要是州郡学的功劳。北魏州郡学建立之后，以儒学知识作为选拔人才的察举制得到了很好的贯彻。李䜣当时提出建立地方官学，其中一个重要理由就是试图恢复汉魏以来以经学知识作为选拔人才的察举制度。是要“选其俊异，以为造士”，将其中的“经艺通明者贡之王府”，而当时的现实却是地方人才严重匮乏：“自到以来，访诸文学，旧德已老，后生未进。岁首所贡，虽依制遣，对问之日，惧不克堪。”说明察举制在地方上已无人才可选。再对照上文提到的元英关于选派四门博士去检试州郡学生的奏疏中提到的“俊造之流应问于魏阙，不革之辈宜返于齐民”云云，说明当初筹划州郡学有恢复汉魏察举制度的目的。严耕望先生认为，太武朝已经有了州郡举秀才之制，而具体的秀才对策除官最早之可考者为刘善与郑羲，二者均举于文成帝年间①。但阎步克认为，此二人应为北魏秀才对策除官所见最早者，却非秀才得举之所见最早者②。当然，在太武帝时，北魏已经有了察举贤良之制。但察举制的爆发性增长却是在孝文帝时期。据阎步克统计：北魏秀孝，就史传大略考得百余人，举于孝文帝以前者不过数人而已，而于孝文帝一朝得举者，约见总数的三分之一③。这说明州郡学建立起来之后，对察举制的健康发展起到了有力的促进作用，也与李䜣的主张相呼应。人才成长需要时间，显祖时期，也就是冯太后第一次临朝听政时所建立的州郡学到孝文帝时期使人才发展达到高峰，为孝文帝的察举制顺利推行准备了条件，而孝文帝以后察举制选拔的人才增多，又为其汉化改革准备了大量人才，有力地促进汉化改革向前发展。

说北魏州郡学的建立促发和刺激了察举制的完善，还可以在北齐

① 严耕望:《中国地方行政制度史》下，上海古籍出版社 2007 年版，第 654 页。

② 阎步克:《察举制度变迁史稿》，辽宁人民出版社 1991 年版，第 257 页。

③ 阎步克:《察举制度变迁史稿》，辽宁人民出版社 1991 年版，第 258 页。

历史中得到确认。前面已引《北齐书·儒林列传·序》关于诸郡并立学之资料，将州郡学的建制与察举制选拔人才放在一起叙述，说明了二者之间的关系，也可以间接说明冯太后建立州郡学之初衷。

其实，我们说地方官学的统一建立属于北魏汉化改革的一部分，并不是想当然，还有当时人的看法。如到北魏末年，战乱纷纷，官学处于衰落状态，有些官吏还一直在津津乐道于冯太后时创建的地方官学，将其看成是汉化改革的重要组成部分，主张进一步完善它，保护其改革成果。如灵太后掌政时期，冀州刺史李崇针对当时儒学教育的衰败状况，曾上表说：

> 仰惟高祖孝文皇帝禀圣自天，道镜今古，徙驭嵩河，光宅函洛，模唐虞以革轨仪，规周汉以新品制，列教序于乡党，敦诗书于郡国。使揖让之礼，横被于崎岖；歌咏之音，声溢于仄陋。……今国学虽有学官之名，而无教授之实，何异兔丝燕麦，南箕北斗哉！……使辟雍之礼，蔚尔而复兴；讽诵之音，焕然而更作。美榭高墉，严壮于外；槐宫棘宇，显丽于中。道发明令，重遵乡饮，敦进郡学，精课经业。如此，则元、凯可得之于上序，游、夏可致之于下国，岂不休欤①！

在这份表章中，李崇着重提到了地方官学，赞扬了以前孝文时期地方官学办得好，现在应该进一步发扬过去的好传统，办好地方官学。可是，这里有一个问题，统一建立地方官学，明明是显祖时期冯太后第一次临朝听政时所办的一件大事，前面已引大量史料证明，可李崇为何要将其功劳算到文帝头上，而且将孝文帝迁都洛阳和统一开办地方官学等综合在一起，作为汉化改革的重大成就加以赞扬呢？这是因为，州郡学

---

① 《魏书》卷66《李崇列传》，中华书局1974年点校本，第1471—1472页。李崇的该段建学奏章后又混为北齐杨愔、魏收和邢卲的置学奏疏内容（参见《北齐书·邢卲列传》）。钱大昕《廿二史考异》已做出辨析，提出《邢卲传》本来源于《北史》，而《北史》文亦脱落，误以《李崇传》杂入。因此此奏章实为北魏李崇向灵太后所呈之奏章。（见钱大昕撰，陈文和、张连生、曹明升校点《廿二史考异》，凤凰出版社2008年版，第416页）可不知为什么，严耕望先生却还是引《北齐书·邢卲列传》疏而不引《李崇列传》的内容。（严耕望：《魏晋南北朝地方行政制度》下，上海古籍出版社2007年版，第673页）

的全面建立是一个长时段的过程，尽管显祖时期已经建立了统一的地方官学，但直到孝文帝之后才普及于每一个州郡；或者是地方官学的各种规章制度到孝文帝时期才全面完善。正由于这些原因，迁都洛阳之后，中央官学全面衰落，可许多地区的地方官学却还得到进一步发展。而这些正是汉族士人将州郡学的统一设立看作孝文帝所为，将其作为冯太后、孝文帝汉化改革一部分的原因。同时，话又说回来，地方官学建立于显祖是冯太后的谋划，而孝文帝改革实际也是以冯太后的思想作为指导思想的，而垂帘听政又是无法表现在官方文书上的，所以北魏州郡学的统一建立被说成孝文帝所为。这反过来说明，北魏州郡学的统一建立属于孝文帝汉化改革的一部分，已是当时汉族士人们一致的意见，这并不是我们的新发现，只不过学界一直没有揭示其真相而已。

因此，完全可以这样说，尽管我们俗称的冯太后和孝文帝改革是在冯太后第二次临朝听政时才全面展开的，但其酝酿过程应该是在冯太后第一次执政时期就开始了。北魏地方州郡学的建立属于北魏汉化改革的先声。

四

综上，我们考察分析了北魏地方官学的建立及其发展过程，指出了北魏地方官学的办学理念、学规令制并不是对汉魏地方官学的继承，而是承汉魏中央官学的建制而来，这主要是因为北魏前期的中书学只是一种培养内侍官员的专门学校，没有传承儒学文明和教化民众的功能，汉族士人希望通过地方官学在全国的统一建立来推动儒学的复兴，传承文明，从而使地方官学的统一建立成为北魏汉化改革的突破口。下面我再就拓跋政权统治下的汉族士人在北方胡族统治下如何进行儒学复兴，即进行“以夏变夷”的艰辛历程谈谈自己的看法。

汉代士人在批判秦皇朝中断儒学发展链条的同时，建立起第一个中央级的教育机构：太学，培养出一批又一批儒学知识士人，使民族文化得以传承、延续和发展。到东汉，开始形成了一个具有深厚儒学素养的世家大族阶层，这个阶层以儒学文化作为自己的标签，儒学文化之根早已一代一代深深地植于他们的内心世界。在以后的中华民族融合进程中，尽管“华夷之别”一直是华夏族、汉族士人遵守的一道藩篱，但前辈学者已经做过深刻论述，认为中国知识士人尤其是儒学士人在对待华夷、胡汉的分野上，自古以来是文化至上，而非民族和血缘至上。中国古代知识士人非常重视民族文化的根，并不太重视形式上的民族差异。他们评判一个异族统治者是否能为汉民族所接受，不主要看其血缘，而重视其接受汉民族文化的程度。当外族进入中原，汉族士人在军事武力上处于明显劣势的情况下，默默地以自己民族的先进文化改造胡族统治者，从而使统治民族接受汉族文化，最后融合为中华民族大家庭的一员。因此，生活在异民族政权中的汉族士人的最大目的是保持汉民族文化的薪火传承，使其不致熄灭中断。而民族文化的薪火传承需要学校作为其载体，因而开办学校就成为在异民族统治下汉族士人的一个主要诉求。

古代的学校主要分两种：一是官学，一是私学。私学是民间的自发行为，官学是官方的行为，其中官学又分中央官学和地方官学两种。中央官学的兴办与否一直是士人们判断最高统治者是否重视文化传承的主要标准。史书记载拓跋鲜卑一进入中原就建立了中央官学，起初叫国子太学，后来又改为中书学①。可是北魏前期的中书学是由拓跋贵族严格控制的，其最高行政长官中书监、令均为鲜卑贵族兼领②。只有教师，即中书博士和助教是汉族士人。中书学实际只是一种培养内侍成员的行政学院。如中书学生的入学资格是贵族子弟身份，而不是掌握经学知识的多少，既没有正常的入学考试，也没有平

---

① 《魏书》卷84《儒林列传·序》，中华书局1974年点校本，第1841—1842页。

② 祝总斌先生提到，自道武帝建国至文成帝太安三年以前七十年间，中书监、令先后六人，即屈遵、穆观、卢鲁元、穆寿、仇洛齐、穆平国。除仇洛齐是卢鲁元舅父，以宦官得宠而升中书令，族属不明外，其他均为鲜卑人。直到太安三年（457）高允被任命为中书令，中书学的最高权力才开始逐步移交到汉人手中。但单纯的中书监、令的权力非常有限，只是职典文辞，需在起草诏令时仔细体会皇帝心意，未能自作主张，参与决策。高允也只有在冯太后诛乙浑时才一度被引入禁中，“参与大政”，但随即被鲜卑贵族源贺、拓跋丕所代替。（见氏著《两汉魏晋南北朝宰相制度》，中国社会科学出版社1990年版，第369—371页。）应该说，高允后来退出禁中与冯太后的第一次罢政有一定关系，而这正可证明冯太后对兴办州郡太学的重视，即冯太后将高允引入禁中的主要目的是建立统一的地方官学，说明冯太后将地方官学的建立作为汉化改革的重要组成部分进行策划和设计的。

时检试学生经学学习好坏的手段，经学知识学与不学，学得好坏与他们出校后的去向和职务升迁没有必然联系；再者，在校学生本身就是当然的在职官员①。这一切说明，北魏前期的中书学不具备传承儒学文明，教化民众的功能，不符合汉族士人心目中的太学传统。当然，应该承认的是，自显祖以后，中书学传承儒学的功能有了很大改观，如改革经学检试制度等，尤其是冯太后、孝文帝汉化改革之后，中央官学改革的步伐大大加快。太和年间，改中书学为国子学，迁都洛阳之后，孝文帝又下诏立国子学、太学和四门小学，到孝明帝神龟中，又仿西晋旧制，国子学生只招收“三品以上及五品清官之子”②，中央官学全面回归汉魏传统。但北魏中央官学彻底洗掉鲜卑痕迹之后，反而趋向衰落。前面提到，迁都之后近三十年，先是校舍迟迟未建设好，后来校舍建好后，又迟迟未招生，也未出台任何学规制度，两任国子祭酒多次兴学奏疏都未能得到正面回应。

北魏中央官学的衰落，有着它的必然性原因，首先，孝文帝汉化改革之后，中央官学的教育功能得以改变，从而废除了军事功臣和侍郎、博士子弟在国子学的特权资格，尤其是废除了进入国子学就是当然官员的制度，使得拓跋贵族官僚们的办学热情大大降低，拓跋贵族和高级士族子弟的求学热情急剧减退。其次，在门阀时代，士族们更热衷于家学和私学，家学渊源和私学资历更受到人们尊重，他们对官学当然不一定感兴趣；但国子学依旧要坚持它严格的“三品以上及五品清官之子”的等级标准，这又堵塞了寒门进入中央官学的大门，那么中央官学走向衰落就成为必然。陈寅恪先生对整个魏晋南北朝学术教育状况有一个总的判断：“自汉代学校制度废弛，博士传授之风气止息以后，学术之中心移于家族，而家族复限于地域，故魏、晋、南北

---

① 《魏书》卷113《官氏志》所记太和十八年以前的职员令，国子学生的官品是第七品中（中华书局1974年点校本，第2989页）。这里的国子学生就是原来的中书学生，因为中书学改名国子学之后，还有一些原先入校未毕业的在校学生，他们的官品当然照旧不变，但从此以后新招的国子学生不再享受在职官吏待遇，世宗颁布的职员令中不再有国子学生的官品记载。

② 《魏书》卷84《儒林列传》，中华书局1974年点校本，第1842页。

朝之学术、宗教皆与家族、地域两点不可分离。”① 这正是魏晋南北朝时期教育发展的大趋势，而北魏中央官学只不过是在孝文帝恢复门阀制度之后跟上整个时代的步伐而已，这是北魏中央官学教育回归汉魏传统的必然结果。关于北魏中书学的学校类型、功能、作用及其后来的转化问题，我将在另一篇文章《北魏中书学的学校类型——兼谈鲜卑统治者对儒学教育功能的认识》中做出全面考察，此不赘。

正由于这些原因，汉族士人们将儒学复兴的希望寄托在地方官学的建立和私学教育的开展上。而汉族士人之所以能够将儒学复兴的希望寄托在地方官学和私学教育上，又与北朝特殊的时代背景有关：西晋末年，“五胡乱华”，晋鼎南迁，北方留下未南徙的士族纷纷广聚宗族，建立坞壁组织以与胡族政权相对抗。而坞壁必须恃险而建，因此北朝的世家大族往往居于农村而非城市。正如陈寅恪先生所言：“南朝士族与城市相联系，北朝士族与农村相联系。……这决定了北方的士族与农业土地的难分的关系。北方大家族制度的继续维持，又决定了北方的士人与宗族的难分的关系。北方士族除了在京城和地方上做官，都不在城市。”② 这应该就是北方儒学复兴首先从地方官学和私学突破，使北魏地方官学成为东晋十六国与南北朝时期最为亮丽的一道风景的最为主因。

孔毅在《北魏前期北方世族“以夏变夷”的历程》一文中大致表达了这样一种观点：拓跋部落统治下的北方汉族士人关于“以夏变夷”的经历，是在其心灵经过了一段炼狱般的煎熬之后，其态度由消极变为积极，由被动变为主动的③。拓跋统治下的中原的汉族士人，初期的“以夏变夷”心态是消极的，他们拒绝与拓跋统治者合作，不愿入京为官。也就是说，他们不主动用汉文化去感化、改造拓跋统治者。试看史料：

---

① 陈寅恪：《隋唐制度渊源略论稿》，中华书局 1963 年版，第 17 页。

② 陈寅恪：《魏晋南北朝史演讲录》，黄山书社 1987 年版，第 329—330 页。

③ 孔毅：《北魏前期北方世族“以夏变夷”的历程》，《中国史研究》1998 年第 2 期。这种理解如果有误，概由引者负责。

（李）曾，少治《郑氏礼》《左氏春秋》，以教授为业。郡三辟功曹不就，门人劝之，曾曰："功曹之职，虽曰乡选高第，犹是郡吏耳。北面事人，亦何容易。"州辟主簿，到官月余，乃叹曰："梁叔敬有云：州郡之职，徒劳人耳。道之不行，身之忧也。"遂还家讲授。①

宋隐，字处默，西河介休人。……性至孝，年十三，便有成人之志，专精好学，不以兵难易操。……太祖平中山，拜隐尚书吏部郎。车驾还北，诏隐以本官辅卫王仪镇中山。寻转行台右丞，领选如故。屡以老病乞骸骨，太祖不许。寻以母丧归列人。既葬，被徵，固辞以病，而州郡切以期会，隐乃弃妻子，间行避焉。后匿于长乐之经县，数年而卒。临终谓其子侄等曰："苟能入顺父兄，出悌乡党，仕郡幸而至功曹史，以忠清奉之，则足矣，不劳远诣台阁。恐汝不能富贵，而徒延门户之累耳。若忘吾言，是为无若父也，使鬼而有知，吾不归食矣。"②

刘昞，字延明，敦煌人也。……隐居酒泉，不应州郡之命，弟子受业者五百余人。……世祖平凉州，士民东迁，夙闻其名，拜乐平王从事中郎。世祖诏诸年七十以上听留本乡，一子扶养。昞时老矣，在故臧，岁余，思乡而返③。

（高）燮（高允弟）……有文才。世祖每诏征，辞疾不应。恒讥笑允屈折久宦，栖泊京邑。常从容于家④。

刘献之，博陵饶阳人也。少而孤贫，雅好《诗》《传》，曾受业于渤海程玄，后遂博观众籍。……后本郡举孝廉，非其好也，逼遣之，乃应命，至京，称疾而还⑤。

尽管前期汉族士人们"以夏变夷"的态度是消极的，但其结果仍然有积极成分。因为他们归隐而不合作的目的，很大一部分是在乡间

① 《魏书》卷53《李孝伯列传》，中华书局1974年点校本，第1167页。
② 《魏书》卷33《宋隐列传》，中华书局1974年点校本，第773—774页。
③ 《魏书》卷52《刘昞列传》，中华书局1974年点校本，第1160—1161页。
④ 《魏书》卷48《高允列传》，中华书局1974年点校本，第1091页。
⑤ 《魏书》卷84《儒林列传》，中华书局1974年点校本，第1849—1850页。

传播儒学文化，为了保存民族文化的火种不致熄灭。因此，前期拓跋统治者为了驱使士人为其服务，将大批私学教师调往京都做官，尽管拓跋统治者的目的只是为了将汉族士人们控制在自己手中，但客观上对民间私学造成一定伤害。上面提到的这些儒学士人，后来有的被迫征调为官，从而放弃了他们的儒学教育。如李曾，太祖时，征拜博士，出为赵郡太守①。刘昞，七十岁还被征调②。也正是这一原因，拓跋统治者的逼遣遭到了一些汉族士人的强烈反抗。一些世族豪门，甚至聚集坞堡，造反山泽。如明元帝时，“以郡国豪右，大为民蠹，乃优诏征之，民多恋本。而长吏逼遣。于是轻薄少年，因相煽动，所在聚结。西河、建兴盗贼并起，守宰讨之不能禁”。③《魏书·世祖纪》也说：“先是，辟召贤良，而州郡多逼遣之。”④

史书记载说拓跋统治者对汉族士人的让步开始于世祖时期。延和元年（432）十二月，世祖下诏：“诸召人皆当以礼申谕，任其进退，何逼遣之有也！”⑤ 后又于太延元年（435）十二月甲申下诏：“自今以后，亡匿避难，羁旅他乡，皆当归还旧居，不问前罪。”⑥ 也就是说，拓跋统治者逐渐接受了汉族士人的这一做法，对于那些愿意隐居民间，从事儒学传播的，允许他们在民间从事儒学教育。这样一来，经过前期一段剧烈的动荡之后，地方儒学文化逐渐在乱中复兴，汉民族传统文化也开始由村、乡的私人民间办学到郡以至州的一些地方官员对官学的兴办，使儒学传统文化得以保存以至发展。当然，所谓乱中复兴，各个地区的发展程度是不同的，尤其是地方官学，取决于地区的稳定、地方官的儒学素养和在百姓中的威信。因此，这一全国性的转折阶段尽管是世祖时期才到来的，但在个别发达地区，有些地方官在太祖时期就开办了地方官学，《魏书·良吏列传》提到太祖时期的常山太守张恂，“开

① 《魏书》卷53《李孝伯列传》，中华书局1974年点校本，第1167页。

② 《魏书》卷52《刘昞列传》，中华书局1974年点校本，第1161页。

③ 《魏书》卷24《崔玄伯列传》，中华书局1974年点校本，第622页。

④ 《魏书》卷4《世祖纪下》，中华书局1974年点校本，第81页。

⑤ 《魏书》卷4《世祖纪下》，中华书局1974年点校本，第81页。

⑥ 《魏书》卷4《世祖纪下》，中华书局1974年点校本，第86页。

建学校，优显儒士。吏民歌咏之”①。还有世祖时期的薛谨在所在州郡开办的官学。薛氏为汾阴豪族，薛谨父薛辩太宗时归国，被授以平西将军、雍州刺史，赐爵汾阴侯。后薛谨又被授河东太守，袭爵平西将军、汾阴侯。世祖时期，又由太守迁秦州刺史。史载：

> 谨自郡迁州，威惠兼备，风化大行。时兵荒之后，儒雅道息。谨命立庠，教以诗书，三农之暇，悉令受业，躬巡邑里，亲加考试，于是河汾之地，儒道兴焉②。

张恂和薛谨属于自作主张设立地方官学的官员，这也是他们得到大量汉族人拥护的主要原因。但从以上史料可以看出：其一，当时的州郡学并不叫“太学”，也说明叫地方官学为“太学”是在冯太后全国统一建立郡学之后的事情；其二，从薛谨所办学校看来，这种学校主要是农暇时期授业，与后来的州郡太学还有一定区别；其三，这种地方官学属于地方官的个人行为，与拓跋朝廷无关，也就说明设立地方官学还只是个别强宗大族聚集的地区。

到高宗后期，建立地方官学的环境有了进一步的改善，高允于太安三年（457）出任中书令，成为中书学的直接长官，也是全国教育的最高行政长官。而李䜣也于高宗后期出任相州刺史。高宗死后，拓跋政权被保守派贵族乙浑所控制，他作恶多端，激起众怒，从而为冯太后上台提供了条件，也为建立统一的州郡学提供了绝好机会。前面已经说过，冯太后是在国家政权出现重大危亡的时候密定大策，除掉了全国最大的奸恶权臣乙浑，在建立了巨大威信的基础上下达建学诏令的，这样就大大减少了拓跋保守贵族的阻力，使儒学复兴的目标得以实现。正由于地方官学的统一建立，儒学的传播速度大大加快，到孝文帝时代，就出现了学术文化发展的高峰，使儒学正宗从南朝逐渐转移到北方。也正是这一原因，到北魏末年，战乱频仍，中央官学已全面衰落，汉族士大夫如李崇等还津津乐道于冯太后创建的州郡学，将

① 《魏书》卷88《良吏列传》，中华书局1974年点校本，第1900页。
② 《魏书》卷42《薛辩列传》，中华书局1974年点校本，第942页。

其看作北魏汉化改革的重要组成部分而提出振兴方案。

结合以上史料分析，可以看出北魏统治下的汉族士人以儒学教育来推动“以夏变夷”的艰辛历程，他们所采取的方法是以点带面，步步为营，迫使拓跋统治者一步一步地接受儒学熏陶。从儒学士人在本土乡村进行的私学耕耘，到张恂、薛谨局部地区自作主张建立的地方官学，再到李䜣上书朝廷请求在自己治内建学以致提出全国建学，再到冯太后和高允的全面谋划，决定统一建立州郡太学，并按照郡的大小分别招收数量不等的学生，统一配备博士、助教，统一教师和学生的选拔标准，统一检试经学等，可以看出这种历程之艰辛。

北魏初期，汉族士人以逃避归隐，本土办学，从行为上是一种消极退让的举动，但在精神上仍然表现了一种文化上的自信。正如孔毅所说，“经学之复兴于北方，实则北方世族为保存民族文化精华而修筑的一道心理防线和精神屏障”。① 正是这种文化的自信，使得他们的被动逐步转化为主动，冯太后诛灭乙浑，提出在全国各州郡建立汉魏传统的太学体系，使士人们的“以夏变夷”活动由过去的被动退让变为主动进攻。对中书学不符合儒学传统做法表示不满，要在州郡按照汉魏传统的太学教育体系来开办地方官学，就是这种文化自信的最明显表现。孔毅认为，在孝文帝改革之前，北方民族大融合进程的推进主要依赖于北方世族“以夏变夷”的信念以及在此信念之下坚韧不拔的努力，从而为孝文帝改革铺垫了路基②。从以上士人们汲汲于儒学教育的事例中也可以看出他们这种努力的艰辛和坚韧。

（原载《史学月刊》2016年第6期）

① 孔毅：《北魏前期北方世族“以夏变夷”的历程》，《中国史研究》1998年第2期。

② 孔毅：《北魏前期北方世族“以夏变夷”的历程》，《中国史研究》1998年第2期。

北魏中书学的学校类型

——兼谈鲜卑统治者对儒学教育功能的认识

关于北魏教育史的研究，其中以对中书学的研究成果最为丰富①。但这些成果均对北魏中书学与汉化改革的作用评价过高，而对中书学的学校类型、教育功能及其产生的时代背景研究不够。北魏中书学作为中央官学，为何不像汉魏、两晋一样叫太学、国子学，而要改叫中书学；中书学为何不归太常管辖，而要隶属于中书省②；中书学生为何入学就有官品，作为在职官吏对待等诸多问题，以前的研究者均是浅尝辄止，未加深究，而所有的教育史著作对此也熟视无睹，未提出任何疑问。尽管梁满仓也承认中书学不像后来的国子学是纯粹的学术机构，但也未对其学校类型进行探讨③。只有施光明的《北魏中书学考述》一文提到了中书学的性质与职能问题，进而提出中书学

---

① 施光明：《北魏中书学考述》，《教育史研究》1991 年第 4 期；严耀中：《北魏中书学及其政治作用》，《魏晋南北朝史论文集》，齐鲁书社 1991 年版，第 136—148 页；郑钦仁：《北魏官僚机构研究续编》第四章《中书学》，台湾稻禾出版社 1995 年版，第 116—147 页；张金龙：《北魏太学与政治、文化》，《北魏政治与制度论稿》，甘肃教育出版社 2003 年版，第 221—243 页；梁满仓：《北魏中书学》，《魏晋南北朝史论文集——中国魏晋南北朝史学会第八届年会暨缪钺先生百年诞辰国际学术研讨会论文集》，巴蜀书社 2006 年版，第 260—269 页；姚宏杰：《北魏中书学新探》，《华东师范大学学报》（教育科学版）2006 年第 3 期。

② 最早提出中书学属中书省管辖的是胡三省，他在《资治通鉴》卷一二三宋文帝元嘉十六年，江强“亦拜中书博士”条注释说：“……中书，自曹魏置监令以来，未尝置博士，盖拓跋氏初置是官也。”现在研究中书学的学者都同意中书学隶属于中书省的说法。（中华书局 1956 年版，第 3880 页）

③ 梁满仓：《北魏中书学》，《魏晋南北朝史论文集——中国魏晋南北朝史学会第八届年会暨缪钺先生百年诞辰国际学术研讨会论文集》，巴蜀书社 2006 年版，第 260—269 页。

是培养处理文书案牍等行政工作能力的专门人才的学校①。施光明关于中书学是培养处理文书案牍等行政工作能力的专门人才学校的观点是有创新意义的，但笔者以为这种提法仍然不够准确，分析还不是很透彻。其实，从教育功能来考察，北魏中书学与汉魏以来传统的中央官学体系有着明显差异，它虽然具有培养和培训人才的功能，但它不具备教化民众，传承儒家文化的功能②。从学校类型来看，它不属于传统的太学教育体系。北魏中书学是拓跋鲜卑从军事部落联盟过渡到专制主义中央集权国家这个特定时期的产物。因而要全面深入揭示北魏中书学的实质，必须充分考虑这一特殊的时代背景。只有以这一背景作为研究的切入点，才能全面了解拓跋统治者对儒学教育功能的认识过程，并进而加深对冯太后、孝文帝汉化改革的了解。

一

考察中书学是否具有与传统中央官学相同或相似的教育功能，是否属于国民教育体系类型，只有在与汉魏的太学、两晋的国子学、太学的比较中才能反映出来。中国古代太学体系建立于汉武帝元朔五年，是汉武帝接受董仲舒“抑黜百家，推明孔氏，立学校之官”③ 意见的产物。董仲舒于建元元年（公元前 140）向汉武帝提出兴办太学时就指出：“故养士之大者，莫大乎太学；太学者，贤士之所关也，教化之本原也。”④

董仲舒开宗明义地提出开办太学的宗旨，指出太学两大基本功能：一是培养人才，一是注重教化。公孙弘也在任丞相不久后向武帝提出：

---

① 施光明：《北魏中书学考述》，《教育史研究》1991 年第 4 期。

② 其实，自冯太后至孝文帝，对北魏前期的文化教育均是给以否定性评价，孝文帝在冯太后的葬礼上说出“祖宗情专武略，未修文教”的话就是这一否定性评价的最好注脚。因为，如果仅仅从最高统治者对中央官学机构的重视程度来说，北魏皇朝并不亚于汉魏以来任何一个汉族皇朝，甚至远盛于东晋十六国南北朝时期的所有汉族皇朝。因此，所谓“情专武略，未修文教”只能理解为，在冯太后前，尽管也建立了中书学这样隆重的中央官学机构，但只是为培养某种专门人才而设，而对儒学文化的传承功能明显不够。当然，中书学的教育功能到高宗开始有一定程度的变化，但其总体性质并没有改变，这后面有详细分析。

③ 《汉书》卷 56《董仲舒传》，中华书局 1962 年点校本，第 2525 页。

④ 《汉书》卷 56《董仲舒传》，中华书局 1962 年点校本，第 2512 页。

闻三代之道，乡里有教，夏曰校，殷曰庠，周曰序。……故教化之行也，建首善自京师始，由内及外。今陛下昭至德，开大明，配天地，本人伦，劝学兴礼，崇化厉贤，以风四方，太平之原也。古者政教未洽，不备其礼，请因旧官而兴焉。为博士官置弟子五十人，复其身①。

公孙弘进一步阐明，建太学的目的就是“崇化厉贤”，即推广教化，培养人才。太学为封建统治培养人才，意思清楚，不言自明；而所谓教化，就是说太学应该承担起对全民的道德精神培育，就是现代教育中所说的人文精神培养。这又包括两个方面的内容：一是对当代人进行思想道德教育；二是承担起对民族文化传承的历史重任。汉代太学的建立本来就是针对秦皇朝单纯的严法治国，放弃儒学的道德教化，从而导致社会风气败坏，社会秩序崩解，民族文化传承的链条中断而来的。

太学教育的两大功能属于两个不同层次。人才培养是太学的功能之一：“贤士之所关也”。但这是所有类型学校教育的基本功能，属于一种较低级的层次；而承担教化责任，是太学存在的根本，所以说“教化之本原也”，这是一种较高级的教育层次。很明显，人文精神培养和民族文化传承是太学区别于培养某类专门人才的专门学校的最大特点。而北魏中书学只具备第一种功能，不具备第二种功能。为何这样说？因为汉儒在创办太学时，为了保证这两大功能得以顺利实现，便制定了一系列的学规制度，简单概括起来：一是入门选拔，即制定必要的入学考试；二是经常性的试经制度和出学要求，即课试制度。汉代对太学生有着较为严格的第一道门槛，即选拔标准，《汉书·儒林传》载：

太常择民年十八以上仪状端正者，补博士弟子。郡国县官有好文学、敬长上、肃政教、顺乡里、出入不悖，所闻，令、相、长、丞上属所二千石。二千石谨察可者，常与计偕，诣太常，得

① 《汉书》卷88《儒林传》，中华书局1962年点校本，第3593—3594页。

受业如弟子[1]。

从这里可以看出，汉代太学生的入学方式分两种情况，一种是正式生，叫"博士弟子"；一种是非正式的，叫"得受业如弟子"。两种弟子的选拔必须有基本的道德标准，在经过基本的道德审查之后，还要进行较为严格的入学考试，至少正式博士弟子是如此。如《汉书·儒林传·王式》载："唐生、褚生应博士弟子选，诣博士，抠衣登堂，颂礼甚严，试诵说，有法，疑者丘盖不言。诸博士惊问何师，对曰事式。"[2] 这种入学选拔制度到曹魏时期有所改变，改为预科淘汰形式。如《通典》提到曹魏太学生的入学考试："黄初五年，立太学于洛阳，时慕学者始诣太学为门人，满二岁试通一经者，称弟子，不通者罢遣。"[3] 也就是说，首先不需要入门考试，学了两年之后，考试合格者才叫太学生，不合格者便离开太学。当然到两晋以后，选拔更多注重的是家庭出身，世家子弟和官宦子弟更容易被选拔，但那主要是国子学，太学即主要对平民开放，而无论是贵族子弟的国子学还是平民子弟的太学，入学考试程序是不能免的。

汉魏时期的太学生在校学习，还有正常的课试制度，《汉书·儒林传》载：

> 一岁皆辄课，能通一艺以上，补文学掌故缺；其高第可以为郎中，太常籍奏。即有秀才异等，辄以名闻。其不事学若下材，及不能通一艺，辄罢之，而请诸能称者[4]。

对于试经不合格的学生有可能随时取消其太学生学籍。如果说，入学考试到后来有可能改为预科淘汰制的话，那么对太学生通常的试经传统，魏、晋等封建王朝一直全面继承下来了。如《三国志》卷二《文帝纪》载："（黄初五年）夏四月，立太学，制五经课试之法，置

---

① 《汉书》卷88《儒林传》，中华书局1962年点校本，第3594页。
② 《汉书》卷88《儒林传》，中华书局1962年点校本，第3610页。
③ 《通典》卷53《礼十三 吉十二》，岳麓书社1995年版，第760页。
④ 《汉书》卷88《儒林传》，中华书局1962年点校本，第3594页。

《春秋谷梁》博士。”① 而从《通典》的记载来看，曹魏太学的入学考试与平常的课试可能结合在一起，学生入学门槛比较低，刚入学的学生叫门人，相当于现在的预科生，只有过了两年，通过一经之后才叫正式弟子，否则就会遭淘汰。再过两年通过二经了，可以补文学掌故缺，没有通过者继续留校学习，到时再与其他的学生一起参加课试，而愿意通过多经，胜任高位者，也可以继续深造。如此类推，到最后试完五经为止，随着试经的增加，依次升任为：太子舍人、郎中甚至更高职位②。当时的课试制度是非常严格的，黜落者很多，儒宗王肃提到当时太学生试经的效果是：“百人同试，度者未十。”③

西晋的太学试经传统，史书也有明确记载。晋武帝泰始八年，通过正常的经试制度裁汰了一批学无长进的学生：“有司奏：‘太学生七千余人，才任四品，听留。’诏：‘已试经者留之，其余遣还郡国’。”④

也就是说，对太学生的入学考试和正常性的试经是传统太学的一个基本特征。可是北魏前期的中书学没有任何试经门槛，既没有入学考试，又没有平常的经学检试制度。他们学得好坏或学与不学没有太大的区别。

至于北魏中书学生的来源，主要分为两大类：一是军事功臣或皇帝宠臣子弟；再就是中书侍郎和中书博士子弟。第一类，如谷浑，为世祖所器重，谷浑子孙凡十五岁以上悉补为中书学生⑤。唐和，因拥部落归附北魏，克平西域，功劳甚大，因此其子唐钦成为中书学生。⑥ 窦瑾，因“参与军国之谋，屡有军功”，故四子，年长者三子，窦秉、持、依并为中书学生⑦王嶷，“以父任为中书学生”⑧。还有李

① 《三国志》卷2《文帝纪》，中华书局1959年点校本，第84页。

② 《通典》卷53《礼十三 吉十二》，岳麓书社1995年版，第760—761页。

③ 《三国志》卷13《王肃传》，中华书局1959年点校本，第421页注【三】。

④ 《宋书》卷14《礼一》，中华书局1974年点校本，第356页。

⑤ 《魏书》卷33《谷浑列传》，中华书局1974年点校本，第781页。谷浑虽然也做过中书侍郎，但其子孙被选为中书学生时他早已是侍中了。之所以其子孙十五岁以上悉补为中书学生，完全是因为其在官廉直，为世祖所器重之故。

⑥ 《魏书》卷43《唐和列传》，中华书局1974年点校本，第963页。

⑦ 《魏书》卷46《窦瑾列传》，中华书局1974年点校本，第1035—1036页。

⑧ 《魏书》卷33《王宪列传附》，中华书局1974年点校本，第775页。

韶、李虔也均因其父李承为世祖所器重，礼遇甚优而成为中书学生的①。又李䜣，其父李崇，延和初，率十余郡归降世祖，其功甚大。世祖呼其曰“李公”，以李崇为平西将军、北幽州刺史、固安侯。因此李崇偕李䜣入都，为中书学生②。

再看第二类，博士、侍郎子弟为中书学生的例证。裴修是中书侍郎、博士裴骏的儿子③。胡丑孙是中书博士胡方回的儿子④。卢度世是中书博士卢玄的儿子⑤。李安世是中书侍郎、博士李祥的儿子⑥。祖莹的父亲祖季金也做过中书侍郎。⑦ 郑道昭的父亲郑羲做过中书博士⑧。高祐和其弟高钦的父亲是中书侍郎高谠。⑨ 还有李预、崔合、崔秉、李蕴等人的父亲均做过中书博士⑩。

从这里可以看出，北魏中书学生入学凭借的是一种身份，而不是凭学生掌握经学知识的多少。没有入学考试，没有任何形式的试经制度和毕业合格检验制度是北魏中书学的主要特征之一。

再者，北魏中书学的学生在学有官品，属于在职官员，其官品是第七品中⑪。因此他们离开中书学后的职务不是起家职务，而属于转任他职，在中书学只是一种历练。如《魏书》各列传均将中书学生作为一种为官经历进行记载。如王嶷，“少以父任为中书学生，稍迁南部大夫”⑫。

① 《魏书》卷39《李宝列传附》，中华书局1974年点校本，第886—889页。

② 《魏书》卷46《李䜣列传》，中华书局1974年点校本，第1039页。

③ 《魏书》卷45《裴骏列传附》，中华书局1974年点校本，第1021页。

④ 《魏书》卷52《胡方回列传附》，中华书局1974年点校本，第1149页。

⑤ 《魏书》卷47《卢玄列传附》，中华书局1974年点校本，第1045页。

⑥ 《魏书》卷53《李孝伯列传附》，中华书局1974年点校本，第1175页。

⑦ 《魏书》卷82《祖莹列传》，中华书局1974年点校本，第1798页。

⑧ 《魏书》卷56《郑羲列传附》，中华书局1974年点校本，第1237页。

⑨ 《魏书》卷57《高祐列传》，中华书局1974年点校本，第1259页。

⑩ 参见《魏书》卷33《李先列传附》，中华书局1974年点校本，第791页；卷49《崔鉴列传附》，第1103—1104页；卷46《李䜣列传附》，第1043页。

⑪ 《魏书·官氏志》所记太和十八年以前的职员令，国子学生的官品是第七品中。（中华书局1974年点校本，第2989页）这里的国子学生就是原来的中书学生，因为中书学改名国子学之后，可能还有一些原先入校未毕业的在校学生，他们的官品当然照旧不变，但从此以后新招的国子学生不再享受在职官吏待遇，因为，在世宗颁布的职员令中不再有国子学生的官品记载。

⑫ 《魏书》卷33《王宪列传附》，中华书局1974年点校本，第775页。

源规，“中书学生、羽林监，袭爵”①。李仲胤，“自中书学生，历公府主簿、从事中郎、谏议大夫、尚书左丞”②。崔合，“袭爵桐庐子，为中书学生、主文中散、太尉谘议参军、本州大中正”③。也就是说，中书学的学生，入学是一种特权，一种资历，入学便已经是当然的官员，这正是典型的培养、培训官员的学校，具有行政学院的性质，而不具有国民教育的特点。因为传统的太学和国子学，固然有培养人才的目的，但进入太学绝不是当然的官员。太学更主要的目的是提高国民素质，传承中华文明。如前面已经提到，汉代太学生通过检试者也只能授予较低级别的官职。一般只是文学掌故之类的低级官吏，即使经过多年的一次次的试经，最高者出学后也只是郎中，官阶不是很高，而且学得不好者还有可能随时被取消其太学生资格。两汉时期的太学生通过经学检试的比例也极低，在数千、数万的太学生中，通过试经进入官僚队伍的，一年也不过百十来人，不过是几十分之一，甚至是百分之一。因此在两汉魏晋时期，太学学生最后能够进入官场为官的只是极少数，大量学生均是回乡为民，或教授，或以游学传播儒家传统文化为业。两汉、魏晋的中央官学，为封建朝廷输送人才只是目的之一，更主要的是提高了全民的文化素质，提高了社会的道德水平，改变了社会风气，传承了传统文化。

从以上与汉魏太学、两晋国子学的基本特征相比较，可以得出这样的结论：北魏中书学不属于传统的太学体系，没有行使太学传播儒学文化的功能，只有培养和培训人才的初级功能。当然，北魏中书学到后期，其传播儒学的功能开始有所增强，尤其是冯太后第一次临朝听政，在下达了全国统一建立州郡学诏令的同时，也开始了对中书学的部分改革，最直接的表现是增加中书学生读经的分量，逐渐改变中书学单纯培养行政官员的某些功能，使其逐步具有传播儒学文明和道

① 《魏书》卷41《源贺列传附》，中华书局1974年点校本，第929页。
② 《魏书》卷49《李灵列传附》，中华书局1974年点校本，第1103页。
③ 《魏书》卷49《崔鉴列传附》，中华书局1974年点校本，第1104页。

德教化的功能。因为，中书学原来并不太重视儒学经典的阅读，但自此以后，可能加大了对经学的教育。我们查遍史料，整个中书学博士抽考学生读经典的史实仅祖莹一例，而这已是文帝时代①。说明可能在冯太后掌握大权和高允任中书令，加紧统一设立地方官学的同时，中书学的改革也已经开始了。但是到太和十六年前，中书学整体的培养和培训行政官员的性质并未改变。

台湾学者郑钦仁引曾资生《中国政治制度史》第三期第四章第六节“谓中书学实具储才养士的性质，自余诸朝，未见此制”的说法之后，评论说：“中书学实有储才养士的性质当无疑问，唯北魏后来称国子学，南朝及后代亦皆有国子学。”② 也就是说，郑钦仁认为北魏中书学选拔功臣、贵族和皇帝宠臣子弟与西晋及北魏后世的国子学重视高门士族子弟具有相似性，都是一种特权。其实，中书学与国子学是性质决然不同的两种类型的学校。西晋国子学入学是有特权，确实是凭门第的，但这只是一种入学特权，并不表明国子学生是当然的官员，他们要想进入官场，还必须经过察举这条门槛，并不是如中书学生一样在学就有官品，经过中书学的镀金后升得更快。如西晋国子学在经过武帝泰始八年的裁汰之后还剩下 3000 学生③，可是查遍整个《晋书》各列传，整个西晋出身国子学和太学的仅 5 人，而真正出身于国子学的仅束皙一人④。其余 4 人如霍原、索綂、刘卞、董养均在太

① 《魏书》卷 82《祖莹列传》：（祖莹）年十二，为中书学生。“时中书博士张天龙讲《尚书》，选为都讲。生徒悉集，莹夜读书劳倦，不觉天晓。催讲既切，遂误持同房生赵郡李孝怡《曲礼》卷上座。博士严毅，不敢还取，乃置《礼》于前，诵《尚书》三篇，不遗一字。讲罢，孝怡异之，向博士说，举学尽惊。后高祖闻之，召入，令诵五经章句，并陈大义，帝嗟赏之。”（中华书局 1974 年点校本，第 1799 页）关于这条史料，张金龙对其评价甚高，认为是中书学传播儒学，中书学生熟读儒学经典的典型案例，岂不知，这是冯太后、孝文帝汉化改革以后的事例，不能认为中书学一建立时就是如此。（张金龙：《北魏太学与政治、文化》，原发表于《原学》第四辑，后收于《北魏政治与制度论稿》，甘肃教育出版社 2003 年版，第 235 页）

② 郑钦仁：《北魏官僚机构研究续编》，台湾稻禾出版社 1995 年版，第 145 页注［一］。

③ 《南齐书》卷 9《礼上》：“晋初太学生三千人，既多猥杂。惠帝时欲辨泾渭，故元康三年始立国子学，官品第五以上得立国学。”中华书局 1972 年点校本，第 145 页。

④ 《晋书》卷 51《束皙列传》，中华书局 1974 年点校本，第 1427 页。

学求过学或游过学①。可见大量的国子学生是在民间默默地传播儒家文化，无有显赫的官职。而北魏后期、北齐、北周和南朝各个王朝也一样，国子学生要想获得官位，还必须经过察举这一关，而在学就有官品更是闻所未闻的事情。

二

正由于北魏前期的中书学不能代表儒学教育传统，汉族士人便试图通过建立地方官学来达到传承儒学的目的。冯太后于天安元年，诛灭拓跋保守派贵族乙浑，第一次临朝听政时便将州郡学建立作为她的第一个施政目标，从而为太和年间全面深入的汉化改革开启序幕。北魏州郡学不是承汉魏地方官学传统，而是承袭汉魏中央官学体系而来，所以，北魏的地方官学统一称太学，教师名称、学规制度和释奠之礼统统遵照汉代太学传统②。

到太和十六年，汉化改革进入全面深化阶段，为全面仿照汉族传统教育体制，孝文帝改中书学为国子学③，又设皇子之学，后又下诏立四门小学。胡三省对《资治通鉴》所记"魏改中书学为国子学"作注说："魏先置中书博士及中书学生，今改曰国子学，从晋制也。"④所谓"从晋制"，就是回到汉魏以来传承儒学文明的轨道上来。学生的入学选拔、试经制度、释奠之礼统统回归传统，而更为主要的是，中央官学学生不再是在职官员，而只是一个普通的儒学生员。《魏书·官氏志》所记太和十八年以前的《职员令》中有国子学生（中书学生）为第七品中的官品记载，而后来世宗班行的官品中，不再有国子

① 分别见于《晋书》卷36《刘卞列传》，中华书局1974年点校本，第1078页；卷94《隐逸列传·董养》，第2434页；《隐逸列传·霍原》，第2435页；卷95《索紞列传》，第2494页。

② 胡克森：《北魏州郡学的统一建立与拓跋鲜卑的汉化改革——兼谈北魏汉族士人儒学复兴的艰辛历程》，《史学月刊》2016年第6期。

③ 关于中书学改为国子学的具体时间，司马光认为是齐武帝永明四年，太和十年。（《资治通鉴》，中华书局1956年点校本，第4348页）但姚宏杰认为《资治通鉴》有误，实际时间应为太和十六年。[姚宏杰：《北魏中书学新探》，《华东师范大学学报》（教育科学版），2006年第3期]

④ 《资治通鉴》卷139，《齐纪五》，中华书局1956年点校本，第4348页。

学生的品位记载①。说明中书学改为国子学之后，其学生不再是当然的行政官员，中央官学单纯的培养行政官员的功能已经改变，彻底回归汉族传统的太学教育功能。

但当北魏中央官学彻底摆脱了鲜卑痕迹，完全进入汉族传统的太学教育体系之后，却再也引不起办学者的兴趣，从而使其回归到魏晋南北朝时期官学教育衰落的老路，从太和十八年迁都洛阳后的孝文、孝武两朝，北魏中央官学完全废止。虽然孝文帝曾下诏立国子学、太学、四门小学，但只是一个诏令，大臣们并未认真执行。当时的国子祭酒刘芳曾一再上表呼吁请建国子学舍：

> 夫为国家者，罔不崇儒尊道，学校为先。……臣愚谓：今既徙县崧瀍，皇居伊洛，宫阙府寺，佥复故址，至于国学，岂可舛替？校量旧事，应在宫门之左。至如太学，基所炳在，仍旧营构。……以臣愚量，同处无嫌。且今时制置，多循中代，未审四学应从古不？求集名儒礼官，议其定所②。

孝文帝迁都多年，国子学的校舍还没有确定具体处所。刘芳反复申述，要求召集名儒礼官，赶快议定一个处所，最后文帝接受了他的建议："从之。"③ 但直到延昌元年夏天，世宗即位十二年之后还在督促中央官学校舍的建筑工程："迁京嵩县，年将二纪，虎闱阙唱演之音，四门绝讲诵之业，博士端然，虚禄岁祀，贵游之胄，叹同子衿，靖言念之，有兼愧慨。可严敕有司，国子学孟冬使成，太学、四门明年暮春令就。"④

迁都十九年了，校舍还未修好，当时的官吏们对中央官学的态度已见一斑。后来校舍建成了，又迟迟不招生。世宗时的国子祭酒郑道昭曾多次表置学生：

---

① 《魏书》卷113《官氏志》，中华书局1974年点校本，第2989—3003页。
② 《魏书》卷55《刘芳列传》，中华书局1974年点校本，第1221—1222页。
③ 《魏书》卷56《郑道昭列传》，中华书局1974年点校本，第1240—1241页。
④ 《魏书》卷8《世宗纪》，中华书局1974年点校本，第211—212页。

臣窃以为：崇治之道，必也须才；养才之要，莫先于学。今国子学堂房粗置，弦诵阙尔。城南太学，汉魏《石经》，丘墟残毁，藜藿芜秽，游儿牧竖，为之叹息；有情之辈，实亦悼心，况臣亲司，而不言露。伏愿天慈回神纡眄，赐垂鉴察。若臣微意，万一合允，求重敕尚书、门下，考论营制之模，则五雍可翘立而兴，毁铭可不日而就。树旧经于帝京，播茂范于不朽。斯有天下者之美业也①。

这一次没有得到皇帝的应允。后来国子博士、太学博士及国子助教和四门博士等都已选拔好多年，但未招收学生，而此时道昭已调任他职，但他又一次上表：

自尔迄今，垂将一纪，学官凋落，四术寝废。遂使硕儒耆德，卷经而不谈；俗学后生，遗本而逐末。进竞之风，实由于此矣。……是故屡发中旨，敦营学馆，房宇既修，生徒未立。臣学陋全经，识蔽篆素，然往年删定律令，谬预议筵。谨依准前修，寻访旧事，参定学令，事讫封呈。自尔迄今，未蒙报判。但废学历年，经术淹滞。请学令并制，早敕施行，使选授有依，生徒可准②。

这就是说，国子学校舍修好，教师选拔妥当已将十二年，却一直未招收学生，博士学官们在那里无事可做。但这一次皇帝只是表扬了郑道昭以示应付，对他提出的建议未有实际性答复："具卿崇儒敦学之意，良不可言。新令寻班，施行无远，可谓职思其忧，无旷官矣。"因此他第三次又上表：

臣自往年以来，频请学令，并置生员，前后累上，未蒙一报，故当以臣识浅滥官，无能有所感悟者也。馆宇既修，生房粗构，博士见员，足可讲习。虽新令未班，请依旧权置国子学生，渐开

① 《魏书》卷56《郑道昭列传》，中华书局1974年点校本，第1240—1241页。

② 《魏书》卷56《郑道昭列传》，中华书局1974年点校本，第1241—1242页。

> 训业，使播教有章，儒风不坠，后生睹徙义之机，学徒崇知新之益。至若孔庙既成，释奠告始，揖让之容，请俟令出①。

这最后一次的上表则是泥牛入海，因为当时的执政大臣根本没有将他的上表呈报到皇帝那里去②。直到正光元年，孝明帝才释奠于国子学，始置国子生三十六人，而太学、四门学却未能再招生。也就是说，孝文太和十八年迁都洛阳至孝明帝正光二年共近三十年的历史中，中央官学一直停办，即使正光二年兴学，招收了三十六个学生，也是有名无实："虽有学官之名，而无教授之实。"③

中央官学之所以在改制之后逐渐走向衰落，有着它的必然性原因。首先，因为孝文帝汉化改革之后，门阀制度得以建立，中央官学的教育功能得到改变，从而废除了军事功臣和侍郎、博士子弟在国子学的当然资格，尤其是废除了进入国子学、太学就是当然官员的制度，使得官僚们的办学热情大大降低，鲜卑贵族和汉士族子弟的求学热情急剧减退；其次，从传播儒家文化，提高文化素养的角度来看，士族们更热衷的是家学和私学。在门阀社会里，家学渊源和私学资历更受到人们尊重，他们对官学当然不一定很感兴趣；但国子学依旧要坚持它严格的等级制度："三品已上及五品清官之子"④的标准，又堵塞了寒门进入中央官学的大门，那么中央官学走向衰落就成为必然。也就是说，北魏中央官学走向衰落符合魏晋南北朝教育发展的大趋势，这是北魏中央官学教育回归汉魏传统的必然结果。《魏书·儒林列传》有一段关于北魏学术繁盛、人才济济的描述⑤，有研究教育史的学者将其视为中央官学兴盛的证明，其实则不然。北魏后期的学术教育文化繁盛状况并未如有些学者所认为是中央官学的产物，应该主要是州郡学与私学发展的结果。关于北魏后期的文化教育繁盛状况与地方官学之关系的详细讨论，请参阅笔者《北魏州郡学的统一建立与

① 《魏书》卷56《郑道昭列传》，中华书局1974年点校本，第1242页。
② 《魏书》卷56《郑道昭列传》，中华书局1974年点校本，第1242页。
③ 《魏书》卷56《郑道昭列传》，中华书局1974年点校本，第1242页。
④ 《魏书》卷84《儒林列传》，中华书局1974年点校本，第1842页。
⑤ 《魏书》卷84《儒林列传》，中华书局1974年点校本，第1842页。

拓跋鲜卑的汉化改革——兼谈北魏汉族士人儒学复兴的艰辛历程》一文①，此不赘述。

综上，北魏中书学明显与传统的中央官学体系不同，既不同于汉魏以来的国子学，也不同于太学。一句话，它不属于普通国民教育体系，既不培养一般的儒学人才，也不承担教化民众，传播儒家文明的使命，而是一所培养或培训官吏的专门学校②。

三

那么，北魏中书学到底是一所培养或培训哪种行政官吏的专门学校呢？前面已经提到，施光明认为北魏中书学是一所培养处理文书案牍能力人才的专科学校。尽管他这种提法有创新意义，但还不是很准确。正如姚宏杰所说，施光明举蒋少游为“中书写书生”作例子证明中书学是一所培养掌草文案能力人才的专科学校的理解是不正确的，因为中书写书生不是中书学生，而是地位低微的书干、书吏之类③。

其实，中书学生转任的也不仅仅只是掌草文案的官职，甚至不全是文职，也有一些武职。如源奂，初为中书学生，“随父讨敕勒，有斩获之功，迁中散”④。唐钦，“太和中，拜镇南将军、长安镇副将”⑤。崔广，初为中书学生。“高祖时，殿中郎中，历通直散骑侍郎、太子步兵校尉”⑥。只不过是越到后来，随着汉化改革的日益深入，其从事文职的越多而已。其实，北魏中书学是拓跋鲜卑在从军事部落联盟走向中央集权国家的过程中，为培养一个绝对忠于专制君主的近侍集团而建立的一所特殊学校。它主要是为君主培养侍从人员，保证其绝对

① 胡克森：《北魏州郡学的统一建立与拓跋鲜卑的汉化改革——兼谈北魏汉族士人儒学复兴的艰辛历程》，《史学月刊》2016年第6期。

② 当然，北魏中书学的性质到显祖朝之后逐渐有所改变，而这恰是冯太后、孝文帝汉化改革推动的结果。

③ 姚宏杰：《北魏中书学新探》，《华东师范大学学报》2006年第3期注⑥。

④ 《魏书》卷41《源贺列传附》，中华书局1974年点校本，第937页。

⑤ 《魏书》卷43《唐和列传附》，中华书局1974年点校本，第963页。

⑥ 《魏书》卷49《崔鉴列传附》，中华书局1974年点校本，第1106页。

忠于新兴的专制君主，最初是为了培植君主势力，以对抗其他部落势力，而后随着汉化的逐步深入，其职能逐渐发生变化，配合历代皇帝不同的政策改变而培养出大量各个时代的人才，为北魏皇朝从具有军事部落联盟残余的不成熟的封建国家向成熟的封建国家顺利发展奠定了坚实的人才基础。

我们说中书学主要是培养内侍人才的学校，有什么根据？首先，中书学归中书省管辖就是一个最直接的证明。这里已不需多说，历来的中央官学是归太常管的，属于外朝机构，而北魏中书学却归属于中书省，是典型的内朝机构，就是为了方便内侍人才的培养，才将其划归中书省管辖的。

其次我们从中书学生出学之后转任的官职来考察。北魏中书学的转任途径，《李冲传》提到李冲中书学出校后，“以例迁秘书中散”①，既然“以例”就说明中散是中书学生的主要转任去向。

那么中散到底是一个什么样的官职？中散是十六国和北魏等胡族政权所设立的一种特殊的官僚机构，这与中书学具有同样性质，因为中书学也是十六国和拓跋鲜卑独有的学校制度，它们二者有着某种必然的联系②。对于北魏官制有着深入研究的郑钦仁和张金龙均认为中散是拓跋鲜卑所独有的官制③。其实这种提法还有商榷余地。因为十六国的一些国家可能也有这一官职。《魏书·宋繇列传》提到宋繇：

---

① 《魏书》卷53《李冲传》，中华书局1974年点校本，第1179页。

② 施光明、张金龙两人均提出，北魏中书学可能是沿袭十六国的后燕，原因就是北魏墓志中已经提到十六国的燕有了“中书博士”的官衔记载。(施光明：《北魏中书学考述》，《教育史研究》1991年第4期；张金龙：《北魏太学与政治、文化》，《北魏政治与制度论稿》，甘肃教育出版社2003年版，第224页）这一推测是有道理的，因为前燕慕容皝统治时期就有选拔中央官学学生为内侍成员的记载，后燕也有中书博士这一职位，与北魏中书学有相似之处。不过尽管中书学可能与前、后燕的中央官学有一定继承性，但前燕、后燕的中书学，在十六国的史料中没有其他任何明确记载，对其政治并未产生什么影响。

③ 郑钦仁：《北魏官僚机构研究》第二编：《中散官》第二章：《中散》之第一节是《拓跋氏之创制》，认为中散是拓跋之旧制。台湾稻禾出版社1995年版，第145页；张金龙在《北魏中散诸职考》一文中说：“在中国古代民族政权中，有‘中散’诸职者只有北魏一朝，这一制度为拓跋鲜卑所特有。”(《北魏政治与制度论稿》，甘肃教育出版社2003年版，第290页)

"吕光时，举秀才，除郎中。后奔段业，业拜繇中散、常侍。"① 说明段业建立的北凉政权可能曾有过中散一职。当然，段业正式建立北凉政权是在公元399年，而拓跋珪却是登国元年（386）设立中散一职，处在段业前面，但段业这一做法可能是继承十六国中其他国家的，或是独创，不大可能是学自于北魏。但无论怎样，说"中散"一职为北魏一朝所独有的说法可能还不是太准确。

张金龙认为，中散一职主要属于为君主服务的近侍人员，其职掌主要表现在草诏参政、从驾护驾、供奉左右、出使巡察和分曹典事等五个方面。② 但他认为北魏的中散诸职类似于汉代兰台之职并不准确，笔者赞成郑钦仁中散类似于汉代郎官的说法③。汉代郎官供奉禁中，与君主的地位亲近，被选拔者均是贵族功臣之子，年龄也很轻，也以"任子"制作为选拔成员的主要标准，北魏的中散确实与其十分相似。中散分散于内侍中不同的部门，有诸多附加名称。张金龙归纳出十五个不同的名称，如中散、侍御中散、秘书中散、主文中散、侍御主文中散、秘书主文中散、内秘书中散、内秘书侍

① 这里采用了中华书局标点本唐长孺先生的断句（《魏书》卷《宋繇列传》，中华书局1974年标点本，第1152页）。我们认为，中散、常侍是两个官名。常侍就是中常侍，是秦汉魏晋以及北魏均设置的官职，《晋书·职官志》说中常侍常为显职。（中华书局1974年点校本，第733页）而《魏书·官氏志》记载中常侍为第三品上，而中散只是第五品中（卷113《官氏志》，中华书局1974年点校本，第2980、2984页），比中散的品位高，而且二者都是内侍职务，宋繇属于部内升迁，非常符合常理，说明宋繇在段业那里受到重视，也与接下来的记载相符："繇以业无经济远略，西奔李暠，历位通显。"但《北史》记载这一史实时多了一个"骑"字，变为"中散骑常侍"，所以陈仲安先生标点时校勘说："《魏书》卷52《宋繇传》无'骑'字。按'中散骑常侍'无此官名，疑有讹误。"（《北史》卷34《校勘记》[19]，中华书局1974年点校本，第1284页）陈仲安先生的勘误是正确的，因为《资治通鉴》也采用了《魏书》的记载，无"骑"字，但胡三省却将中散和常侍连起来读为"中散常侍"。但因为中国古代没有"中散常侍"这一官名，所以胡三省将其解释说："以中散大夫常侍左右也。"（《资治通鉴》卷111，《晋纪三十三》，安帝隆安四年，中华书局1956年点校本，第3564页）笔者认为，胡三省这种解释十分牵强。因为，如果确为中散大夫，常侍左右，魏收何必要将"大夫"省略呢？而《魏书》其他地方的"中散大夫"为何又不省略，偏偏省略这一处呢？这不合常理，也不符合修史的规则。很明显，唐长孺先生的断句是正确的，说明了唐先生也认为北凉政权中有了中散一职。

② 张金龙：《北魏中散诸职考》，《北魏政治与制度论稿》，甘肃教育出版社2003年版，第286—299页。以下该文中出现张金龙有关"中散"的材料，均出自此文，不再另行注释。

③ 郑钦仁：《北魏官僚机构研究·中散篇》，台湾稻禾出版社1995年版，第145页。

御中散、殿内侍御中散、秘书奏事中散、奏事中散、西台中散、外都曹奏事中散、龙牧曹奏事中散、太仆中散等①。而郑钦仁即根据各种中散的职能不同进行大的归类，并对各类中散出现在不同的时代及其原因进行了深入分析②。同时北魏中散机构既有文职，又有武职。其武职人员主要由鲜卑贵族子弟担任，关于中散武职人员举例及其主要由鲜卑贵族子弟担任之原因，后面有较为详细的分析，此不赘述。

还有，《李冲传》中所说中书学生"以例迁秘书中散"在具体实例中也可以得到佐证。查《魏书》各列传，共查得中书学生 43 人③，其中除窦瑾三子：窦秉、窦持、窦依在中书学生阶段，因父亲触犯法律而受株连被杀，因而未能转任他职，而崔箱子因资料缺乏均无法考证转任情况外，其余 39 人中，自中书学生直接转任博士、侍郎和授太子经者共有 7 人；转任各类中散的有 20 人；转任其他内侍职务者有 7 人，分别是侍御史、秘书令、内主书、太子家令、仪曹令、羽林监、殿中郎中等各 1 人④；转任外朝官职者仅 5 人。也就是说，中书学生转任各类中散和转任中书侍郎、中书博士者共有 27 人，占已知转任职务人数的 69.2%，再包括转任其他内侍职务者 7 人，总共为 34 人，那么转任近侍职务者占已知转任职务人数的 87.2%。说明中书学主要是为了培养各类中散等内侍人员而建立的。关于北魏中书学生转任职务的情况详见下表。

---

① 张金龙：《北魏中散诸职考》，《北魏政治与制度论稿》，甘肃教育出版社 2003 年版，第 286—299 页。

② 郑钦仁：《北魏官僚机构研究·中散篇》，台湾稻禾出版社 1995 年版，第 145—235 页。

③ 施光明统计的中书学生有 43 人（《北魏中书学考述》，《教育史研究》1991 年第 4 期）；但严耀中统计只有 42 人，遗漏了公孙质（《北魏中书学及其政治作用》，《魏晋南北朝史论文集》，齐鲁书社 1991 年版，第 136—148 页）。

④ 祝总斌先生认为，中朝官也叫内朝官，他们主要是大司马、将军、侍中、中常侍、左右曹、诸吏、散骑等。他们的主要职权是：一是分别给皇帝处理日常政务当参谋、顾问。其次就是就各种重大事务集议，提出各种解决方案，供皇帝参考。（祝总斌：《两汉魏晋南北朝宰相制度研究》，中国社会科学出版社 1990 年版，第 76—80 页。）

北魏中书学转任他职情况表

时期	姓名	转任职务	资料来源①
太宗时期	公孙质	初为中书学生，稍迁博士	卷三十三《公孙表列传》
世祖时期	邓宗庆	中书学生，入为中散	卷二十四《邓渊列传》
	邓灵珍	中书学生，秘书中散	卷二十四《邓渊列传》
	谷季孙	中书学生，入为秘书中散	卷三十三《谷浑列传》
	谷洪	少受学中书。世祖……令入授高宗经	卷三十三《谷浑列传》
	胡丑孙	中书学生、秘书郎、中散	卷五十二《胡方回列传》
	游明根	世祖擢为中书学生。及恭宗监国，与公孙叡俱为主书	卷五十五《游明根列传》
	高祐	初拜中书学生，转博士、侍郎	卷五十七《高祐列传》
	高钦	中书学生，迁秘书中散	卷五十二《高祐列传》
	李䜣	为中书学生。遂除中书助教、博士	卷四十六《李䜣列传》
	李敷	中书学生。选入中书教学。又为中散	卷三十六《李顺列传》
	崔箱子	中书学生（转任官职不明）	卷四十六《李䜣列传》
	卢度世	为中书学生。应选东宫。后拜中书侍郎	卷四十七《卢玄列传》
	王嶷	少以父任为中书学生，稍迁南部大夫	卷三十三《王宪列传》

① 以下资料均来自《魏书》，中华书局 1974 年点校本，第 785、636、636、781、781、1149、1213、1259、1263、1039、833、1039、1045、775、1175、1036、1036、1036、1021、857、761、1179、963、1272、637、1103、759、886、791、847、906、929、937、1014、1215、1104、1104、1106、889、1043、1240、1099、1798—1799 页。

续　表

时期	姓名	转任职务	资料来源
高宗时期	李安世	中书学生。天安初,拜中散	卷五十三《李孝伯列传》
	窦秉	中书学生(未历他职被杀)	卷四十六《窦瑾列传》
	窦持	中书学生(未历他职被杀)	卷四十六《窦瑾列传》
	窦依	中书学生(未历他职被杀)	卷四十六《窦瑾列传》
	裴修	补中书学生,迁秘书中散	卷四十五《裴骏列传》
	司马金龙	初为中书学生,入为中散	卷三十七《司马楚之列传》
显祖时期	封回	皇兴初为中书学生。袭爵富城子,累迁太子家令	卷三十二《封懿列传》
	李冲	显祖末,为中书学生。高祖初,以例迁秘书中散	卷五十三《李冲列传》
	唐钦	中书学生,袭爵。太和中,拜镇南将军、长安镇副将	卷四十三《唐和列传》
	崔振	自中书学生为秘书中散	卷五十七《崔挺列传》
	邓羡	历中书学生、侍御史	卷二十四《邓渊列传》
	李仲胤	自中书学生,历公府主簿、从事中郎……	卷四十九《李灵列传》
	崔思叔	少为中书学生,迁中书博士	卷三十二《崔逞列传》
高祖时期	李韶	延兴中,补中书学生。袭爵姑藏侯,除仪曹令	卷三十九《李宝列传》
	李预	少为中书学生。太和初,历秘书令	卷三十三《李先列传》
	李孝怡	中书学生,相州高阳王雍主簿	卷三十六《李顺列传》
	陆凯	中书学生,拜侍御中散	卷四十九《陆俟列传》
	源规	中书学生、羽林监,袭爵	卷四十一《源贺列传》

续　表

时期	姓名	转任职务	资料来源
高祖时期	源奂	初为中书学生。随父讨敕勒,有斩获之功,迁中散	卷四十一《源贺列传》
	韦缵	补中书学生。除秘书中散	卷四十五《韦阆列传》
	游肇	幼为中书学生。高祖初,为内秘书侍御中散	卷五十五《游明根一传》
	崔合	中书学生,主文中散	卷四十九《崔鉴列传》
	崔秉	中书学生、拜奉朝请	卷四十九《崔鉴列传》
	崔广	初为中书学生。高祖时,殿中郎中	卷四十九《崔鉴列传》
	李虔	太和初为中书学生。迁秘书中散	卷三十九《李宝列传》
	李蕴	中书学生,秘书中散、侍御中散	卷四十六《李䜣列传》
	郑道昭	初为中书学生,迁秘书郎,拜主文中散	卷五十六《郑羲列传》
	高道悦	少为中书学生、侍御主文中散	卷六十二《高道悦列传》
	祖莹	十二为中书学生,以才名拜太学博士	卷八十二《祖莹列传》

* 表中涉及中书学生的入学时间，参考了郑钦仁先生的某些考证结论。

下面我们再从内侍机构的产生与中书学建立的关系来进行考察。先看内侍机构的设立。

《魏书·官氏志》记载了这样一段话：

> 昭成（什翼犍）之即王位，已命燕凤为右长史，许谦为郎中令矣，余官杂号，多同于晋朝。建国二年（339），初置左右、近侍之职，无常员，或至百数，侍直禁中。传宣诏命；皆取诸部大人及豪族良家子弟。仪貌端严，机辩才干者应选。又置内侍长四人，主顾问，拾遗应对，若今之侍中、散骑常侍也。其诸方杂人

> 来附者，总谓之“乌丸”，各以多少称酋、庶长，分为南北部，复置二部大人以统摄之。时帝弟孤监北部，子实君监南部，分民而治，若古之二伯焉。①

这里说什翼犍建立了最初的近侍机构，没有固定的人数，多时达百来人。唐长孺先生在探讨这种近侍机构时进行评价说：“整个近侍机构不单是侍奉国王，同时还作为培养贵族富人的子弟，使其适合于充任军政要职并忠于国王的学校。……这批人长大之后便往往选拔为军政大臣。”②

唐先生说什翼犍的近侍机构同时还是一种学校，只是一种推测，因为没有直接史料能够证明这一观点。但这种推测应该是合理的，因为尽管没有直接史料证明，但从同时期的同类政权机构中可以间接证明这一问题。下面我们对照看看十六国时期的石勒后赵政权、苻坚的前秦政权和慕容皝前燕政权的学校教育。后赵：“立太学，简明经善书吏署为文学掾，选将佐子弟三百人教之。”③“勒增置宣文、宣教、崇儒、崇训十余小学于襄国四门，简将佐豪右子弟百余人以教之，且备击柝之卫。”④“署前将军李寒领司兵勋，教国子击刺战射之法。”⑤前秦：“中外四禁、二卫、四军长上将士，皆令修学。”⑥前燕：“赐其大臣子弟为官学生者号高门生，立东庠于旧宫，以行乡射之礼，每月临观，考试优劣。…… 亲临东庠考试学生，其经通秀异者，擢充近侍。”⑦

从以上三国政权的教育资料来看，这些学校培训的学生明显与近侍有关。后赵的“备击柝之卫”和前秦的“中外四禁、二卫、四军长上将士”就是近侍人员，他们也均是各部落首领或军事功臣子弟。这

---

① 《魏书》卷113《官氏志》，中华书局1974年点校本，第2971—2972页。

② 唐长孺：《拓跋国家的建立及其封建化》，《魏晋南北朝史论丛》，生活·读书·新知三联书店1955年版，第202页。

③ 《晋书》卷104《石勒载记上》，中华书局1974年点校本，第2720页。

④ 《晋书》卷104《石勒载记上》，中华书局1974年点校本，第2729页。

⑤ 《晋书》卷105《石勒载记下》，中华书局1974年点校本，第2735页。

⑥ 《晋书》卷109《慕容皝载记》，中华书局1974年点校本，第2826页。

⑦ 《晋书》卷113《苻坚载记》，中华书局1974年点校本，第2897页。

里是将现有的近侍人员进行文武知识的培训。这就说明了该类政权均有对内侍人员进行文武知识培训教育的传统习惯。前燕的情况有点不同，是将贵族大臣子弟选为中央官学学生，然后再从这些太学生中选拔近侍人员，而不是对现有的近侍人员进行培训，说明这种学校是主要培养近侍人员的，其学生来源又是贵族大臣子弟。因此，从上述情况看来，在中央官学方面，拓跋鲜卑对慕容鲜卑的制度继承可能更多，这是因为他们有血缘上的相近性，当然也具有制度上的相近性。施光明和张金龙均提到，后燕可能有中书学，那么后燕对前燕的制度肯定有所继承，而拓跋鲜卑与后燕又有文化上的渊源关系。从这里看来，北魏中书学用来培养近侍人才的设想可能与十六国尤其是与前后燕的学校理念有一定的继承性。所不同的主要表现在两个方面：一是石赵、苻秦和前、后燕政权的发展要早于拓跋鲜卑，故石赵、苻秦，尤其是前后燕的这种近侍机构已经孕育出学校的雏形；而什翼犍时期则还没有成型。二是石赵、苻秦和前、后燕政权未能充分发展完备就灭亡了，因而没有衍生出专门培养近侍人才的专门学校，即使后燕衍生出这种专门学校，也未有什么影响；而北魏由于建立起完备的封建制度，故后来能建立起中书学这种专门培养和培训近侍人员的学校。

当然，什翼犍的近侍机构只是记载了鲜卑拓跋部从军事部落联盟向封建制过渡时官僚机构的萌芽状况，但反映了其走向中央集权国家为加强君主权力的一种趋势，此时的近侍机构还处于草创摸索阶段，没有固定的人数，也没有一个专门的机构和官职名称，统称近侍而已。因此《官氏志》接着又记载了这种近侍机构在拓跋珪时期的演变过程：

> 太祖登国元年，因而不改，南北犹置大人，对治二部。是年置都统长，又置幢将及外朝大人官。其都统长领殿内之兵，直王宫；幢将员六人，主三郎卫士直宿禁中者自侍中已下中散已上皆统之，外朝大人无常员，主受诏命外使，出入禁中，国有大丧大礼皆与参知，随所典焉①。

① 《魏书》卷113《官氏志》，中华书局1974年点校本，第2973页。

所谓“因而不改”是继承了什翼犍的基本建制，即南北部犹置大人这种情况不改，也说明其封建制度的粗糙和原始，说明外朝机构还不完善，但内侍机构却有了新发展，就是增设了中散之职，所有的中散由都统长管辖。很明显，什翼犍时期的近侍之职已经组建了一个专门的机构：中散，有了制度可依。从《魏书·官氏志》来看，中散一职设立于太祖时期，可是检测《魏书》各列传，太祖一朝不见中散活动情况，而内侍、近侍人员可考有名有姓者便有 7 人，如长孙道生、贺毗、尉诺、叔孙俊、谷浑、安颉、安聪等。还有与长孙道生、贺毗同为内侍者的 4 人中，有二人未有名姓者，因此，总共有 9 人①。这说明两点，一是太祖时期的内侍人员比什翼犍时大大扩充了，这是专制集权发展的需要；二是太祖时期的中散可能还只是一种制度设想，还未付诸行动。张金龙说这是因为中散处于草创阶段，制度可能成为空文②。但郑钦仁猜测可能是太祖建国年间设置了这一机构，而到皇始、天兴年间又废除了，到太宗时期又恢复了③。

中散官在太宗时期的活动情况在《魏书》各列传中有 4 例，如来大千，代人。永兴初袭爵，迁中散④。穆崇，忠谨有材力，太宗时为中散，转侍御郎⑤。罗斤，太宗时为侍御中散⑥。皮豹子，渔阳人。少有武略，泰常中为中散，稍迁内侍左右⑦。说明中散官正式形成于太宗永兴初年。有意思的是中书学也建立于太宗时期。《魏书·儒林列

---

① 《魏书》卷 25《长孙道生列传》：“忠厚廉谨，太祖爱其慎重，使掌机密，与贺毗等四人内侍左右，出入诏命。”（中华书局 1974 年点校本，第 645 页）卷 26《尉古真列传附诺》：“少侍太祖。”（第 656 页）卷 29《叔孙建列传附俊》：“年十五，内侍左右。泰常元年卒，时年二十八。”（第 705—706 页）既然泰常元年死时二十八岁，那么十五为内侍时就是太祖天兴末年。卷 33《谷浑列传》：“太祖时以善隶书为内侍左右。”（第 780 页）卷 30《安同传》提到其三子和四子安颉、安聪为内侍。而颉于太宗初升为内侍长，那么，两人为内侍时应是太祖时。（第 715 页）

② 张金龙：《北魏“中散“诸职考》，载《北魏政治与制度论稿》，甘肃教育出版社 2003 年版，第 289 页。

③ 郑钦仁：《北魏官僚机构研究·中散篇》，台湾稻禾出版社 1995 年版，第 245 页。

④ 《魏书》卷 30《来大千列传》，中华书局 1974 年点校本，第 725 页。

⑤ 《魏书》卷 27《穆崇列传附》，中华书局 1974 年点校本，第 675 页。

⑥ 《魏书》卷 44《罗结列传附》，中华书局 1974 年点校本，第 978 页。

⑦ 《魏书》卷 51《皮豹子列传》，中华书局 1974 年点校本，第 1129 页。

传·序》："太宗世，改国子学为中书学，立教授博士。"① 到底是太宗哪一年改国子学为中书学，史书上没有明确记载。施光明根据《魏书·李顺传》："神瑞中，中书博士转中书侍郎"的记载，认为中书学应该建立于永兴年间②。郑钦仁认为至迟在神瑞年间③。梁满仓也认为在神瑞年间④。那么，中散机构的产生略早于国子学改中书学的时间。太宗朝的中书学生，郑钦仁考证有公孙质⑤。公孙质的转任官职是中书博士，因为这个时候中书学的教师还很缺乏，初期培养的学生主要留作中书学教师，这应是所有初建学校的一般规律。因此，将太宗正式设立中散机构和改国子学为中书学这两件事情联系起来，可以推测明元帝的意图，就是想利用中书学来培养内侍成员，从而开始形成内侍机构的成员，尤其是中散一职的官员主要通过中书学来培养的途径。正由于当时有这种设想，所以就有中书学生转任一般为中散的通例。当然具体许多中散并不出于中书学。这在孝文帝以后，由于汉化的深入，情况较为复杂。而前期中散不尽出于中书学，主要是两种人，一是拓跋贵族子弟，再就是中散中的武职人员⑥。这是因为前期的拓跋贵族拒绝学习汉文化，《魏书·礼志》就提到孝文帝的诏书中有"祖宗情专武略，未修文教"的用语。拓跋贵族穆寿曾对他儿子的老师说："但令吾儿及我，亦足胜人，不须苦教之。"⑦ 连崔浩都说："何必读书，然后为学。卫青、霍去病亦不读书，而能大建勋名，致位

---

① 《魏书》卷84《儒林列传》，中华书局1974年点校本，第1842页。

② 施光明：《北魏中书学考述》，《教育史研究》1991年第4期。

③ 郑钦仁：《北魏官僚机构研究续稿》，台湾稻禾出版社1995年版，第118页。

④ 梁满仓：《北魏中书学》，《魏晋南北朝史论文集——中国魏晋南北朝史学会第八届年会暨缪钺先生百年诞辰国际学术研讨会论文集》，巴蜀书社2006年版，第262页。

⑤ 郑钦仁：《北魏官僚机构研究续稿》，台湾稻禾出版社1995年版，第145页，

⑥ 如《魏书》卷26《长孙肥列传附兰、真》：长孙兰，代人。世祖初为中散。常从征伐，典御兵器，赏赐甚厚。后破平凉立功。（中华书局1974年点校本，第654页）长孙真，代人。以父任为中散，从征平凉，以功赐爵临城子，拜员外散骑侍郎、广武将军。（第654页）《魏书》卷29《奚斤列传附》：奚受真，（世祖时）为中散，高宗即位后拜龙骧将军，赐爵成都侯。（第701页）卷30《宿石列传附沓干》：宿石，朔方人也，赫连屈孑弟文陈之曾孙也。其父沓干，世祖时虎贲幢将。从征平凉有功，拜虎威将军，侍御郎，赐爵汉安男，转中散。（第724页）

⑦ 《魏书》卷27《穆崇列传》，中华书局1974年点校本，第665页。

公辅。”[①] 尽管崔浩在这里是有意附和拓跋贵族，贬低读书的作用，但他所讲毕竟是当时的社会现实：拓跋贵族子弟不学习文化知识同样甚至更容易升迁为高官。即使到孝文帝时期，一部分鲜卑贵族对文化知识还不感兴趣。如《广陵王羽传》：孝文帝曾批评鲜卑贵族陆叡、元赞等“北人每言何用知书”[②]。这也正是施光明等人认为中书学几乎成了汉族士人独占天地的原因[③]。其实，既然鲜卑贵族子弟不愿入中书学，当然就只有从汉族贵族功臣和世家大族子弟中选拔学生了。因为在一个鲜卑族占统治地位的国度里，不可能拒绝鲜卑贵族子弟进入任何他们愿意进入的学校。也正由于此原因，中散中的文职官员更多由中书学生担任，而其武职官员主要由鲜卑贵族子弟担任。但这不能得出中书学实际上是由汉族世家大族控制的结论，而是鲜卑贵族轻视文化知识的结果，同时也反映了拓跋王室与拓跋贵族在吸收汉文化问题上的矛盾。另一方面，尽管拓跋贵族拒绝学习文化知识，但对中央官学的控制还是很严的。因为，在太安三年以前，中书监、令两职一直由鲜卑贵族担任，中书学的大权一直牢牢控制在鲜卑贵族手中[④]。其实北魏前期内侍机构的文武之职由胡汉分别担任的做法就是当时整个北魏官僚政权的一个缩影，因为在孝文帝改革前，北魏的武力主要由鲜卑贵族所掌握，而文职则主要由汉族士人所承担，这几乎是学界的共识。

那么，拓跋宏进入中原之后，内侍机构增加了一个中散官职，表明拓跋鲜卑政权内侍机构的逐渐完善，也说明对其重视程度。因为在加强中央集权的过程中，必须有一批死心塌地忠于君主的精锐人员。从什翼犍到拓跋宏，其思路是一致的。但选拔这样一批人，必然要涉及如何培养训练，提高其素质，使其真正适应新的社会需

---

① 《魏书》卷 44《伊馥列传》，中华书局 1974 年点校本，第 990 页。

② 《魏书》卷 21 上《广陵王羽列传》，中华书局 1974 年点校本，第 550 页。

③ 施光明：《北魏中书学考述》，《教育史研究》1991 年第 4 期。

④ 祝总斌先生指出，自道武帝建国至文成帝太安三年以前七十年间，中书监、令先后六人，即屈遵、穆观、卢鲁元、穆寿、仇洛齐、穆平国。除仇洛齐是卢鲁元舅父，以宦官得宠而升中书令，族属不明外，其他均为鲜卑人。见《两汉魏晋南北朝宰相制度》，中国社会科学出版社 1990 年版，第 369 页。

要，这是拓跋统治者一直考虑的问题，也是该类民族国家在此阶段的通例。这是太宗时期正式建立中散编制，并同时改国子学为中书学的理由。而石赵、苻秦和前后燕政权所办学校就是拓跋鲜卑的效法榜样。

其实从太祖时期就设立的国子太学也可以找到其痕迹。《官氏志》说国子太学初设立于天兴二年①。但《儒林列传·序》却说太祖初定中原就设立国子太学，招收五经博士②。按列传来看，《儒林列传·序》是对的。因为《魏书·薛提列传》写道："薛提，太原人也。皇始中补太学生。"③ 说明在天兴二年以前的皇始年间已经有了国子太学。明确记载于太祖时期的太学生有两例。还有一例是同卷《张蒲列传》：（蒲）子昭，天兴中，以功臣子为太学生④。另外还有两例没有明确记载，只能推测分析。一个是邓颖，卷二十四《邓渊列传附子颖》："袭爵为太学生，稍迁中书侍郎。"⑤ 未明确记载为太祖时之太学生，他的主要事迹发生在世祖时，但其父邓渊死于太祖天赐四年修史，他袭爵为太学生，可能是太祖时期入的太学。还有一个是尉拨，《魏书》卷三十《尉拨列传》："尉拨，代人也。父那，濮阳太守。拨为太学生。募从兖州刺史罗忸击贼于陈汝，有功，赐爵介休男。"⑥ 而据《魏书》同卷《闾大肥列传》记载说，泰常初年闾大肥也曾镇抚陈汝⑦。如果尉拨出镇陈汝是这一次，那么，尉拨入太学就只可能是太祖时期。因为自太宗到世祖始光三年期间，中央官学中就只有中书

---

① 《魏书》卷113《官氏志》，中华书局1974年点校本，第2972页。

② 从《儒林列传》《太祖纪》和各太学生列传的史料分析，太祖时期的国子太学可能是合二为一而未加区别的，即太学就是国子学，因为在具体的案例中，前期只有4例太学生而没有国子生。梁满仓认为，北魏初期的国子太学实际就是汉族传统意义上的太学，并不是有国子、太学两种学校。（梁满仓：《北魏中书学》，第260—262页。）这种将国子太学连起来读应该是正确的，但他又说北魏初期的中央官学只叫国子学怕也不太准确，因为在列传中只有太学生的资料，而没有国子学生的资料，可是《儒林列传》中又说后来改国子学为中书学。因此，笔者认为，可能是国子、太学两种叫法混用。

③ 《魏书》卷33《薛提列传》，中华书局1974年点校本，第795页。

④ 《魏书》卷33《张蒲列传》，中华书局1974年点校本，第779页。

⑤ 《魏书》卷24《邓渊列传》，中华书局1974年点校本，第635页。

⑥ 《魏书》卷30《尉拨列传》，中华书局1974年点校本，第729页。

⑦ 《魏书》卷30《闾大肥列传》，中华书局1974年点校本，第728页。

学，没有了国子太学。

从以上4例太学生的出身来看，他们主要为军事功臣或皇帝宠臣子弟，并大都袭有父祖爵位。如张昭和邓颖均是以功臣子的身份为太学生的。而尉拨是代人，其父为太守，属于高官子弟。薛提的出身不明，只说他为太原人①，可能也是贵族或功臣后代。这与什翼犍时所选拔的内侍成员和后来中散所选拔的人才条件基本相同。

下面再从太学生的转职去向进行考察，薛提为侍御史②。张昭在太宗即位后为内主书③。邓颖为中书侍郎④。而尉拨一出学就出任武职，杀敌立功。这与后来中书学生的去向也基本相同，即文职主要为内侍官吏，而鲜卑贵族子弟主要从事武职。说明其与后来的中书学具有一定的历史连续性，同时还带有唐长孺先生所说的什翼犍时期内侍机构是培养军政两用人才的残余痕迹。也就是说，在太祖时期，国子太学与前面提到的前后燕的中央官学具有相似性质，只是当时没有一个正式的名称，管辖归属也不明确。不可否认的是，太祖时期设立的国子太学，尽管相当粗糙，但相比后来改为中书学来说，还是具有一定的儒学文化传承和礼乐教化功能的，太宗朝将国子太学改为中书学，应该是拓跋保守贵族势力对汉化改革的胜利，也是北魏内侍培训学校职能化、法律化和正规化的表现，国子太学改为中书学，并将其归属于中书省管辖就是明证。关于国子太学改为中书学与汉化改革之关系，后面有较为详细的讨论。

说中书学的建立就是为了培养培训内侍人员，还有一个可考查的标志就是中散官职的衰亡时间。张金龙认为，大量中散活动于明元帝至孝文帝迁都之间的八十年间。他说：

> 从宣武帝时期开始，“中散”诸职的活动几乎为零，表明这一类官职已经走向衰亡。孝文帝后《职员令》中不再有“中散”

① 《魏书》卷33《薛提列传》，中华书局1974年点校本，第795页。
② 《魏书》卷33《薛提列传》，中华书局1974年点校本，第795页。
③ 《魏书》卷33《张蒲列传》，中华书局1974年点校本，第779页。
④ 《魏书》卷24《邓渊列传》，中华书局1974年点校本，第635页。

诸职，便是这种情况在政治上的体现；或者说，正是由于孝文帝汉化改革，这一拓跋鲜卑所独有的官制终止了它的存在①。

郑钦仁也认为中散的废除时间是孝文帝时期或世宗时期，他说：

从职品令之记载看来，太和十七年职员令有中散，二十三年令不载，是知自世宗朝起废之。但从史例之出现情形看来，或已在太和十九年改革时废除，不待二十三年②。

这个时间与中书学的废止时间完全相同，中散是十六国和北魏胡族政权形成的比较独特的内侍官制，而中书学也一样，是比较独特的学校，二者共存亡的关系，充分说明了中书学是为培养和培训内侍官员的专门学校。在通过大规模的汉化改革之后，北魏皇朝的官僚机构与传统的汉族官僚机构完全趋同，人才培养和选拔方式也完全一样，具有鲜卑民族特点的培训学校和官僚机构便不再需要存在了。

综上，我们从汉魏传统中央官学的基本特征、中书学改国子学后的发展状况及中书学生主要转任官职等三个方面对北魏中书学的学校类型进行了考察，认为北魏中书学是培养和培训内侍官员的专门学校，不具有汉魏以来中央官学培养儒学人才，传承儒学文化的教育功能。正由于此，汉族士人将复兴汉文化的希望寄托在开办地方官学身上，自显祖天安二年冯太后诛杀拓跋贵族乙浑登上北魏的最高权力机构，从而真正开始了由中央王朝统一开办地方官学，统一学制的道路，也为后来的汉化改革撕开一条口子。等到太和十六年中书学改为国子学之后，北魏中央官学回归汉族传统教育，进一步完善了中央官学体系，国子学、太学和四门小学纷纷得以建立，同时也奠定了地方官学由中央统一颁布学令的传统，从而开启了隋唐新的学校格局。

---

① 张金龙：《北魏“中散”诸职考》，载《北魏政治与制度论稿》，甘肃教育出版社2003年版，第290页。

② 郑钦仁：《北魏官僚机构研究续编》，台湾稻禾出版社1995年版，第246—247页。

四

鲜卑拓跋部发轫于西晋末年的代北，经过百余年的发展，进入中原。尽管它与十六国时期的其他胡族相比最为落后，但它却没有像其他胡族政权一样成为历史舞台上昙花一现的过客，而是由它完成北方的大统一，进而为隋唐统一全国奠定基础。不但如此，它所创立的典章制度也大都为隋唐所承袭。北魏的历史地位确实不可低估。

田余庆先生在《拓跋史探》一书中有这样一段话：

> 拓跋部百余年来孳生繁息于代北，没有远距离迁徙，没有太多参与北方混争，获得了发育、成长和完善自己的稳定环境。终于趁时崛起，走出代北，担当了结束十六国的历史任务，在下启隋唐之局的进程中实际上起着决定作用。这大体上就是拓跋部和北魏的历史定位。我要强调的是，没有拓跋部在代北百余年的发育，也就没有足以稳定北方的北魏①。

这是田先生给代北拓跋部落的历史定位。就是说，拓跋部在代北百余年的稳定发育，使其能够承担起结束十六国、完成统一北方的历史任务，下启隋唐新局。而笔者所要补充的是：同此原因，拓跋鲜卑在进入中原以后，能够一步一步地吸收汉族文化，使之顺利完成“以夏变夷”的改革，成为承接中华民族传统文化的重要一环，使中华民族文化不但没有就此中断，而且在吸收新的血液之后，绽放出更加夺目的花朵，催生出一个继汉以后的新的盛世文明。这里面既有拓跋鲜卑统治者开明的吸收汉民族文化的勇气，又有汉民族的知识士人对本民族文化的不懈坚守。

在秦汉以后的中国古代历史中，每当胡族占有中原，总要面临如何应对儒学传统文化问题。一般来说，文化落后且人口占绝对少数的胡族政权要统治一个文化先进且汉民族人口占绝大多数的多民

---

① 田余庆：《拓跋史探》，生活·读书·新知三联书店 2003 年版，第 2 页。

族国家，必然会在一定程度上接受汉族先进文化，也就是接受儒学传统文化。但是使之达到完全的成功，需要一个逐渐深化的过程，需要汉族士人与胡族统治者的共同努力。拓跋鲜卑之所以在进入中原后，没有成为十六国以后的十七国，乃在于其能够与汉族士人共同完成比较彻底的汉化改革。这里有一个心态各异，最后却殊途同归的互动过程。因为拓跋鲜卑在进入中原后，面临一个与南方汉族政权争夺谁为中华正统的问题。在争正统这一点上，大部分在朝的汉族士人与拓跋上层统治者保持了一种默契，也就是基本赞同北魏政权与南方汉族政权争夺正统地位。这就涉及对儒学教育两种功能的认识问题，只有全面认同儒学教育的道德教化和传承民族文脉的功能才能达到这一目的。

《魏书》卷33《李先列传》有一段拓跋珪与李先的对话：

> 太祖问先曰："天下何书最善，可以益人神智？"先对曰："唯有经书。三皇五帝治化之典，可以补王者神智。"又问曰："天下书籍，凡有几何？朕欲集之，如何可备？"对曰："伏羲创制，帝王相承，以至于今，世传国记、天文秘纬不可计数。陛下诚欲集之，严制天下诸州郡县搜索备送，主之所好，集亦不难。"太祖于是班制天下，经籍稍集①。

这是道武帝刚定居中原不久的皇始初年与李先的对话。应该说，拓跋珪作为一个较早接受儒学文化的君主，对儒学功能的认识还是比较深刻全面的②。因此，他要收罗中华传统文化典籍，要开办学校，培养人才。这当然是初步的，但也是必需的。于是就有了《儒林传》所说的"太祖初定中原，虽日不暇给，始建都邑，便以经术为先，立太学，置五经博士生员千有余人。天兴二年春，增国子太学生

---

① 《魏书》卷33《李先传》，中华书局1974年点校本，第789页。

② 拓跋珪等一批代国贵族和王室成员早期曾罪徙蜀地、长安、中山等地，虽然尝尽了在他乡颠沛流离之苦，但客观上却为拓跋社会造就了一批受过汉民族先进文化熏陶的人才。见李凭《北魏平城时代》（修订本）第一章第一节《道武帝早年经历考》，上海古籍出版社2011年版，第30—31页。

员至三千”①。但是，一个民族的文明水准，不是取决于某位领袖个人的文明程度，而是取决于整个民族群体的文明水平。作为拓跋部落整体，对于儒学教育功能的认识是表层的、肤浅的，他们只是将儒学作为一种统治术来看待，用儒学来培养、培训人才，即认识到儒学教育的初级功能，即人才培养的功能。所以到太宗世，“改国子学为中书学，立教授博士”。② 也就是说，太祖当初建立的国子太学到太宗时期被改为内侍人员的培训学校，太宗为何要改国子学为中书学，国子学改为中书学的背景是什么？没有任何可做直接说明的史料，也从未有学者对此进行过研究。如果只从中央官学本身的史料无法搞清楚这一问题，我们应该将国子太学的建立及改为中书学与北魏早期的汉化改革结合起来考虑，可能会找到答案。我们知道，在高宗以前，拓跋政权内部的改革派和保守贵族对汉化改革有着两次大的博弈，时间分别发生在太祖和世祖朝，国子太学的建立及其兴废改造均与这两次博弈有重大关系。国子太学改为中书学是太祖时期汉化改革反复博弈的结果，也可以说是两种势力相妥协的产物。《魏书·官氏志》载：“（天兴）二年三月，分尚书三十六曹及诸外署，凡置三百六十曹，令大夫主之。大夫各有属官，其有文簿，当曹敷奏，欲以省弹驳之烦。”③ 接着就记载说“《五经》诸书各置博士”云云，说明设尚书三十六曹与国子学的建立是同时进行的，属于天兴年间拓跋珪汉化改革的重要组成部分。曹文柱将这次改革与拓跋珪初期准备将都城建在邺城，后又突然改变主意，定都平城联系起来考虑。这次汉化改革的主谋是以崔宏为代表的北方世家大族，得到了拓跋珪的有力支持，可是，仅过去几个月，拓跋保守贵族全面反扑，汉化形势发生彻底逆

---

① 《魏书》卷84《儒林列传·序》，中华书局1974年点校本，第1841页。但卷113《官氏志》却记载说：“（天兴）二年三月……初令《五经》诸书各置博士、国子学生员三十人。”（中华书局1974年点校本，第2972页）因此，张金龙认为“千”应为“十”之误。见氏著《北魏太学与政治、文化》，载《北魏政治与制度论稿》，甘肃教育出版社2003年版，第222页。

② 《魏书》卷84《儒林列传》，中华书局1974年点校本，第1842页。

③ 《魏书》卷113《官氏志》，中华书局1974年点校本，第2972页。

转，新建尚书省被解散，汉族士人全部从机构中清除，汉化改革失败①。

随着汉化改革的失败，尚书机构的解散，汉族士人的被贬黜，尽管国子学没有随着尚书省的解散而被废除，但由于没有汉族士人的力推，不再受到北魏朝廷重视是肯定的。随着中央集权体制的发展，内侍人员需求的增大，而中散机构也在此时趋于成熟。因此，太宗将国子学改为中书学，使其不再行使儒学教化功能，而成为一所主要以行使培训内侍人才职能的类似于现今行政学院的学校。《儒林列传》接着又说："世祖始光三年春，别起太学于城东。"《世祖纪》也说："（始光三年）二月，起太学于城东，祀孔子，以颜渊配。"② 就是说，在国子太学改中书学近二十年后，世祖又在京城的东边重建国子太学。这是因为，世祖朝由崔浩主导的新一轮汉化改革又已兴起。那么，城东太学的实际执行情况怎样？前文考察，北魏前期只有 4 个太学生实例，均为太祖时人。也就是说，《儒林列传》所提到世祖时期在城东建立的太学，具体成就如何不可得知，由于没有其他史料，无法得出确切结论，但成就不大应该是肯定的。更何况，随着崔浩被杀害，汉化改革再一次流产，世祖时期设立于城东的太学的结果就可想而知了，这从后来冯太后和孝文帝对以前的儒学教育一概以否定的态度就可以看出来。还有，世祖为何不是将中书学重新改回国子太学，而是在城东另建太学呢？这与北魏早期的社会发展进度相关。也就是说，中书学的建立及其长期存在，反映了鲜卑上层对学校培养人才功能认识的深化，说明进入中原之后，随着中央集权制度的建立，鲜卑统治者对君主内侍人才培养的紧迫性。相对来说，对儒学的文化传承和社会教化的功能并未得到拓跋上层社会的支持。

如果说在道武帝时期的国子太学还非常粗糙和原始的话，那么中书学作为培养皇帝内侍官员的功能在鲜卑统治者的头脑中已经比较成熟了。首先，中书学学生在入学年龄、在学官品以及出学的转任职务

---

① 曹文柱：《魏晋南北朝史论合集》，商务印书馆 2008 年版，第 121—145 页。

② 《魏书》卷 4《世祖纪》，中华书局 1974 年点校本，第 71 页。

等都已有具体的制度依存。其次，尽管培养内侍人员的中书学在教育体制中占据主流地位，儒学教化和传承处于边缘，但到世祖时期，对内侍官员的培养中也逐渐加强了对儒学知识的学习，如世祖神䴥四年征召天下才俊之士进京，其中许多人成为中书博士和中书侍郎，如卢玄、高允、李灵、张伟、游雅、杜铨、高济、李熙、宋宣、宋弁等①，开始有了一些儒学名流进入中书学。再就是扩充中书学生生源选拔范围，即世祖以后，将中书博士、侍郎子弟作为中书学生的主要来源之一。再次就是中书学生出学后从事文职的开始多起来，这是因为随着鲜卑政权统治机构的日益完善，鲜卑民族对汉文化接受的日益增多，行政机构中需要大量的文职人员，加强儒学知识学习成为中书学生的必修课程，因此，这一阶段中的许多中书学生成为中书省、秘书省等机构的文书起草人员，出任武将，征战沙场的比以前大为减少。

到高宗即位以后，鲜卑统治者对教育的功能又有了进一步的认识，对中书学学生的入学可能有了一些最简单的考察。如在世祖时期，对于军事功臣和博士、侍郎子弟，一般是没有什么选择的，如前面提到的谷浑，其子孙悉补中书学生，而窦瑾四子，年长者三子并为中书学生，剩下一个儿子没有进入中书学，是因为年纪实在太小。可是到高宗兴安二年（453），据《魏书·李孝伯列传》："高宗引见侍郎、博士之子，简其秀俊者，欲为中书学生。"② 也就是说，不是所

---

① 《魏书》卷47《卢玄列传》："神䴥四年辟召俊儒，以玄为首，授中书博士。"（中华书局1974年点校本，第1045页）卷48《高允列传》："［神䴥］四年，与卢玄等俱被征，拜中书博士，迁侍郎。"（第1067页）卷49《李灵列传》："神䴥中，世祖征天下才俊，灵至，拜中书博士，转侍郎。"（第1097页）卷84《儒林列传·张伟》："世祖时，与高允等俱被辟命，拜中书博士，转侍郎。"（第1844页）卷54《游雅列传》："世祖时，与渤海高允等俱知名，征拜中书博士。"（第1195页）卷45《杜铨列传》："与卢玄、高允等同被征为中书博士。"（第1018页）卷48《高允列传附济》："高允之从叔，神䴥中与高允等被征，初补中书博士，又为楚王傅。"（第1092页）卷36《李顺列传附熙》："神䴥中，与高允等俱被征，拜中书博士，转侍郎。"（第847页）卷33《宋隐列传附宣》："后于范阳卢玄、渤海高允及从子愔俱被征，拜中书博士。"（第774页）卷63《宋弁列传》："祖愔，与从叔宣、博陵崔建俱知名。世祖时，历位中书博士"。（第1414页）

② 《魏书》卷53《李孝伯列传》，中华书局1974年点校本，第1175页。

有的侍郎、博士子弟悉数纳为中书学生，而是要进行一些简单的选择。

等到了太安三年（457），高允被任命为中书令，而高祖刚即位又被迁为中书监，将控制中书学的最高权力交给汉族士人①。从此后中书监、令开始主要由汉族士人担任，如高允以后有高闾、崔光等。前面提到，高宗以前，中书省监令一直是由鲜卑贵族担任的。《高允列传》说高允深得高宗宠幸："高宗重允，常不名之，恒呼为'令公'，'令公'之号，播于四远矣。"最能说明问题的是，高允曾向高宗提出改变鲜卑婚嫁、丧葬旧风俗，遵从汉族礼教的诸多主张，"高宗从容听之"，尽管有些意见也使高宗难堪，但最后还是接受了，与世祖及以前时代已全然不同②。改变鲜卑婚嫁、丧葬旧风俗，必然涉及一些过去认为敏感的问题，然而高宗已没有这种忌讳。说明高宗受汉文化的影响已经达到了一个较高的层次。从而可以推测，儒家礼教文化、五经章句是在高允任中书监、令之后，尤其是冯太后诛乙浑，第一次临朝听政引高允入禁中之后，开始大规模地进入中书学生的课程中的。说明中书学开始重视儒家经典的学习主要是高宗末年和显祖以后的事情，也说明此时北魏上层开始注重儒学的教育教化功能了。

当然尽管这一阶段，中书学对民族文化的传承，即太学的教化功能的认识有了一定的进步，但总的来说，鲜卑统治者对中书学功能的认识仍旧还停留在人才培养这个层次上③。从深层次来看，这是因为培养人才，尤其是培养统治阶层急需的军政两用人才，是任何走向文明的民族必经的阶段，可以说是一种民族生存的自然本领。儒学先进的文化和成熟的教育模式是胡族统治者培养人才的必然选择。但太学的第二种功能，文化传承的功能，对于一个没有文化根基的民族来说

① 《魏书》卷48《高允列传》，中华书局1974年点校本，第1086页。

② 《魏书》卷48《高允列传》："或有触迕，帝所不忍闻者，命左右扶出。事有不便，允辄求见，高宗知允意，逆屏左右以待之。礼敬甚重，晨入暮出，或积日居中，朝臣莫知所论。"（中华书局1974年点校本，第1075页）

③ 因为中书太学基本的学规模式并没有改变，尤其是中书学生是当然的在职官员，这一点没有任何改变。也就是说，尽管中书监、令可以在一定程度上改革教学内容，但彻底改变中书学整个体制的时机还未成熟。

就显得非常陌生了。它需要有足够的传统文化的积淀，只有具有悠久历史的民族才能具备。因此这就需要汉族士人对鲜卑统治者施加影响，共同完成这一变革。

孔子作为一个教育家的最大功绩，一是以“述而不作，信而好古”的著述原则，搜集上古典籍，整理编修了《诗》《书》《礼》《乐》《易》《春秋》，作为自己教学的教材，从而为中华民族保存了一批基本的文化资源，对中华文脉的传承起到了奠基作用。再就是以“有教无类”的方针开办私学，广泛培养学生，为民族文化的传承积蓄了人才。而汉代太学的贡献就是忠实地恢复和延续了孔学的这两大优良传统，即搜集被湮没的经典，培养出一批又一批知识士人，使民族文化得以传承，尤其是汉代以后形成了一个具有深厚儒学素养的世家大族阶层，民族文化之根早已一代一代深深地植于他们的内心世界。尤其是当汉民族政权覆灭，自己世世代代居守的家园被胡族占领之后，他们便试图以先进文化来改造征服胡族统治者，使其成为传统文化的守护者。十六国北朝的世家大族始终怀抱一个重要的历史使命，就是要在这“运钟丧乱，宇内分崩，群凶肆祸，生民不见俎豆之容，黔首唯睹戎马之迹，礼乐文章，扫地将尽”① 的乱世里，担负起改造胡族政权，传承民族文化薪火的历史使命。因此，在北魏政权中，汉族士人们始终将儒学教育的文化传承功能放在第一位。尽管到高宗以后中书学的读经风气比以前有很大好转，但他们仍然不认同中书学具有传统儒学的教育功能，因为中书学不具有汉魏太学的学规制度，未遵循太学传统，而且学生在校就是在职官吏。冯太后与高允关于建立州郡太学的主张和言论就是最好的证明②。这就是为什么冯太后在战胜鲜卑保守贵族乙浑之后首当其冲提出建立地方州郡太学的问题，说明冯太后试图通过州郡太学的建立全面实施儒学教化民众、传承汉族文化的功能，从而为全面、彻底的汉化改革开辟道路，也说明推行儒学教育的主要阻力是乙浑等鲜卑保守派贵族。

---

① 《魏书》卷 84《儒林列传》，中华书局 1974 年点校本，第 1841 页。

② 《魏书》卷 48《高允列传》，中华书局 1974 年点校本，第 1077—1078 页。

正因为如此，北魏州郡官学不是继承汉魏地方官学模式，而是全面继承汉魏太学传统。首先，北魏州郡学与两汉中央官学的名称相同，叫太学。郡学教师与两汉中央官学教师称谓相同，叫博士、助教。而州郡学教师和学生的选拔以及平常的检试制度，均是依照汉代传统。而所有这一切都是中书学所不具备的。因此北魏州郡太学的建立，标志着北魏上层对儒学教育功能的认识进入到一个崭新的阶段，也是汉族士人与开明的鲜卑统治者对传统文化继承的一种迂回选择。

作为同是鲜卑最高统治者，为何冯太后对儒学教育的民族文化传承功能会有如此深刻认识？这是因为，到太宗以后，北魏政权的统治策略随着客观形势的变化开始出现重大调整。在太武帝以前，拓跋政权的主要政策导向是武力征服，先是消灭北方割据势力，等到太延五年（439）灭掉北凉，统一北方之后，太武帝又试图完成统一全国的历史使命。在中国古代政治家的思维中，统一北方之后，就要进军南方，实现全国统一，是其人生的最高境界。因而在太武以前，北魏的武力征伐政策不会调整。只有当太武帝逝世，高宗即位，才开始正视现实，认为在短期内不可能有统一南方的希望，从而将统治政策由武功改为文治，希望通过全面汉化与南方争夺中华正统。当然拓跋鲜卑对汉文化的接受是日渐深化的，从太祖以后的太宗、世祖，对汉文化的接受，具有一代比一代加深的特点，但高宗以后，这种变化明显加快了。但高宗毕竟统治时间太短，只能成为一个过渡人物，只有到了冯太后时期，汉化改革才开始出现质的飞跃。冯太后出身汉族，长乐信都人，其父冯朗曾任秦、雍二州刺史、西城郡公，母乐浪王氏①。冯太后受过儒家文化熏陶，有志于改革鲜卑旧习，从而使其汉化改革在高宗朝的基础上迈出更大步伐。我们知道，孝文帝的改革思想深受冯太后影响，因为孝文帝自生下来就是由冯太后抚养长大。如果说，北魏所有汉化改革是在冯太后的思想影响下进行的，应该也不为过。

---

① 《魏书》卷13《皇后列传》，中华书局1974年点校本，第328页。又吕思勉先生云："冯朗为北燕末主弘之子。冯跋，史虽云其家于昌黎，遂同夷俗，然观其政事即知其大与胡虏不同。乐浪王氏，亦久为衣冠之族。"见氏著《两晋南北朝史》上册，上海古籍出版社1983年版，第510页。

因此，尽管我们俗称的冯太后和孝文帝改革是在太和九年（484）才开始的，但显祖元年（466）冯太后第一次登台执政所推行的地方教育改革，即州郡太学的建立可以看作太和改革的序幕和预演，是真实体现了冯太后汉化改革的指导思想的。

正由于地方官学对传统汉族太学功能的恢复，以及地方官学普遍建立的示范作用，尤其是鲜卑上层对儒学教育功能认识的深化，社会风气的改变，私学得到蓬勃发展，从而出现了魏晋以来少有的文化繁盛局面。正是在这样的文化氛围中，在轰轰烈烈的汉化改革进程中，北魏中书学结束了它的纯粹培养行政官员的功能。太和十六年，孝文帝改中书学为国子学，建明堂辟雍，尊三老五更，又设皇子之学。及迁都洛阳之后，又下诏立国子太学、四门小学，从而进入中国传统的中央官学体系，即恢复了它既为封建统治培养人才，又具有提高全民族的道德文化素养，实现了对民族文化的薪火传承。尽管迁洛之后，中央官学长期衰落，在培养人才方面没有什么贡献，但对文化传承和礼制改革起到了较好的引领作用，许多为传承儒学文化传统做出贡献的中央官学博士大部分是在孝文帝时代及其后陆续进入中央官学的。如《儒林列传》中提到对文化传承做出重大贡献的刘芳、李彪、崔光、邢峦等①。尤其是刘芳属于当世大儒。刘芳，“沉雅方正，概尚甚高，经传多通”，被时人称作“刘石经”，在孝文帝时成为中书博士，迁洛之后超迁为国子祭酒。他先后撰有“郑玄所注《周官·仪礼音》、干宝所注《周官音》、王肃所注《尚书音》、何休所注《公羊音》、范宁所注《谷梁音》、韦昭所注《国语音》、范晔《后汉书音》各一卷，《辨类》三卷，《徐州人地录》四十卷，《急就篇续注音义证》三卷，《毛诗笺音义证》十卷，《礼记义证》十卷、《周官》《仪礼义证》各五卷”。② 还有阳尼，“博通群集”，中书学改为国子学后，被中书监高闾和侍中李冲以“硕学博识”举为国子祭酒。曾著《字释》

① 《魏书》卷84《儒林列传》，中华书局1974年点校本，第1842页。

② 《魏书》卷55《刘芳列传》，中华书局1974年点校本，第1220—1227页。

数十篇，未就而卒[①]。梁满仓先生也说刘芳和阳尼进入中书学是在中书学即将改为国子学之际，属于中书学传承儒学的作用正在日益加强之时[②]。此时中书学的性质已开始改变，反过来说明在这以前，中书学传承儒学文明是极其不够的。

然后就是郑道昭，孝文时期为中书学生，世宗时期，先后迁为秘书郎、主文中散、员外散骑侍郎、秘书丞和中书侍郎，世宗时任国子祭酒。本《列传》说他“好为诗赋，凡数十篇”，而他对儒学传承的最大贡献还是在迁洛之后三番五次地请求朝廷迅速恢复国子学的招生问题。[③] 尽管此时中央官学长期未招收学生，但太学的体制规范和传统教育功能的理念却全面恢复。在这以前，未见任何朝廷官员谈到国子学、太学、四门小学设立的各种礼制问题。可是迁都洛阳之后，国子祭酒如刘芳、郑道昭全面行使了自己的职责，在国子学的选址、学令规章制度等各个方面都直接到《周礼》和汉魏礼制中去寻找依据[④]。如果从这个角度说中央官学对汉化改革有一定贡献还是有一定道理的，但此时的中央官学已是传统的国子太学体系，因此，将这一功劳算到中书学头上是不符合历史事实的。

正由于北魏的汉化改革全面遵从了儒家的礼制传统，尤其是第二个阶段的迁都、改官制、禁胡服、断北语、改姓氏和定族姓等，是一场全面、彻底的汉化改革，而这又与鲜卑统治者对儒学教育功能的深层次认识相衔接。因为对礼制的实际操作，必须依赖中央官学的礼学博士，需要国子太学的全面配合，而以前的中书学体制是绝对不可能适应第二阶段的礼制改革的。从《洛阳伽蓝记·景宁寺》所载有关杨元慎与陈庆之南北正统的争论情况来看：到北魏宣武帝时期，正统已经转向北方，不但北朝士大夫可以理直气壮地宣示，就连南方士人也

---

① 《魏书》卷 72《阳尼列传》，中华书局 1974 年点校本，第 1601 页。

② 梁满仓：《北魏中书学》，载《魏晋南北朝史论文集——中国魏晋南北朝史学会第八届年会暨缪钺先生百年诞辰国际学术研讨会论文集》，巴蜀书社 2006 年版，第 260—269 页。

③ 《郑魏书》卷 56《郑道昭列传》，中华书局 1974 年点校本，第 1240—1242 页。

④ 见《魏书》卷 55《刘芳列传》，中华书局 1974 年点校本，第 1221—1227 页；卷 56《郑道昭列传》，1240—1242 页。

不得不承认北方已成为中华正统。①

魏晋南北朝是继秦汉大一统之后出现的一次长时段的民族分裂时期，拓跋鲜卑以其出色的成就承接了这一历史使命：不但在政治上、军事上完成了从分裂到统一的历史过渡，在文化上也使中华文明得以延续、丰富和发展，没有像世界上许多其他民族和国家一样中断其文明发展进程，而拓跋统治者对儒学教育功能认识的逐步深化是其中极为重要的一环。

① 周祖谟：《洛阳伽蓝记校释》，中华书局1963年版，第105—109页。

论北朝私学与科举制诞生的关系

关于北朝私学教育研究的文章，除开有关魏晋南北朝的教育史专著谈及外，见于报刊的还有李军的《略论魏晋南北朝私学的特点》①，魏岚的《试论北魏的私学教育》② 等，这些文章或对整个魏晋南北朝时期，或对北魏一朝的私学的一些特点进行了归纳和总结，如教育内容的多元化、教育方式的多样化、优良的学风等。但笔者认为，与魏晋南北朝等级森严的官学体系相比，北朝私学最突出的特点是它的平民性和开放性，学生学习方式的灵活多样，择师自由，学生身份不分等级贵贱、门户高低等。正是这些原因，使北朝私学培养出大量具有真才实学的平民人才，从而有力地冲击着腐朽落后的选材制度，催发和酝酿着客观、公平、开放的科举制的诞生。本文的目的不是探讨科举制的起源，也不否认前人关于政治、经济诸因素对科举制产生的巨大作用，本文只是从一个侧面即北朝私学的发展状况和其自由求学及平民性等特点来探讨北朝私学与科举制诞生之关系。

一　北朝私学发展概况

北朝私学的发展过程，大致可以冯太后、孝文帝执政为界，分为前后两个阶段。前期，私学呈曲线发展。十六国大乱，晋鼎南迁，一大批留在北方未跟随过江的汉族士人不愿与少数民族统治者合作，他们隐居乡间，潜心于学，寓教于乐，以传播儒学文化为己任。这些人

---

① 李军：《略论魏晋南北朝私学的特点》，《中国史研究》1993 年第 1 期。

② 穆岚：《试论北魏的私学教育》，《河南师范大学学报》1992 年第 2 期。

如刘昞，“隐居酒泉，不应州郡之命，弟子受业五百余人”。① 高允，“还家教授，受业者千有余人”。② 张伟，“讲授乡里，受业者常数百人”。③ 但世祖登基以后，大大加强了对中央官学的管理，征召大量汉族巨儒和著名的私学教师到中央做官或为中书博士、助教，这一方面固然使中央官学的质量大大提高，中书学的规模扩大，也加速了鲜卑政权的汉化程度和北魏的民族融合。但另一方面，由于抽调大量私学教师，使北魏的私学教育遭到一定程度的影响。当然这毕竟只是一段短暂的时期。随着民族融合的加强，鲜卑族汉化的提高，大批汉族士人进入中央机构和地方各级官府，尤其是冯太后、孝文帝对汉化的大力提倡，私学迅速发展起来。到孝文帝迁洛至北齐、北周，终于达到北朝私学的全盛时期，出现了一大批儒学大师和私学教育者。刘献之、张吾贵、刘兰、孙惠蔚、董道季、程玄、徐遵明、董征、刁冲、卢景裕、李同轨等，私学规模也远远超过北魏前期，学生激增，有数百、数千甚至逾万的。

《魏书·儒林列传》载：张吾贵“曾在夏学，聚徒千数而不讲传”。④ 刘兰“聚徒前后数千，成业者众”。⑤ 刁冲“惟以讲学为心，四方学徒就其受业者岁有数百”。⑥ 徐遵明，其学生李业兴上疏时提到他的学生“编录将逾万人”⑦。《北齐书·儒林列传》也提到张买奴，“经义该博，门徒千余人”⑧。《周书·儒林列传》载熊安生也是“遂以博通《五经》，然专以《三礼》教授，弟子自远而至者，千余人”⑨。正如《周书·儒林列传·序》概述当时私学的情形是“开黉舍延学徒者比肩；励从师之志，守专门之业，辞亲戚甘勤苦者成市”。⑩

---

① 《魏书》卷52《刘昞列传》，中华书局1974年点校本，第1160页。
② 《魏书》卷48《高允列传》，中华书局1974年点校本，第1067页。
③ 《魏书》卷84《儒林列传·张伟》，中华书局1974年点校本，第1844页。
④ 《魏书》卷84《儒林列传·张吾贵》，中华书局1974年点校本，第1851页。
⑤ 《魏书》卷84《儒林列传·刘兰》，中华书局1974年点校本，第1851页。
⑥ 《魏书》卷84《儒林列传·刁冲》，中华书局1974年点校本，第1858页。
⑦ 《魏书》卷84《儒林列传·徐遵明》，中华书局1974年点校本，第1856页。
⑧ 《北齐书》卷44《儒林列传·张买驴》，中华书局1972年点校本，第588页。
⑨ 《北周书》卷45《儒林列传·熊安生》，中华书局1974年点校本，第812页。
⑩ 《北周书》卷45《儒林列传》，中华书局1974年点校本，第806页。

北朝私学与官学相比，其特点之一就是办学方式呈现多样化，有教师在自己家里开馆，招收生徒的。刘兰“三年之后，便白其兄，‘兰欲讲书’。其兄笑而听之，为立黌舍，聚徒二百”。① 还有前面提到的张吾贵、徐遵明，均属这种性质。也有自己不能讲授，但开设学校，招收生徒，请师授业的。《魏书·儒林列传·刘兰传》：“瀛州刺史裴植征兰讲书于州城南馆，植为学主，故生徒甚盛，海内称焉。”②也有请先生做家庭教师，专门教自己子弟的。《魏书·儒列林传·刘兰传》：“英引在馆，令授其子熙、诱、略等。”③《魏书·儒林列传·卢景裕》：齐献武王“闻景裕经明行著，驿马特征，既而舍之，使教诸子。在馆十日一归家，随以鼎食”。④

北魏私学教授还各有自己的一套教学方法和训规制度。“（常）爽立训甚有功罚之科，弟子事之若严君焉……崔浩、高允并称爽之严教，奖励有方。允曰：‘文翁柔胜，先生刚克，立教虽殊，成人一也。’”⑤“吾贵兼读杜、服，隐括两家，异同悉举。……义例无穷，皆多新异。”⑥ 徐遵明“每临讲坐，必持经执疏，然后敷陈，其学徒至今浸以成俗”。⑦

这些教师不同的教学风格，便形成后来的师派。在这些教学方式的竞争中，有两大著名师派：张吾贵与徐遵明。由于中国传统的儒学祖师爷孔子主张“述而不作”，张吾贵“义例无穷”“皆多新异”“好为诡说”的教学方式终于“业不久传”；而徐遵明“持经执疏，然后敷陈”的教学方式终于获胜，成了后世著名的儒学大师。到北齐，竟然达到“凡是经学诸生，多出自魏末大儒徐遵明门下”⑧ 的局面。

北朝私学与官学相比的第二大特点是学生学习的自由选择性。孙

---

① 《魏书》卷84《儒林列传·刘兰》，中华书局1974年点校本，第1851页。
② 《魏书》卷84《儒林列传·刘兰》，中华书局1974年点校本，第1851页。
③ 《魏书》卷84《儒林列传·刘兰》，中华书局1974年点校本，第1851页。
④ 《魏书》卷84《儒林列传·卢景裕》，中华书局1974年点校本，第1859页。
⑤ 《魏书》卷84《儒林列传·常爽》，中华书局1974年点校本，第1848页。
⑥ 《魏书》卷84《儒林列传·张吾贵》，中华书局1974年点校本，第1851页。
⑦ 《魏书》卷84《儒林列传·徐遵明》，中华书局1974年点校本，第1855页。
⑧ 《北齐书》卷44《儒林列传》，中华书局1972年点校本，第583页。

惠蔚“年十三，粗通《诗》《书》及《孝经》《论语》，十八，师董季道，讲《易》，十九，师程玄读《礼经》及《春秋三传》”。① 徐遵明“年十七，随乡人毛灵和等诣山东求学。至上党乃师屯王聪，受《毛诗》《尚书》《礼记》。一年，便辞聪诣燕赵，师事张吾贵。……遂与平原田猛略就范阳孙买德受业”。② 李铉“九岁入学，书《急就篇》，月余便通……年十六，从浮阳李周仁受《毛诗》，章武刘猛受《礼记》，常山房虬受《周官》《礼仪》，鱼阳鲜于灵馥受《左氏春秋》，铉以乡里无可师者，遂于州里杨元懿、河间宗惠振等结侣诣大儒徐遵明受业”。③ 这种自由择师的风气对提高教师的教学质量和声望大有作用。《魏书·儒林传》说到李业兴：

> 少耿介，志学精力，负帙从师，不惮勤苦……晚乃师事徐遵明于赵魏之间。时有渔阳鲜于灵馥亦聚徒讲授，而徐遵明声誉未高，著录尚寡。业兴乃诣灵馥黉舍，类受业者，灵馥乃谓曰：“李生久逐羌博士，何所得也?”业兴默而不言。及灵馥说《左传》，业兴问其大义数条，灵馥不能对。于是振衣而起曰：“羌弟子正如此耳!”遂便径还。自此灵馥生徒倾学而就遵明④。

正由于此，从北魏末年到北齐、北周，游学特甚，成为私学的一个重要特征。

李铉“以乡里寡文籍，来游京师，读所未见书”。⑤ 邢峙“游学燕赵之间”⑥。刘昼“负笈从师，伏膺无倦。……恨乡里少坟籍，便杖第入都”。⑦ 沈重“专心儒学，从师不远千里”。⑧ 樊深“弱冠好学，负书从师于三河……改易姓名，游学于汾、晋之间……”⑨ 正如《北

① 《魏书》卷84《儒林列传·孙惠蔚》，中华书局1974年点校本，第1852页。
② 《魏书》卷84《儒林列传·徐遵明》，中华书局1974年点校本，第1855页。
③ 《北齐书》卷44《儒林列传·李铉》，中华书局1972年点校本，第584页。
④ 《魏书》卷84《儒林列传·李业兴》，中华书局1974年点校本，第1861页。
⑤ 《北齐书》卷44《儒林列传·李铉》，中华书局1972年点校本，第585页。
⑥ 《北齐书》卷44《儒林列传·邢峙》，中华书局1972年点校本，第589页。
⑦ 《北齐书》卷44《儒林列传·刘昼》，中华书局1972年点校本，第589页。
⑧ 《周书》卷45《儒林列传·沈重》，中华书局1971年点校本，第809页。
⑨ 《周书》卷45《儒林列传·樊深》，中华书局1971年点校本，第811页。

齐书·儒林列传·序》所描述的“横经受业之侣，遍于乡邑；负笈从宦之徒，不远千里……入闾里之内，乞食为资；憩桑梓之阴，动逾千数，燕赵之俗，此众尤甚”。① 北朝游学达到了东汉以来的又一高峰。

北朝私学与官学相比的第三大特点也是本质意义上的特点，就是学生不分等级贵贱、门户高低，无论是贵族公子，还是一般士族成员之子，抑或是贫穷的寒门子弟，均可在私学学习。在当时来看，更多的是寒门子弟。因为北魏中央官学是鲜卑贵族、军事功臣和皇帝宠臣、高级士族子弟的学校，地方州郡学也是一般汉士族子弟的学校。那么只有私学才是真正的平民子弟的学校。《魏书·儒林列传》载：刘兰“年三十余，始入小学……家贫无以自资，且耕且学”。②《北齐书·儒林列传》载：李铉“九岁入学，……家素贫苦，常春夏务农，冬乃入学”。③ 张景仁“幼孤家贫，以学书为业”。④ 还有其他如北魏张吾贵、徐遵明⑤，北齐冯伟、张买奴、刘轨思、鲍季详、马敬德、权会、张思伯等未能追溯父祖渊源，也必是寒门无疑，其发展趋势也是越来越多。⑥ 北齐远多于北魏末年，私学成才有名者在《魏书·儒林传》中只有四五人未能追溯父祖官爵，而《北齐书·儒林列传》却有十几人之多。

二　北朝私学发展繁盛之原因

综上，我们知道，北朝私学非常繁盛，这与整个魏晋南北朝的教育发展极不相称，尤其是西晋以降的东晋十六国南北朝时期，各级官学和私学极不发达，只有家学呈现繁盛局面。当然，家学也是私学的

---

① 《北齐书》卷44《儒林列传》，中华书局1972年点校本，第582—583页。

② 《魏书》卷84《儒林列传·刘兰》，中华书局1974年点校本，第1851页。

③ 《北齐书》卷44《儒林列传·李铉》，中华书局1972年点校本，第584页。

④ 《北齐书》卷44《儒林列传·张景仁》，中华书局1972年点校本，第591页。

⑤ 《魏书》卷84《儒林列传·张吾贵》，中华书局1974年点校本，第1851页；卷84《儒林列传·徐遵明》，第1855—1856页。

⑥ 《北齐书》卷44《儒林列传·冯伟》，中华书局1972年点校本，第587—588页；《儒林列传·张买奴》，第588页；《儒林列传·刘轨思》，第588页；《儒林列传·鲍季详》，第588页；《儒林列传·马敬德》，第590—591页；《儒林列传·权会》，第592—593页；《儒林列传·张思伯》，第594页。

一种。但笔者这里讲的私学，主要是指馆学，即开馆招收生员的私学。很明显，北朝是一个例外，北朝私学十分发达已见上文所述，那又是什么原因导致北朝私学的繁盛呢？这是因为东晋南朝社会是门阀士族专权，官学和私学均极不发达。当然，我们一般说，典型的门阀士族政治是东晋，南朝士族制已开始走向衰落，但这只是相对而言，从观念上来看，南朝在文化门风的表现更为突出。我们知道，士族是一个特权阶层，享有政治、经济和文化上的特权。所谓政治特权，主要表现为任官和升迁的优先权，基本制度是九品中正制；经济特权主要表现在授田和占有佃农、奴婢和依附人员方面；而文化优势主要表现在子弟接受文化教育，即各级官学对士族子弟的优待政策。但门阀士族的最大优势就是书香世家，各个家族均形成了自己独特的家学传统，这是一个相对封闭的社会体系，拒绝向平民子弟开放。由于士族阶层培养子弟主要通过封闭的家学体系来进行，对官学和馆办私学当然就不感兴趣，而人才选拔又更重视家学出身者，久而久之，中央官学和馆办私学走向衰落就成为必然。《晋书·儒林列传·序》有一段对东晋学校教育的评价："有晋始自中朝，迄于江左，莫不崇饰华竞，祖述虚玄，擅阙里之典经，习正始之余论，指礼法为流俗，目纵诞以清高，遂使宪章弛废，名教颓毁。"① 而《南史·儒林列传》提到整个南朝，只有在梁武帝时期有短暂的教育繁盛期，《南史·儒林列传》的传主均为萧梁一朝者："其所采缀，盖亦梁之遗儒，今并集之，以备儒林云。"②《隋书》作者就认为北朝的学术教育远远超过南朝："暨太和之后，盛修文教，缙绅硕学，济济盈朝，缝掖巨儒，往往杰出，其雅诰奥义，宋及齐、梁不能尚也。"③ 因此，陈寅恪先生对该阶段的学术和教育有一个总结性的判断："盖自汉代学校制度废弛，博士传授之风气止息以后，学术中心移于家族。"④ 这个判断虽被学界广泛引用，当然总的来说是正确的，但这是一个宏观判断，并未具体细化。

---

① 《晋书》卷91《儒林列传》，中华书局1974年点校本，第2346页。
② 《南史》卷71《儒林列传》，中华书局1975年点校本，第1730页。
③ 《隋书》卷75《儒林列传》，中华书局1973年点校本，第1705页。
④ 陈寅恪：《隋唐制度渊源略论稿》，中华书局1963年版，第17页。

如果进一步细化，那么，这一判断应该不包括北朝，主要指东晋十六国南朝。当然，北魏前期也可以包括在内，因为北魏前期，虽然中央官学呈现虚假的繁荣，但那主要是中书省主办的类似于行政学院的学校，对儒学，对传统文化的传承不起太大作用；而地方官学与家学以外的私学也并不是很兴盛，却明显超过东晋南朝。如前所述，北朝儒学的复兴在于地方州郡学的统一建立，州郡学的统一建立全面带动了私学的繁盛，其契机来自于冯太后的掌权。也就是说，北魏、北朝私学的繁盛局面是由州郡太学带动起来的。

对比东晋南朝的官学和一般私学的衰颓原因，我们发现，首先，北朝的私学发达是冯太后及一大批汉族士人竭力主张统一兴办州郡太学所致，北方士大夫在胡族统治下，受门阀士族影响相对较小。反过来，他们在胡族治下，必须通过复兴儒学来延续中华传统文化而表现自己的存在。北方士人复兴儒学的努力体现在兴办地方官学和私学两个方面，为何要从地方官学入手，主要是因为北魏的中央官学——中书学不是汉魏传统的儒学教育体系，只是一种培养内侍人才的类似于现在行政学院性质的学校，中书学生主要是贵族功臣与中书侍郎、博士之子弟，他们一入学就有官品。而且中书学的大权牢牢控制在拓跋保守派贵族手中，改革难以启动①。

其次，甚至是更为重要的一点，即当时的拓跋部落的保守派有两个大本营，一是京都，即当时的平城；再一个就是所有的军事重镇，而地方州郡相对来说是拓跋贵族防守薄弱的地方。严耕望先生说：

> 北魏前期疆域，若以平城为中心，东北自和龙向西南经平城、太原、离石，渡河，经渭北上邽，至仇池，划一斜线，恰将全域约等分为西北与东南部，东南为汉人区，以州郡县制度治之。西北为鲜卑、汉族及其他被征服民族杂居区，以军镇等制度治之。北魏前期中央尚书有东西南北之目，而南北二尚书为恒制。《南齐书·魏虏传》："南部尚书，知南边州郡。北部尚书，知北部州

① 胡克森：《北魏中书学的学校类型——兼谈鲜卑统治者对儒学教育功能的认识》，《邵阳学院学报》2017年第1期。

郡。”按南北当以代都为分野，其北实无州郡。盖南部尚书知东南州郡，北部尚书知西北军镇，萧子显记述偶疏耳。太和以后，西北军镇渐有废除，州郡制度几遍推行于全国矣①。

李凭也说：

平城时代的北魏王朝，虽然是封建集权的政权，但是他的集权范围在很长一段时间内局限于京畿。对于陆续占领的广大中原地区，平城政权从明元帝永兴五年（413）起推行宗主督护制，通过地方势力的代表宗主豪强去间接地统治那里的人民。虽然由于太武帝的东征西战使得北方的大部分地区向北魏王朝俯首称臣，但是平城政权真正将统治的触角伸达中原的基层是太和十年（486）以三长制取代宗主都护制以后②。

这就是说，当时冯太后在州郡太学推行的教育制度改革，主要是在当时的东南地区，即汉人居住地区所推行的改革。汉人统治区当然儒学传统相对较为深厚，鲜卑保守贵族统治也相对薄弱，儒学改革必须从保守派统治薄弱的地方下手，这就是冯太后选中地方官学作为改革起点的重要原因③。而从州郡太学建立的实例来看，也主要是东南地区，这就是周一良先生所说的北魏时期山东地区的文化最为繁盛。这也是《儒林列传》中所提到燕、齐、赵、魏之间，所以说《儒林列传》中所指北魏后期学术文化繁盛状况主要是地方官学和私学发达的结果，而不是中央官学所为。

---

① 严耕望：《中国东方行政制度史·魏晋南北朝东方行政制度》下，上海古籍出版社2007年版，第419—420页。

② 李凭：《北魏平城时代》（修订本），上海古籍出版社2011年版，第14页。

③ 关于北魏州郡学改革放到东南地区的汉人居住区进行试点的观点，是在2017年读到严耕望先生《中国东方行政制度史·魏晋南北朝东方行政制度》和李凭《北魏平城时代》两书之后受到的启发，本文以及《北魏州郡学的统一建立与拓跋鲜卑的汉化改革——兼谈北魏汉族士人儒学复兴的艰辛历程》《北魏中书学的学校类型——兼谈鲜卑统治者对儒学教育功能的认识》等文发表时均未提及这一点。因此，在这次的论文结集出版时，由于该文在《贵州社会科学》发表时受到篇幅的限制删去了几千文字，今趁此机会恢复原稿内容，并顺便将文章的部分内容进行修改，将这一观点补充进来，而有关北魏州郡学和中书学的两篇文章便保持发表时的原样，不做修改。

三　北朝私学的发展与科举制诞生之关系

北朝后期私学的繁盛，带来了学术界的全面繁荣和基础文化的普及，培养和造就了一大批学术人才和各级官吏。他们有的学富五车，满腹经纶。

> 刘芳、李彪诸人以经书进，崔光、邢峦之徒以文史达，其余涉猎典章，关历词翰，莫不縻以好爵，动贻赏眷。于是斯文郁然，比隆周汉……虽黉宇未立，而经术弥显。时天下承平，学业大盛。故燕、齐、赵、魏之间，横经著录，不可胜数。大者千余人，小者犹数百。州举茂异，郡贡孝廉，对扬王庭，每年逾众[①]。

也就是说，到孝文帝时，孝廉、秀才之制才真正繁盛起来。据阎步克统计：北魏秀孝，就史传大略考得八十余人，举于孝文以前者不过数人而已，而于孝文一朝得举者约占总数的三分之一[②]。

但据《魏书·官氏志》载，北魏中央官学学生在校时就有官品，国子学生是七品中[③]，出学后官品更高，一般起家是中散、秘书中散[④]。而太和以前中散是第五品中[⑤]，官位已是够高的了，并且根本不通过考核荐举一途；州郡学与两汉太学相似，经过三年一次的经学考核予以黜陟。就是说，考得好的可直接升官，考得不好的就流向社会，要想求官，必须等待察举。私学毫无疑问只能与州郡学三年考核黜陟者为伍，走察举求官的道路了，那么孝文以后，秀孝人才的猛增，毫无疑问主要是州郡学和私学发展的产物。

当然在孝文以前，北魏每年也要从州郡选拔一批人作为秀孝贤良，但仔细考察，前后秀孝有很大不同。

① 《魏书》卷84《儒林列传》，中华书局1974年点校本，第1842页。

② 阎步克：《察举制之变迁史稿》，辽宁人民出版社1991年版，第258页。

③ 《魏书》卷113《官氏志》，中华书局1974年点校本，第2989—2990页。

④ 《魏书》卷53《李冲列传》载：“显祖末，［冲］为中书学生。……高祖初，以例迁秘书中散。”（中华书局1974年点校本，第1179页）同时笔者考察了北魏时中书学生约40人，其中起家为中散和秘书中散者有20人，占总数一半左右。

⑤ 《魏书》卷113《官氏志》，中华书局1974年点校本，第2984—2985页。

孝文以前的秀孝选举主要看重士族门第和名声、德行，并不太注重秀孝本人的实际才能，而秀才与孝廉的资格区别更是以门第高低为依据。其中原因之一是因为北魏王朝主要想通过这种选举政策来拉拢汉族士人。

世祖神䴥四年曾征卢玄、高允等三十五人，“皆冠冕之胄”“著问州邦”，其余“依例州郡所遣者不可称记”，也均为当地著姓高门①，而崔浩也曾荐冀、定、相、幽、并五州之士数十人，各起家郡守，均是“州郡之选”②。具体来说，有史籍可查的，举于孝文以前的崔相如、郑羲两人为清和崔氏与荥阳开封郑氏，均数第一流高门。这是因为在这以前，州郡学和私学不发达，在人们的观念中，有文化者就是汉末以来形成的世家大族，当然察举秀孝者只能在这些人中寻找，人才选拔范围十分狭窄，但由于此，使秀孝队伍日益枯竭，质量也日益降低。如李䜣在任相州刺史时上疏中提出他的担忧：“自到以来，访诸文学，旧德已老，后生未进。岁首所贡，虽依制遣，对问之日，惧不克堪。”③ 这里的“依制遣”也就是上文所提“依例州郡所遣”的意思，选的都是高门子弟，但这些人已无能应答策试了。

随着冯太后执政统一建立州郡学之后而推动北魏私学的迅猛发展，知识人才逐渐增多，这种等级的选才制度和观念多多少少地遭到冲击，尤其是制定政策者与实际执行者在贡察秀孝问题上有了矛盾冲突。延兴二年的诏令就表现了这一点：

> 顷者州郡选贡，多不以实。硕人所以穷处幽仄，鄙夫所以超分妄进，岂所谓旌贤树德者也。今年贡举，尤为猥滥。自今所遣，皆门尽州郡之高，才极乡闾之选④。

这里对指的“硕人”“鄙夫”应是指士族与寒门或是高门第与低门第士族之区分，而不是说才干的优、劣者。“鄙夫所以超分妄进”是指

① 《魏书》卷48《高允列传》，中华书局1974年点校本，第1081页。
② 《魏书》卷48《高允列传》，中华书局1974年点校本，第1069页。
③ 《魏书》卷46《李䜣列传》，中华书局1974年点校本，第1040页。
④ 《魏书》卷7《高祖纪上》，中华书局1974年点校本，第137页。

寒门凭知识才能进入秀孝行列。因为，孝文帝的目的是“旌贤树德”，对照后来孝文帝的“然君子之门，假使无当世之用者，要自德行纯笃，朕是用之”的观点，“贤德”之人只能出自高门，这里只强调贤德，不强调知识才能。那么，“超分妄进”的鄙夫不会是既无门第又无知识的普通平民，而是有知识的寒门士人了。至于“才极乡里之选”是以“门尽州郡之高”为基础的，在高门第中，还是以所谓才能高者为优先。这就从反面说明，一些从事实际荐举工作的地方官已把一些具有知识才干的寒门士人举荐到秀孝中来了。而从孝文帝的诏书来看，该年的贡举，寒门知识士人被举荐者特别多。而另一方面，要求察举制度重视寒门知识人才在上层也有强烈呼声。

孝文帝太和时的著作佐郎韩显宗曾上言：“今之州郡贡察，徒有秀孝之名，而无秀孝之实，而朝廷但检其门望，不复弹坐。如此，则可令别贡门望，以叙士人，何假冒秀孝之名也？”①

韩显宗对孝文帝关于察举秀孝还硬要坚持过去那种以门第为主要标准的做法表示愤慨。同时太和年间，李冲、李彪、韩显宗等大臣与高祖在取仕标准是依门第还是凭才干问题上进行了辩论。李冲等人强调应重视知识才干，李彪就说：“陛下若专以门第，不审鲁之三卿，孰若四科？”②

如果不兴起一批知识士人对门阀制的冲击，没有少量知识人才通过察举进入各级官僚机构，就不会有这样一场大的关于门第与知识才干择人的争论，也不会有韩显宗的慷慨陈词。

当然，孝文时秀才孝廉，尤其是秀才，还主要由高门士族霸占。这是因为北魏州郡学学生的入学标准也是“先尽高门，次及中第”，但反过来看，随着私学人才的涌现，知识群体的出现，毕竟为寒门凭知识才能进入秀孝开辟了一条道路。这时出现了一些寒门士人进入了秀孝队伍，进而进入各级官僚机构，开始活跃地表现出他们的才干，形成了一股对门阀制度的巨大冲击力。

---

① 《魏书》卷60《韩麒麟列传附显宗》，中华书局1974年点校本，第1339页。

② 《魏书》卷60《韩麒麟列传附显宗》，中华书局1974年点校本，第1343页。

李彪，家世寒微，少孤贫，有大志，笃学不倦。“初受业于长乐监伯阳，伯阳称美之。……称之于郡，遂举孝廉”。后成为孝文帝时的重要辅佐之臣①。张普惠，父晔，“为齐州中水县令，随父之县，受业齐士，专心坟典，克厉不息。及还乡里，就程玄讲习，精于《三礼》，兼善《春秋》、百家之说，多所窥览，诸儒称之”。后为任城王得力参谋。他曾针对当时的弊政提出不少意见，如天下人调议改为绵麻问题，守宰之官的待遇、升迁问题②。刘桃符，“生不识父，九岁丧母，性恭谨，好学。举孝廉，射策甲科。历碎职……，征虏将军、豫州刺史”。③ 刘道斌，幼而好学，有器干……举孝廉入京拜校书郎，转主书……领中书舍人，出为武邑太守”。④ 冯元兴，“少有操尚，随僧集在平原，因就中山张吾贵、常山房虬学，通《礼》《传》，颇有文才，年二十三，还乡教授，常数百人，领僚孝廉，对策高第，又举秀才。……叉秉朝政，引元兴为尚书殿中郎，领中书舍人，仍御史”。⑤ 杜弼，“父慈度，繁畤令。弼幼聪敏，家贫无书，年十二，寄郡学受业……延昌中以军功起家，除广武将军”。后在北齐时典掌机密，特见优待⑥。平鉴，“少聪明，颇有志力。受学徐遵明，不为章句，虽崇儒业而有豪侠气，……除抚军，襄州刺史”。⑦ “董徵，“年十七，师清河监伯阳，受《论语》《毛诗》《春秋》《周易》，就河内高望崇受《周官》，后于博陵刘献之遍受诸经……太和末，为四门小学博士”。后除安州刺史，述职，过家门时，置酒高会，大享邑老，并戒二三子弟曰：此之富贵，匪自天降，乃勤学所致耳。”⑧

这些人虽不全是出自平民家庭，但很少是高门，至多是中等门第，父祖为地方官吏。他们来自基层，州郡学生或私学出身，能较多

① 《魏书》卷62《李彪列传》，中华书局1974年点校本，第1381页。
② 《魏书》卷78《张普惠列传》，中华书局1974年点校本，第1727—1746页。
③ 《魏书》卷79《刘桃符列传》，中华书局1974年点校本，第1757页。
④ 《魏书》卷79《刘道斌列传》，中华书局1974年点校本，第1757页。
⑤ 《魏书》卷79《冯元兴列传》，中华书局1974年点校本，第1760页。
⑥ 《北齐书》卷24《杜弼列传》，中华书局1972年精装点校本，第346—354页。
⑦ 《北齐书》卷26《平鉴列传》，中华书局1972年精装点校本，第371—372页。
⑧ 《魏书》卷84《儒林列传·董征》，中华书局1974年点校本，第1857页。

地看到当时的社会弊病，也能够代表州郡学、私学出身的平民知识士人的利益。

尽管当时有一部分私学出身的寒门或较低士族进入官僚阶层，有些还曾为显官，但毕竟是少数，而且主要只能通过较低级别的孝廉途径，秀才一科还是被士族牢牢把握，魏末北齐知识士人群体在出仕问题上仍然面临来自两个方面的威胁：一是前述在门阀等级森严的社会，无门资可依的私学生面临着无法与士族竞争的困难境地，即使是察举孝廉这条狭窄小道，也被士族霸占。二是面临寒门小吏即非知识士人的挑战。这主要是因为当时旧体制面临解体，一方面门第观念仍然顽固地阻挠着平民知识士人的入仕升迁；另一方面，新体制还没有建立起来，知识士人没有正当的入仕途径，社会动荡，各种恶劣风气蔓延，那些学识不多，但头脑圆滑，善于投机钻营，应付权变的刀笔小吏却占据位置，官少人多，这给寒门知识士人以更大威胁。

羊深在给废帝的上疏中指出当时的情况是：

> 世极道消，风猷稍远，浅薄方竞，退让寂寥，驰竞靡节。进必吏能，升非学艺。是使刀笔小用，计日而期荣；专经大才，甘心于陋巷。然治之为本，所贵得贤，苟值其人，岂拘常检……至如当世通儒，冠时盛德，见征不过四门，登庸不越九品。以此取士，求之济治，辟犹却行以及前，之燕而向楚。积习之不可者，其所由来渐矣①。

这里所说的“当世通儒”“冠时盛德”明显是指那些不专一师，“博通五经”的私学人才，他们地位低下，出身寒贱，所以“见征不过四门”“登庸不越九品”。“四门”就是四门小学博士，“九品”就是指九品官。《魏书·官氏志》载世宗以后的四门小学博士、校书郎、检校御史为第九品②，魏末北齐，寒门举孝廉起家一般为四门小学博士、校书郎、检校御史等。邢峙，“天保初，郡举孝廉，授四门博士”③。

① 《魏书》卷77《羊深列传》，中华书局1974年点校本，第1704页。

② 《魏书》卷113《官氏志》，中华书局1974年点校本，第3022页。

③ 《北齐书》卷44《儒林列传》，中华书局1972年精装点校本，第589页。

权会，魏武定初，“本郡贡孝廉，策居上第，解褐四门博士”①。孙绍，“少好学，通涉经史，颇有文才，阴阳术数，多所贯涉。初为校书郎”②。此外前面提到的刘道斌、董绍、冯元兴均是起家或拜校书郎，或为四门博士等，刘桃符也是历碎职。

又《北齐书·儒林列传·序》载：齐制：“诸郡俱得察孝廉，其博士、助教及游学之徒通经者，推择充举，射策十条，通八以上，听九品出身，其尤异者亦蒙抽擢。”③ 这可看出羊深所提到的问题在魏末是普遍现象，到北齐更成为定制。

这些出身寒门的州郡学、私学学生经过多年苦读，再通过射策等察举考试，也只能听九品出身，可是中书学、国子学生在校时也有七品官，一出校，一般为四品或五品，相比之下，极不合理。

另外羊深提到的“进必吏能，升非学艺，是使刀笔小用，计日而期荣”，还可以在另一些地方得到印证。赵翼在《廿二史札记·北齐以厮役为县令》条载：

> 后魏光宅中原，颇以吏治为意。……及其末造，国乱政淆，权移于下，遂至宰县者多厮役，士流皆耻为之。入北齐，其风更甚。仆射元文遥深见其弊，奏县令乃治民之官，请革其选④。

此事载于《北齐书·元文遥列传》：

> 齐因魏朝，宰县多用厮滥，至于士流，耻居百里。文遥以县令为字人之切，遂请革选。于是密令搜扬贵游子弟，发敕用之。犹恐其披诉，总召集神武门，令赵郡王叡宣旨唱名，厚加慰喻。士人为县，自此始也⑤。

又《北史》载：“时尚书左仆射元文遥以令长之徒，率多寒贱，奏

① 《北齐书》卷44《儒林列传》，中华书局1972年点校本，第592页。
② 《魏书》卷78《孙绍列传》，中华书局1974年点校本，第1723页。
③ 《北齐书》卷44《儒林列传》，中华书局1972年点校本，第592页。
④ （清）赵翼：《廿二史札记》，中国书店1987年影印本，第199页。
⑤ 《北齐书》卷38《元文遥列传》，中华书局1972年点校本，第504页。

请革选，妙尽高资。仲举与范阳卢昌衡等八人，同见征用”① 看来，从北魏末年至北齐，县令一级长官主要为寒门“刀笔小吏”占据，而且据此升迁。

我们再看《魏书·崔亮列传》讲到崔亮执政时施行停年格，是因为“灵太后令武官得依资入选，官员既少，应选者多，前尚书李韶循常擢人，百姓大为嗟怨。亮乃奏为格制，不问士之贤愚，专以停解日月为断”。② 当他的外甥责备他时，他道出了自己的难处：

> 今勋人甚多，又羽林入选，武夫崛起，不解书计，唯可彍弩前驱，指纵捕噬而已……又武人至多，官员至少，不可周普。设令十人共一官，犹无官可授，况一人望一官，何不怨哉？吾近面执，不宜使武人入选，请赐其爵，厚其禄。既不见从，是以权立此格，限以停年耳③。

这里，崔亮指出一个事实，当时的主要问题是官少人多，平民知识士人队伍的迅速扩大，武人的崛起，刀笔小吏的钻营，都虎视眈眈地觊觎着那有限的官位，这里存在着一个庞大的官僚后备军，这本是新的选材制的重要前提。在新制度未能诞生时，停年格是消除怨言，延缓矛盾爆发的权宜之策。无论贤愚，一律以年资为限，授官、升官不凭才干，这是知识士人最为痛心疾首的，但也只得委屈他们了。因为在乱世，文弱书生既没有赳赳武夫的威胁力，又没有刀笔小吏那种投机钻营、顺应乱世的本领，他们只得凭借的代表人物向朝廷上言，祈求新制度的到来。李彪等人与孝文帝“才德门第”的争辩，韩显宗对假冒秀孝的不满，羊深关于“当世通儒”出仕升迁难的抱怨，崔亮对崛起的武夫“赐爵厚禄”的太后面陈就是这种呼声的集中概括，私学出身的寒门知识分子在这一期间扮演了两种角色，在反对门阀等级时，他们站在寒门一边；在与寒贱的非知识士人“刀笔小吏”及武人

① 《北史》卷100《序》，中华书局1974年点校本，第3339页。

② 《魏书》卷66《崔亮列传》，中华书局1974年点校本，第1479页。

③ 《魏书》卷66《崔亮列传》，中华书局1974年点校本，第1480页。

的竞争中，他们又与士族知识士人联合起来，故作为他们的代表人物也是复杂的。总之，私学出身的寒门知识士人已作为一股不可轻视的力量出现了。

对于这个新兴的知识分子群体的呼声，最高统治者不能不加以考虑。孝文以后，世宗试图改变这种局面，正始二年夏乙丑诏：

> 任贤明治，自昔通规，宣风赞务，实惟多士。而中正所铨，但存门第，吏部彝伦，仍不才举。遂使英德罕升，司务多滞。不精厥选，将何考陟？八座可审议往代贡士之方，擢贤之体，必令才学并申，资望兼致①。

孝静帝在天平三年春正月戊申诏："百官举士，举不称才者两免之。"② 到北齐，像以前那样举秀才者是高门，寒门只能举孝廉的现象已较少，而主要看其知识是适宜于秀才还是孝廉。

北齐李铉，家素贫苦，但他才学高博，"燕赵间能言经者多出其门"，于是州举秀才③。刘昼"少孤贫，爱学，知太府少卿宋世良家多书,乃造焉。世良纳之。恣意披览，昼夜不息。河清初，还冀州，举秀才入京"。④ 马敬德，北齐书未追溯其家世，是寒人无疑。"将举为孝廉，固辞不就，乃诣州求秀才，举秀才例取文士，州将以其纯儒，无意推荐"。后请试方略，乃策问之，所答五条，皆有文理。于是被举送至京，依秀才策问，只得中第，后试经业，问十条并通，被授予国子助教，迁太学博士⑤。这里说州长官不以他是寒门不予推荐，而是认为他只通经学，无文学才干而不适宜举秀才。还有一事更能说明问题。樊逊，"河北东北猗氏人也。祖琰，父衡，并无官宦"。但他专心典籍，恒书壁作"见贤思齐"四字，以自劝勉。后梁州刺史举逊秀才，因不合旧令，辞其第二年。天保元年，又召为秀才，又因与定州

---

① 《魏书》卷 8《世宗纪》，中华书局 1974 年点校本，第 198—199 页。

② 《魏书》卷 12《孝静帝纪》，中华书局 1974 年点校本，第 300 页。

③ 《北齐书》卷 44《儒林列传》，中华书局 1972 年精装点校本，第 584—585 页。

④ 《北齐书》卷 44《儒林列传》，中华书局 1972 年精装点校本，第 589 页。

⑤ 《北齐书》卷 44《儒林列传》，中华书局 1972 年精装点校本，第 590 页。

秀才李子宣以对策第三年不调，被付外，后在八年诏尚书开东西二省官选，所司策问，他又是第一，左仆射杨愔要辟他为其府佐，他却推辞："门族寒陋，访第必不成，乞补员司马督。"愔却说："才高不依常例。"于是特奏用之[①]。还有一个荀士逊，也是寒人，也在武定末年举司州秀才。世祖时，转中书舍人，后又迁中书侍郎。也是"以文辞见用"[②]，符合秀才选拔的条件。

以上例子说明，到了北齐，那种专重门阀，不凭才干，寒门知识士人有才不被重视的问题有所缓解，有很多寒门士人竟升至中书侍郎、侍中、中书监、中书令等官，而这些官位在南北朝时期是清职中之清职。所有以上这些例子也都是诸多研究者将其作为科举制萌芽的证据，但却很少有将其与私学问题联系起来考虑的[③]。

而另一方面，据前所述，知识士人群体在与非知识士人"刀笔小吏"的竞争中也有所收获。元文遥任尚书仆射时县令始用士人。这些士人不全是高门，也有一些中等门第及寒门知识士人。如路去病就是由于"敕用士人为县宰"而为定州饶阳令的[④]。《北齐书》并未追溯路去病家世，绝非高门士族，可能还是寒门士人。

到西魏、北周，作为知识分子群体的意见，得到进一步重视。北魏末年知识分子仕途的两大障碍得到进一步清除。宇文泰掌权时，颁布了六条诏书，其中"择贤良"一条讲道：

> 自昔以来，州郡大吏，但取门资，多不择贤良；末曹小吏，唯试刀笔，并不问志行。夫门资者，乃先世之爵禄，无妨子孙之愚瞽；刀笔者，乃身外之末材，不废性行之浇伪……今之选举者，当不限资阴，唯在得人。苟得其人，自可起厮养而为卿相，伊尹、傅说是也。而况州郡之职乎！……凡求贤之路，自非一途。然所

---

① 《北齐书》卷45《文苑列传·樊逊》，中华书局1972年精装点校本，第607—614页。

② 《北齐书》卷45《文苑列传·荀士逊》，中华书局1972年精装点校本，第616页。

③ 见唐长孺《南北朝后期科举制度的萌芽》，载《魏晋南北朝史论丛》，生活·读书·新知三联书店1959年版，第124—125页；王大良《科举考试起源再认识》，《中州学刊》1999年第4期。还有其他许多学者也有相同看法，此从略。

④ 《北齐书》卷46《循吏列传·路去病》，中华书局1972年精装点校本，第646页。

以得之审者，必由任而试之，考而察之。起于居家，至于乡党，访其所以，观其所由，则人道明矣，贤与不肖别矣。率此以求，则庶无愆悔矣①！

这条诏书比较切中要害地提出了魏末以来士人群体出仕难的问题，并指出其症结点是门阀制和非士人阶层的干扰，并力图解决这一问题。但如果没有一个统一的衡量知识士人才能高低的客观标准并作为制度固定下来，知识士人的这一权益也不可能长期得到保证。

到了隋文帝时，秀才、明经两科，可由州县学的生徒“升进于朝”，进行考试，也可由诸州把人举送中央，考试录用。《通典》卷十四《选举典二》中载：

隋文帝开皇七年制：诸州岁贡三人，工商不得入仕。开皇十八年，又诏：“京官五品以上，及总管、刺史，并以志行修谨、清平干济二科举人。”牛弘为吏部尚书，高构为侍郎，选举先德行，次文才，最为称职②。

隋炀帝时又加设进士科③。开始通过层层考试来选拔人才，作为一种客观地考察知识士人才能的科举制，终于在隋朝诞生了。

四　结语

侯绍文在讲到隋炀帝设进士科的原因时指出两点：一是政治上需要，要征录为官之人才；二是当时教育制度（即学校，应该主要指官学，引者注）败坏不堪，故不能不建进士科，以资补救④。

笔者认为这个分析是有道理的。任何一种制度的诞生，必须具有两个条件：一是它的必要性，二是它的可行性。隋朝统一帝国刚建立，试图以全新的手段加强对全国的统治，改变过去那种懒散、疲软的官场作风，革新吏治，因而选拔合格人才就成为统治之必需。另一

① 《北周书》卷23《苏绰列传》，中华书局1971年点校本，第386—388页。

② 《通典》卷14《选举二》，岳麓书社1996年版，第178页。

③ 《通典》卷14《选举二》，岳麓书社1996年版，第178页。

④ 侯绍文：《唐宋考试制度史》，台湾商务印书馆1973年版，第9—12页。

方面，魏晋南北朝以来，官学名存实亡，不能培养出有用人才，而私学，尤其是北朝的私学却得到迅猛发展，平民儒学人才激增。这源源不断的私学人才为推行客观、公平的科举制提供了可能。过去人们认为，科举制施行的结果是学校等于装饰，而教学渐已颓废，其实这只是相对于封闭的具有严格等级制的官学而言的，而私学恰恰是随着科举制的发展越来越繁盛的。因为私学的自由、开放、平民性的特点与科举制客观、公平、开放的政治理念是一致的。因此，从某方面来说，正是南北朝尤其是北朝私学教育的繁盛促成了科举制的诞生，而科举制的发展又进一步促进了私学的繁荣。唐宋以降，尤其是两宋以来，随着科举制的全面推广，各种形式的私学馆、家塾、蒙学馆、冬学、书院日益发达，名师辈出，授徒数百、数千者甚多，私学教师也更受到社会尊重，就足以说明此点。

（此文原载于《贵州社会科学》2006 年第 4 期，应刊物篇幅的要求将文章删至 8000 字左右，这次收入时在恢复到删节前原稿状态的同时，进行了部分修改并增添了一些内容。）

从汉化大背景看北魏的“灭佛”与“复佛”

北魏的“灭佛”事件发生在太武年间，而“复佛”即在文成帝时期。佛教在北魏的发展及其传播一直是魏晋南北朝史研究、佛教史研究的重点课题，尤其是太武灭佛事件更为学界所瞩目，成为史学、佛学界的共同话题，这是因为太武灭佛还涉及北魏历史上一个重要政治人物：崔浩，从而使这一讨论更为热烈。因此，研究成果也相对较多。早期所有的佛教史著作，包括日本学者有关佛教史的研究专著和魏晋南北朝的断代史著作均涉及这一问题。但纵观这些成果，主要是围绕佛道、儒道之争，世俗地主与僧侣地主争夺财富和劳动力、长安僧徒与盖吴通谋造反等来进行讨论①。到20世纪80年代以后，其研究成果形式更多地表现为论文，结论也开始有所突破，最有新意者有：向燕南认为太武灭佛有两次②，第一次灭佛的主要目的是加强政治控制，他首次将太武帝的灭佛与“罢群祀”与刘洁、乐平王拓跋丕谋反案，以及北魏境内尖锐的民族矛盾联系起来③。该文极有新意，但文

---

① 具有代表性的论著有：塚本善隆：《北魏太武帝的の废佛毁释》，《支那佛教史研究之北魏篇》，弘文堂书店1942年版；汤用彤：《汉魏两晋南北朝佛教史》，上海书店1991年版，第493—495页；王仲荦：《魏晋南北朝史》下册，上海人民出版社1980年版，第866页；周祖谟：《北魏的佛教与政治》，《周祖谟语言文史论集》，浙江古籍出版社1988年版。

② 其实早在20世纪80年代，李孝本先生就已提出太武帝灭佛有两次的观点，他在《南北朝之佛教资料》一文中引用了太平真君五年的诏令之后就说道：“此则太武帝破佛之第一诏敕，或称‘击像焚经坑僧诏’。”李孝本：《南北朝之佛教资料》，《现代佛教学术丛刊》第五册，大乘文化基金会1976年版，第165页。

③ 向燕南：《北魏太武灭佛原因考辨》，《北京师范大学学报》1984年第2期。

章发表30余年，一直未有呼应，实为遗憾。栾贵川也将民族问题作为太武灭佛的一个视角纳入考察，可惜只是将其作为一个问题提出，未加深究①。其次就是刘淑芬研究员从民族史角度对太武灭佛这一重大问题进行深入、全面的探讨。她认为，太武灭佛是由于北方少数民族普遍信奉佛教，而他们视佛教为一种团结的纽带，而笃信佛教的卢水胡族沮渠高昌政权不仅阻碍北魏通往西域的道路，而盖吴叛军的势力又扩及河西，因此担心他们互通往来，如果再与刘宋为援，那么北魏将腹背受敌，所以灭佛。正由于此，灭佛后，又出现一连串诛杀沮渠王族的事件。当然，刘淑芬同时强调：太武灭佛并不是单一因素所促成，以前学者提出的如国家政策、佛道之争、儒释之辩等都是太武灭佛的原因，本文是在这些因素之外，提供另一较大的背景来思考这个问题②。而新加坡古正美则认为，太武帝是想使用北凉所用的佛教意识形态模式来治理北魏，因崔浩的极力反对和干预，使太武帝完全没有机会使用佛教意识形态，自始至终都发展了道教意识形态。认为崔浩之死与太武帝想推行佛教意识形态有关③。古正美的文章实际也属于继承前辈学者佛道之争、儒释之辩的思维模式，其创新之处在于将其与北凉的佛教意识形态联系起来，具有一定的民族史内容，但说太武朝自始至终发展了道教意识形态不合客观事实。当然其他还有一些文章涉及对太武灭佛问题的讨论④。

综合20世纪80年代以后出现的这些成果，都是针对太武灭佛事件进行的讨论，对于文成帝的“复佛”事件则很少提及，即使是佛教

---

① 栾贵川：《北魏太武帝灭佛原因新论》，《中国史研究》1997年第2期。

② 刘淑芬：《从民族史的角度看太武灭佛》，原发表于《中央研究院历史语言所集刊》第二本第一分，2001年，后收入《中古的佛教与社会》，上海古籍出版社2008年版，第3—45页。

③ 古正美：《北凉佛教与北魏太武帝发展佛教意识形态的历程》，《中华佛学学报》第13期。

④ 房芸芳：《北魏太武帝灭佛原因浅析》，《历史教学问题》1996年第1期；张箭：《论导致北魏灭佛的直接原因暨罪证》，《西南民族学院学报》2000年第12期；李春祥：《北魏太武帝与周武帝灭佛之异同》，《通化师范学院学报》2001年第3期；韩府：《北魏灭佛新考》，《佛学研究》2003年第1期；李玉芳：《北魏太武帝灭佛原因浅析》，《宜宾学院学报》2004年第1期。

史和魏晋南北朝断代史著作在叙述文成帝的复佛事件时，也只是就事论事，更是少有将这两件事联系起来探讨的专论。其实太武帝的“灭佛”与文成帝的“复佛”是有重要关联的，只有将二者结合研究，才能得出更为客观的结论。再者，即使仅看太武灭佛，如刘淑芬所说，不是单一因素，确实是由各种综合因素构成。但我觉得，综合因素也有一个主因，如果过分强调综合因素，会导致研究结论的碎片化，只有将这些碎片化的因素统一在某一框架体系之内，才会厘清其头绪。而任何事件都是在大的社会背景下发生的，北魏在进入中原以来一百多年的历史中，其最大事件是民族文化融合，具体说就是汉化问题，而汉化和反汉化最为剧烈的冲突其实就是信仰领域的冲突，汉化改革最后的堡垒是郊庙祭祀礼制改革。而北魏王朝的“灭佛”和“复佛”正是在这一大的汉化背景下发生的信仰文化冲突，这一冲突不只表现在儒、佛或道、佛方面，还表现在儒学祭祀礼制与佛教、道教和原始宗教遗留等信仰领域、风俗文化等多个方面。今笔者不揣简陋，拟在前人研究的基础上，对这一问题做一番探讨，以就教于学界同人。

一　北魏前期的佛教信仰与原始宗教习俗的遗留

《魏书·释老志》载：“魏先建国于玄朔，风俗淳一，无为以自守，与西域殊绝，莫能往来。故浮图之教，未之得闻，或闻而未信也。”① 也就是说，拓跋部落先祖，由于地处朔漠，与西域这个佛教传播中介地区相离甚远，因而与其他处于西北地区的胡族国家不同，未能与佛教发生关系。尽管拓跋部落以前未曾接触佛教，但一旦与佛教接触，就对佛教产生好感。《释老志》提到太祖在平中山、经略燕赵的过程中，看到各地佛寺和沙门，均示以礼节，并禁止军旅无有所犯。只不过是刚刚建国，万事草创，无暇建造寺庙，招延僧众罢了，但还是到处访求高僧，表示出对佛教的充分尊重。后来听说有僧朗与其徒隐于泰山之琨瑜谷。太祖便遣使致书，以缯、素、旃罽、银钵为礼。皇始年间，又征赵郡沙门法果为沙门统，管理全国的僧众，建立

① 《魏书》卷114《释老志》，中华书局1974年点校本，第3030页。

起最早的僧官机构。后又于天兴元年（398），正式向全国下诏：“夫佛法之兴，其来远矣。济益之功，冥及存没，神踪遗轨，信可依凭。其敕有司，于京城建饰容范，修整宫舍，令信向之徒，有所居止。”接着修建佛塔、讲堂、禅堂和沙门座等。太宗即位，遵从太祖之业，用沙门来敷导民俗①。将佛教提高到国家宗教层面，从此佛教在北魏得到迅速传播。王继训认为北魏佛教的传播，有以下几个原因：一是公元4—6世纪北方由于气候异常频繁发生的自然灾害；再就是人口持续的大规模迁移；还有就是统治阶级内部无休止的内乱；最后是鲜卑民族剽悍的民族性格所导致。王继训将这四点原因归结为四个偶然因素②。而尚永琪在提到北方佛教的传播社会背景时也认为北方胡汉社会结构的形成和人的集群的变动是佛教得到广泛传播的主要社会背景条件，而这一人群变动又与此时期的恶劣环境和气候变化有关，而人的集群变动造成的社会惨烈现实，客观上为佛教的发展提供了社会基础③。我赞成王继训与尚永琪的说法，但同时认为，除开这些偶然性因素外，更有其必然性原因，因为北方民族大都崇奉佛教，是因为他们均认同佛教为西戎之教，自己是戎族，当然对其有天然亲近感，从而将其作为胡族的精神信仰，用来对抗儒学。这一思想资源来源于石虎。《高僧传·佛图澄》记载石虎针对中书著作郎王度“佛出西域，外国之神，功不施民，非天子诸华所应祠奉”的说法反其道而行之，下诏书说：

> 度议云：“佛是外国之神，非天子诸华所可宜奉。朕出自边壤，忝君期运，君临诸夏。至于飨祀，应兼从本俗。佛是戎神，正所应奉。夫制由上行，永世作则，苟事无亏，何拘前代。其夷赵百蛮有舍其淫祀，乐其佛者，悉听为道。”④

石虎反驳王度的观点，认为恰恰因为佛教是西戎之教，才使自己

---

① 《魏书》卷114《释老志》，中华书局1974年点校本，第3030页。

② 王继训：《论北魏佛教信仰展开中的偶然因素》，《理论学刊》2015年第7期。

③ 尚永琪：《3—6世纪佛教传播背景下的北方社会群体研究》第一章第一节《北方胡汉社会结构：佛教传播的重要背景》，科学出版社2008年版，第18—24页。

④ （南朝·梁）释慧皎撰，汤用彤校注，汤一玄整理：《高僧传》卷九《佛图澄传》，中华书局1992年版，第352页。

找到了知音，自己是戎人，西戎之教正是本民族的宗教，因而将其作为国家宗教而广为提倡，拓跋鲜卑应该同样也有这种心理。这可能就是北方少数民族普遍信奉佛教的主要原因，这当然是必然性因素，而非偶然性因素。尚永琪说夷夏之分是横亘在中原华夏民族同周边少数民族之间的一道心理障碍①。这道心理障碍正是北方胡族普遍信奉佛教的根本性原因。另一方面，尚永琪还说佛教起到了整合胡汉社会的纽带作用，有利于化解和淡化民族矛盾，并认为，在石虎等胡族统治者的鼓动下，佛教传播一发而不可收，进而传遍大江南北②。笔者以为，这一说法怕不一定准确，从史料来看，并不是北方社会各阶层笃信佛教，也许北方的下层人民可能如此，但未随汉族政权南迁的北方世家大族对佛教总体上是排斥的。如果将北魏的佛教信仰作群体来划分的话，笔者认为可以分作四个群体，即拓跋贵族为一个信仰群体，胡汉社会的下层为一个信仰群体，从佛教信仰的角度来看，这两个群体可以合二而一，掀起佛教信仰狂潮的主要是这两个群体；再就是汉族士大夫为一个群体，他们以儒学和道教作为主要信仰，大多数士人不是很信仰佛教，即使少数信仰者也主要是阅读佛教经典，不以捐献钱财、供奉佛像的方式信仰佛教；再就是拓跋历代君主，他们属于另一个信仰群体，这一部分人既信仰佛教，也欣赏儒学和道教。

拓跋贵族和北魏整个社会下层笃信佛教，已无须举例。《洛阳伽蓝记》中所记载的寺庙、佛像大都为北魏皇室、达官贵人所建造。20 世纪 90 年代以来陆续出版以造像记为主要研究资料的专著，都是属于佛教社会史的专著，将北方整个社会作为其研究对象，揭示了北方下层民众普遍信奉佛教的历史事实。③ 北方社会信奉佛教的修行方式，

① 尚永琪：《3—6 世纪佛教传播背景下的北方社会群体研究》，科学出版社 2008 年版，第 38 页。

② 尚永琪：《3—6 世纪佛教传播背景下的北方社会群体研究》，科学出版社 2008 年版，第 24、37 页。

③ 刘淑芬：《五至六世纪华北乡村的佛教信仰》，《中央研究院历史语言所集刊》第六十三本第三分，2001 年，收入《中古的佛教与社会》，上海古籍出版社 2008 年版；侯旭东：《五、六世纪北方民众的佛教信仰》，中国社会科学出版社 1998 年版；尚永琪：《3—6 世纪佛教传播背景下的北方社会群体研究》，科学出版社 2008 年版。

主要为出家为僧和物质捐献，即通过出家为僧、修建寺庙、雕塑佛像以及以财富供养佛法的形式来实现因缘果报。这与佛图澄在石赵政权的佛教传播有关。《高僧传》记载石虎以战事失利的原因咨询佛图澄，佛图澄告诉石虎，说他前世是一个大商主，由于将钱财捐献给佛法，所以这世来晋地为王，至于石虎因一场战事失利，是不应该怨恨佛法的①。佛图澄这一番说教使石虎深信不疑，从此下诏号召全国所有臣民信仰佛教，开始了佛教国家化的历程，也使这种以捐赠钱财而不以熟读佛教经典获取功德果报的手段在中原迅速流行开来。佛图澄之所以推行这种修行方法，是因为他看中北方是胡族统治，所有的胡族统治者文化修养不高，他们既没有阅读佛经的知识水平，又没有阅读众多佛经的耐心，于是想到了向佛教捐赠财物建立功德获取果报的方法。这是佛图澄为北方信众，尤其是为那些没有太多知识修养的中等人家找到的一条成佛的便捷通道。北魏是更为落后的胡族国家，其表现当然更为明显。这就与南方佛教修行以熟读佛教经典、讨论佛教义理完全区别开来。

尽管北魏拓跋贵族和社会下层人民笃信佛教，但北方的士大夫笃信佛教者不多，少数信仰者也以研读佛学义理为主。这是遵循了汉魏传统。《高僧传·佛图澄》记载了石虎当政时的著作郎王度针对佛教传播而主张禁佛的一个奏章，其中有这样一段话："佛，外国之神，非诸华所应祠奉。汉代初传其道，惟听西域人得立寺都邑，以奉其神，汉人皆不出家。魏承汉制，亦循前轨。"接下来又说"国家可断赵人悉不听诣寺烧香礼拜，以遵典礼，其百辟卿士，下逮众隶，例皆禁之"的话，说明汉魏时期不仅仅是禁止汉人出家，还禁止汉人建造寺庙，供奉佛像，甚至诣寺烧香礼拜，但并不禁止翻译和研读佛教经典。因为从东汉桓帝以后，佛教在中原已经得到广泛传播，一批佛经已翻译过来，而翻译佛经必须有中国本土助手，于是出现了最早的居士佛教徒，早期的居士佛教徒当然主要是知识士人。从王度的奏章可以看

① （南朝·梁）释慧皎撰，汤用彤校记，汤一玄整理：《高僧传》卷九《佛图澄传》，中华书局 1992 年版，第 350—351 页。

出，这一制度规定一直延续到西晋灭亡，而北方的知识士人一直遵循了这一传统。这主要是因为北方士人处在异族政权的统治之下，必须坚守儒学作为本民族的精神支柱。正如孔毅所提到：北魏前期的汉世家大族群体承受着北魏统治者的猜忌，重新唤醒了“永嘉之乱”以来的“华夷之别”观念，使他们再一次扎牢“夷夏大防”的心理篱笆[①]。而扎牢心理篱笆的主要手段当然就是坚守儒学作为自己的精神信仰。所以，当胡族政权还未汉化时，他们可以修习佛学，但却拒绝佛教，而以儒学为本，这是汉化的需要，也是与佛教争夺意识形态正统地位的需要。从《魏书》各列传考察，发现一些沾染佛教的汉族士人，大都为佛学义理修养者，几乎很少有通过捐献钱物来达到果报的。当然，在世家大族的女性人士中有虔诚的佛教信仰者，但她们的修行途径也以熟读佛教经典为主，如崔浩妻子郭氏，《魏书·崔浩列传》：“浩非毁佛法，而妻郭氏敬好释典，时时读诵。浩怒，取而焚之，捐灰于厕中。”[②] 这可能与汉地民间特殊的社会风俗有关。因为，汉族民间社会，佛教信仰者女性远多于男性。

《魏书·辛绍先列传》中还附带记录到一个叫陈敬武的，约为孝文帝时人，似乎是真心侍佛者：“少为沙门，从师远学，经久不返。”[③] 但其是否为士人，难以确证。以上这些事例大都是在高宗之后，高宗以前者极少。这当然反映了北魏汉化改革的成果，信仰领域的成就，这是后话，后面有详细分析，此不赘。高宗以前奉佛者，除崔浩妻子郭氏外，还有一个高允，曾做过短期的和尚：“奉祖父丧还本郡，推财与二弟而为沙门，名法净。未久而罢。”[④] 这不一定是高允的自觉行为，可能是方便为祖父作法事的一种权且做法。至于对佛教很反感的士人前期当属崔浩了。如崔浩焚毁其妻所读佛经并弃置灰中就可见其对佛教的成见至深。

下面再分析北魏诸帝对佛教与儒学的态度。业露华说，北魏君主

---

① 孔毅：《北魏前期北方世族以夏变夷的历程》，《中国史研究》1998 年第 2 期。
② 《魏书》卷 35《崔浩列传》，中华书局 1974 年点校本，第 826 页。
③ 《魏书》卷 45《辛绍先列传附陈敬武》，中华书局 1974 年点校本，第 1028 页。
④ 《魏书》卷 48《高允列传》，中华书局 1974 年点校本，第 1067 页。

除太武帝一度毁佛之外，大部分信奉佛教。① 实际太武帝也是信奉佛教的，只是后来受到崔浩的影响，才改变态度。但同时我们应该看到，北魏的历代皇帝，也是精通儒学，服膺道教的。太祖拓跋珪在幼年时被苻坚迁往长安等地，在中原就早已接受了汉文化的熏陶。正如李凭所说，拓跋珪这段受辱流乱经历，使其接受了大量的汉文化知识，为他进入中原最初的汉化改革打下基础。所以他初定中原，“虽日不暇给，始建都邑，便以经术为先，立太学”②，而太宗也是“素纯孝”，当太祖要立他为太子，同时又要依汉武帝旧制处死其亲生母亲时，他“哀泣不能自胜”③，说明其具有儒家所推举的孝道精神。即使是恭宗拓跋晃，坚决反对世祖的灭佛，在关键时刻挽救了很多沙门的性命，但他的儒学修养也是极其不错的，本纪说他幼年时就“明慧强识，闻则不忘。及长，好读经史，皆通大义”。④ 北魏历代皇帝均有较深的儒学修养，是因为他们在幼年就有师傅教诲，从小就受到汉文化知识的熏陶⑤。

此外，我们必须注意的是，在北魏的信仰领域，除拓跋贵族与下层社会普遍信仰佛教与汉族士人崇尚儒学之外，拓跋鲜卑进入中原时，在各种祭祀礼制和民间信仰方面还保存浓重的原始宗教残余。原始宗教的初级形态是部落宗教，即处于部落时代的宗教，其观念主要表现为万物有灵，呈现多神教的表现形式；而外在组织形式即为祭祀，东方民族的祭祀内容主要是“敬天法祖”，而带有原始宗教遗留的祭祀主要依赖巫师以占卜的方式来完成。北魏的祭祀文化的原始宗教残余既表现在官府的祭礼中，也表现在民间信仰系列中。

---

① 业露华：《北魏佛教的几个特点》，载《中国佛教学者文集》，宗教文化出版社2007年版，第41—56页。

② 《魏书》卷84《儒林列传》，中华书局1974年点校本，第1841页。

③ 《魏书》卷3《太宗纪》，中华书局1974年点校本，第49页。

④ 《魏书》卷4《世祖纪下·恭宗纪》，中华书局1974年点校本，第107页。

⑤ 北魏历来就设有东宫博士一职，《高允传》就有高允向东宫博士管恬打听崔浩因州郡选人与恭宗争论之事的记载。（中华书局1974年点校本，第1069页）梁越由于“博综经传，无所不通”，被太祖“命授皇子经书”。（卷84《儒林列传·梁越》，第1843页）李灵、李䜣分别为高宗博士，授高宗经。（卷46《李䜣列传》，第1039页）刘芳与邢产也分别“授皇太子经”。（卷55《刘芳列传》，第1220页）

《魏书·礼志一》提到天赐二年（405）夏四月的祭祀仪式：

> 祀天于西郊，为方坛一，置木主七于上。东为二陛，无等；周垣四门，门各依其方色为名。牲用白犊、黄驹、白羊各一。祭之日，帝御大驾，百官及宾国诸部大人毕从至郊所。帝立青门内近南坛西，内朝臣皆位于帝北，外朝臣及大人咸位于青门之外，后率六宫从黑门入，列于青门内近北，并西面。廪牺令掌牲，陈于坛前。女巫执鼓，立于陛之东，西面。选帝之十族子弟七人执酒，在巫南，西面北上。女巫升坛，摇鼓。帝拜，后肃拜，百官内外尽拜。祀讫，复拜。拜讫，乃杀牲。执酒七人西向，以酒洒天神主，复拜，如此者七。礼毕而返。自是之后，岁一祭①。

这里说的“祀于西郊”，以及由巫师，尤其是女巫主持祭祀，皇后及六宫参与祭祀大典，并大量杀牲等内容都属于落后于中原的祭祀典礼，具有浓厚的原始宗教残余。关于这一点，《南齐书·魏虏传》也有记载：“城西有祠天坛，立四十九木人，长丈许，白帻、练裙、马尾被，立坛上，常以四月四日杀牛马祭祀，盛陈卤簿，边坛奔驰奏伎为乐。”② 萧子显这一记载，明显认为其是一种落后习俗。杜佑也指出北魏的这种祭天仪礼是落后于中原的：“所以郊祀，帝后六宫及女巫预焉。余制复多夷礼，而违旧章。”③

到泰常三年，北魏祭祀典礼除依据传统的五行说设五帝祭坛外，又设“六宗、灵星、风伯、雨师、司民、司禄、先农之坛”，还在桑乾水之阴立五岳四渎庙。其余的山川神与海洋诸神的祭坛在各地州郡者，总共有324所，每年十月，派遣官吏到各州镇逐个祭祀：“有水旱灾厉，则牧守各随其界内祈谒，其祭皆用牲。王畿内诸山川，皆列祀次祭，若有水旱则祷之。”④ 又神䴥二年，世祖征蠕蠕“大捷而还，归格于祖祢，遍告群神。”太延元年，“立庙于恒岳、华岳、嵩岳上，

---

① 《魏书·礼志一》，中华书局1974年点校本，第2736页。
② 《南齐书》卷57《魏虏列传》，中华书局1972年点校本，第985页。
③ 《通典》卷42《礼二 吉礼二》，岳麓书社1995年版，第612页。
④ 《魏书》卷108《礼志一》，中华书局1974年点校本，第2737页。

各置侍祀九十人，岁时祈祷水旱”。①

很明显，拓跋鲜卑的祭祀文化具有典型的多神教特征，而祭祀目的主要是禳灾求雨。拓跋鲜卑为游牧民族，“逐水草而生”，对水旱灾害比农业民族更为敏感，当然更崇信鬼神，一有水旱即要祭祀，而祭祀必须倚靠巫师，前面提到太祖天赐二年的祭天仪式中的巫师是皇宫里的大巫师，而在各州郡和民间社会还有大量的中小巫师。以上进入官方统计的主要是官方祭祀礼仪中的原始宗教遗留，至于当时的民间社会的大小祭坛当然就更多了。民间信仰，一般被称为“淫祀”，这到后面有详细分析。

二　太武灭佛：一个偶然的历史事件

太武帝灭佛，被佛教徒作为佛教史上的特大事件进行渲染。不过笔者认为，太武帝的灭佛具有很大的偶然性，当初太武帝并不是专门针对佛教而发动清剿运动的。这本是崔浩在推行汉化改革过程中为整顿社会风俗，加强道德教化发起的一场运动，原来的主要目的是针对巫师、沙门用奇幻灵异方术欺骗百姓，扰乱社会风俗的。如果不是在长安偶然发现寺院中藏有兵杖和富人财宝及淫窟等，太武帝不会发布全国性的灭佛诏令。前面提到，早在1984年，向燕南就提到有两次灭佛。太武帝的第一次灭佛就是指太平真君五年（444）正月的两道诏书，现将其全文引用于下：

> 戊申，诏曰：“愚民无识，信惑妖邪，私养师巫，挟藏谶记、阴阳、图纬、方伎之书；又沙门之徒，假西戎虚诞，生致妖孽。非所以壹齐政化，布淳德于天下也。自王公已下至于庶人，有私养沙门、师巫及金银工巧之人在其家者，皆遣诣官曹，不得容匿。限今年二月十五日，过期不出，师巫、沙门身死，主人门诛。明相宣告，咸使闻知。”庚戌，诏曰：“自顷以来，军国多事，未宣文教，非所以整齐风俗，示轨则于天下也。今制自王公已下至于

① 《魏书》卷108《礼志一》，中华书局1974年点校本，第2738页。

卿士，其子息皆诣太学。其百工伎巧、驺卒子息，当习其父兄所业，不听私立学校。违者师身死，主人门诛。”①

这里记载了两道诏书，先看第一道。这道诏书，过去学者的引用均不完整，只是拦腰从“自王公以下……”引起，造成对此诏书的误读。如果完整引用，可以看出这道诏书是以移风易俗，推行道德教化为主要目的的，打击的目标首先是巫师利用各种奇异方术欺骗民众的行为。从以上诏令中的“愚民无识，信惑妖邪，私养师巫、挟藏谶记、阴阳、图纬、方伎之书”就是指巫师利用驱鬼求雨、符水治病之类的神奇灵验之方术来欺骗蛊惑百姓。因此，首先提到的是师巫，然后才是沙门，这从“又沙门之徒”的用词就可以看出，就是说沙门也与师巫一样，利用这些奇异方术来欺骗民众。因为僧人来到中国，首先也是利用这套方术传教，吸引信众的，如佛图澄、鸠摩罗什就是借灵验之方术而使佛教得到传播②。赵翼谈到佛教在六朝的传播时说道：“盖一教之兴，能耸动天下后世者，其始亦必有异人异术，神奇灵验。如佛图澄、鸠摩罗什之类，能使人主信之，士大夫亦趋之，是以震耀遍天下而流布于无穷，不然，则何以起人皈依也。”③ 但“耸动天下”又是统治者最为担心的，东汉黄巾军就是利用这一套把戏而“耸动天下”从而造反的。《魏书·清河王元怿传》就记载了孝明帝时期有一个叫惠怜的沙门，妄说自己能用咒水治病，每日来看病者有上千人。于是清河王元怿担心引起社会动乱，上表进谏：

> 臣闻律深惑众之科，礼绝妖淫之禁，皆所以大明居正，防遏奸邪。昔在汉末，有张角者，亦以此术荧惑当时。论其所行，与今不异，遂能诳诱生人，致黄巾之祸，天下涂炭数十年间，角之由也④。

① 《魏书》卷4《世祖纪》，中华书局1974年点校本，第97页。

② 见《晋书》卷95《艺术列传·佛图澄》，中华书局1974年点校本，第2485—2490页；《艺术列传·鸠摩罗什》，第2499—2502页。

③ （清）赵翼：《廿二史札记》，中国书店1987年影印本，第202页。

④ 《魏书》卷22《清河王元怿列传》，中华书局1974年点校本，第591—592页。

这就很清楚，诏书之所以也禁沙门，主要是因为佛教徒效仿中国巫师之所为，使用灵异方术鬼把戏欺骗民众，甚至有超过巫师之趋势。但这种把戏只能欺骗一般的下层民众，对于大多数深受儒家文化影响的士大夫，则没有多大作用。侯旭东说："受儒家思想影响较深之人对神奇灵验则持否定态度。"[①] 所以诏书说"愚民无识，信惑妖邪"，指出这些方术把戏损害了社会治理，不利于道德教化，所以必须禁止。

而崔浩推行汉化，移风易俗，为何要大规模清理师巫，又与北魏祭祀典礼中原始宗教残余有关，这要从整个北魏汉化改革的大背景谈起。太武帝即位后，崔浩成为汉化改革的主导者。在此前，北魏已经有过一次汉化改革，后遭受挫折而流产。这次汉化改革开始于太祖天兴年间，汉士族代表人物有崔宏、崔逞、张衮等，改革的主要内容是按照汉魏传统进行的官制改革，其中就涉及郊庙祭祀制度。改革于天兴元年（398）十一月正式启动，但仅过了8个月，到天兴二年（399）七月，形势却发生急剧变化，汉族士人遭到大规模废黜，张衮、封懿等先后被解除职务，崔逞等人被处死，崔宏被免去尚书职务，汉化改革遭受重大挫折，汉族士人苦心构筑的魏晋政体顷刻间灰飞烟灭[②]。等到太武当政，汉化改革又重新启动。崔浩"欲大整流品，明辨姓族"[③]，试图重建门阀制度，并一度试图废除秦汉以来的郡县制，恢复周代的五等爵制。《崔浩列传》说崔浩曾与同僚"论五等郡县之是非，考秦始皇、汉武帝之违失""著书二十余篇，上推太初，下尽秦汉变弊之迹，大旨先以复五等为本"。[④] 崔浩掀起的汉化风暴很大，《卢玄列传》在记载这件事说的是"浩大欲齐整人

---

① 侯旭东：《五、六世纪北方民众佛教信仰》，中国社会科学出版社1998年版，第65页。

② 关于太祖时期的汉化改革及其失败，学者已有论及，曹文柱先生将这一汉化改革与北魏初年都址的选择联系起来考察，使这一问题的思考更为深入。见曹文柱《论北魏初年的都址选择及其对前期社会的影响》，原载《北京师范大学学报》1987年第1期，后收入《魏晋南北朝史论合集》，商务印书馆2008年版，第121—145页。

③ 《资治通鉴》卷一百二十二，《宋纪四》，"文帝元嘉八年"条，中华书局1956年点校本，第3834—3835页。

④ 《魏书》卷35《崔浩列传》，中华书局1974年点校本，第814—815页。

伦，分明姓族”。① 分明姓族的手段是“齐整人伦”，“齐整人伦”当然就要整顿社会风俗，强化道德教化。因为，士族的最大价值在于其家风、门风对社会风气具有的引领作用。因此，重建士族的前提就是移风易俗，推行道德教化，这也就涉及对原始宗教的残余习俗、民间信仰和佛教的整顿。原始宗教的残余习俗一是体现在官方的祭祀礼仪上，再就是体现在民间信仰方面。太祖天兴二年（399）的汉化改革本来是废除了拓跋原来的祭祀制度的。《礼志一》记载了太祖在天兴二年（399）新的祭天典礼：

> （天兴）二年正月，帝亲祀上帝于南郊，以始祖神元皇帝配。为坛通四陛，为壝埒三重。天位在其上，南面，神元西面。五精帝在坛内，壝内四帝，各于其方，一帝在未。日月五星、二十八宿、天一、太一、北斗、司中、司命、司禄、司民在中壝内，各因其方。其余从食者合一千余神，餟在外壝内。藉用藁秸，玉用四珪，币用束帛，牲用黝犊，器用陶匏。上帝、神元用犊各一，五方帝共用犊一，日月等共用牛一。祭毕，燎牲体左于坛南巳地，从阳之义。其瘗地坛兆，制同南郊。明年正月辛酉，郊天。癸亥，瘗地于北郊，以神元窦皇后配。五岳名山在中壝内，四渎大川于外壝内。后土、神元后，牲共用玄牲一，玉用两珪，币用束帛，五岳等用牛一。祭毕，瘗牲体右于坛之北亥地，从阴也。乙丑，赦京师畿内五岁刑以下。其后，冬至祭上帝于圜丘，夏至祭地于方泽，用牲帛之属，与二郊同②。

“祀上帝于南郊”是按照中原历代王朝的祭祀礼制进行的，与原来祭礼的最大区别是没有了巫师的参与。可是到了天赐二年（405），随着汉化改革的失败，郊祭却出现了“复祀天于西郊”，恢复了北魏原来的祭礼，资料已见前引。那么，正如前面提到的，天赐二年（405）的祭天之礼带有浓重的原始宗教残余，其特征是巫师在其中起

① 《魏书》卷 47《卢玄列传》，中华书局 1974 年点校本，第 1045 页。

② 《魏书》卷 108《礼志一》，中华书局 1974 年点校本，第 2734—2735 页。

到主导作用，原始郊祭的恢复当然导致巫师地位的全面提高。随着巫师地位的提高，各州郡的祭祀场所也随之增多，到泰常三年（418），各州郡的祭坛已有324处，这还只是官方统计，归属于官方门下的祭坛，加上未进入官方统计范围的民间祭坛当然就更多了。而一处祭坛最多者可达九十位巫师，许多民间信仰多的也可达数十位巫师者①。这就与崔浩主导的汉化改革要扫清落后的原始宗教残余风俗宗旨相抵触，因而就有太平真君五年诏令的颁布。牟钟鉴先生提出：在我国古代长期的历史发展中形成了一种正宗大教，即“宗法性传统宗教”，它以天神崇拜和祖先崇拜为核心，以社稷、日月、山川等自然崇拜为羽翼，以其他多种鬼神崇拜为补充，形成相对稳固的郊社制度、宗庙制度，以及其他祭祀制度②。郊庙制度作为中国传统文化的主要表征而被古代正宗士大夫所看重，对于不符合这一宗教体系的祭礼必须改革，这就是通常所说的“移风易俗”，也是古代正宗士大夫为何十分看重“禁淫祀”的主要原因。

下面再分析第二道诏书，第二道诏书是对第一道诏书的补充。是说北魏建国以来，军国多武事，没有来得及推行儒学教育，社会教化受到影响，所以出现上述问题，其补救措施就是王公以下至于卿士，都要将子弟送去太学学习。这个“太学”可能是指始光三年二月在城东开办的太学③，也可能指中书学。针对这两道诏书，再结合四个月后批准了崔浩的“罢群祀”奏疏，就可知太武帝是要禁绝民间巫师利用灵异方术欺骗蛊惑百姓，要用儒学来统领人们的思想信仰，即“一齐教化，布淳德于天下”，实现社会治理。

前文提到向燕南文中最具创新的地方就是将太平真君五年

---

① 前文引《魏书·礼志一》：太延元年，“立庙于恒岳、华岳、嵩岳上，各置待祀九十人，岁时祈祷水旱”。这九十人当然是巫师，而一般民间祭坛也有数十人者，如东汉应劭《风俗通义鲍君神》就提到汉代一个民间神灵鲍君，短时间内就聚集了数十位巫师：“为起祀舍，众巫数十，帷帐钟鼓，方数百里皆来祷祀。”应劭撰，王利器校注：《风俗通义校注》，中华书局1981年版，第403页。

② 牟钟鉴：《中国宗法性传统宗教试探》，《世界宗教研究》1990年第1期。

③ 《魏书》卷4《世祖纪》，中华书局1974年点校本，第71页；《魏书》卷84《儒林列传·序》，第1842页。

（444）的这两道诏令与崔浩的“罢群祀”联系起来，但向燕南说第一次的禁佛还禁灭道教，似不是很准确，挟藏谶记、阴阳、图纬、方伎之书的师巫，应该还是指民间巫师，与一般所说的道士是不同的。因为许多汉族士大夫也懂阴阳谶纬、星历术数，这与他们对待民间信仰一样，采取的是双重标准，即符合统治者，尤其是符合最高统治者的口味者就推崇，否则就打击。如崔浩就很懂阴阳方术、谶纬历算这一套：“浩综核天人之际，举其纲纪，诸所处决，多有应验，恒与军国大谋，甚为宠密。”这是因为“太宗好阴阳术数，闻浩说《易》及《洪范》五行，善之，因命浩筮吉凶，参观天文，考定疑惑”。① 但大多数正统士人还是认为那是不能登大雅之堂的雕虫小技，作为一种知识可以，但不值得炫耀，更不能将其作为谋生手段。如高允，虽然精通历法术数，世祖甚至认为其水平不在崔浩之下，但他自己却不将这一本领轻易示人。游雅多次向他讨教，都被婉拒②。

再就是，刘淑芬文中只是提到向燕南文关于太武灭佛有两次这一问题，却没有提到向燕南提出在第一次灭佛的同时还禁师巫，说明刘淑芬并没有看到太武帝禁师巫的特殊意义，她甚至将文中的“师巫”理解为僧人③，她在分析太武帝太平真君五年的诏令时说：太武帝发布“禁养师巫诏”，则显示其对僧人——特别是凉州僧人的猜防，于是接着就引用了戊申日发布的这一诏令；她又说：不准养“金银工巧之人”在家，主要是针对佛像的制作而言，下面再引太平真君七年灭佛时“徙长安城工巧二千家于京师”来说明这一问题④。笔者认为这

① 《魏书》卷35《崔浩列传》，中华书局1974年点校本，第807页。

② 《魏书》卷48《高允列传》载：游雅曰：“高君长于历数，当不虚也。”崔浩曾评价高允术数：“高允之术，阳元至射也。”众乃叹服。允虽明于历数，初不推步，有所论说。唯游雅数以灾异问允，允曰：“昔人有言，知之甚难，既知复恐漏泄，不如不知也。天下妙理至多，何遽问此？”雅乃止。（中华书局1974年点校本，第1068页）高允曾依据《洪范传》《天文志》等事要撰述有关阴阳灾异的文章有8篇，世祖看后大加赞赏。（第1073页）

③ 不过李孝本先生在《南北朝之佛教资料》一文中也将师巫理解为沙门，见《现代佛教学术丛刊》第五册，大乘文化基金会出版，第165页，

④ 刘淑芬：《中古的佛教与社会》，上海古籍出版社2008年版，第36—37页。

种理解不是很准确，这里的“师巫”应该不是指僧人，而是指前文提到的那些各州郡禳灾求雨的巫师。而“金银工巧之人”也不仅仅是指铸造佛像的能工巧匠，应该也包括铸造和雕塑民间神灵的工匠。中国古代民间神灵的雕铸要远早于佛教造像。中国民间信仰起源于原始宗教，而原始宗教的雕塑起于原始社会末期，如内蒙古赤峰地区出土了距今八千年的石雕女神像，赵宝沟文化有距今七千年的陶塑女神像，红山文化有距今五千年的陶塑女神像。这些女神雕像毫无疑问具有原始宗教意味，而这一民间信仰传统一直延续下来，如20世纪50年代在西安昆明池畔发现西汉武帝时的牵牛织女像，当然是民间信仰的产物①。更何况，民间信仰一个重要特点就是先人后神，人神合一。活着是人，死后是神，给活人所造雕塑就成为死后祭祀的神主。从东汉开始，中国民间喜欢给有功绩的人建祠纪念，建祠就要塑像，两汉时期出现的大量雕塑应该与民间信仰有重大关系。而北魏前期的和跋祠、石虎像正是民间神灵的雕像。佛像当然需要雕铸，民间神灵同样需要雕铸。师巫及雕铸塑佛像和民间神灵的技术也需要传承，也要带徒传授。

笔者说这两道诏书首先是针对中国本土宗教：巫教，不是主要针对佛教的。还有一个情况，诏书的发布正值恭宗监国临政时期，却没有遭到恭宗反对。恭宗拓跋晃是一个佛教笃信者，如果诏书主要是冲佛教本身而来，他肯定会有所抵制。正由于属于整顿社会风气，又主要是针对巫教和师巫而来，佛教只是涉及，所以才在恭宗手上顺利通过。《世祖纪》载：“（真君）五年春正月壬寅，皇太子始总百揆。侍中、中书监、宜都王穆寿，司徒、东郡公崔浩，侍中、广平公张黎，侍中、建兴公古弼，辅太子以决庶政。诸上书者皆称臣，上疏仪与表同。”② 然后就是“戊申，诏曰”云云。很明显，太武灭佛只是崔浩主持的汉化改革中整顿社会风俗，加强道德教化的一个环节，而且不

① 牵牛像见王子云《新疆的石刻艺术》图七，《文物参考资料》1956年第8期；织女像见汤池《西汉石雕牵牛织女辨》，《文物》1979年第2期。

② 《魏书》卷4《世祖纪下》，中华书局1974年点校本，第96—97页。

是首要的环节，至于真君四年（443）“罢沙门年五十已下”的做法与灭佛关系不大，应该与经济问题或与兵源有关。因为，到孝文帝太和年间，也有一些僧人被罢遣还俗①。联系上下文来看，也是经济问题。

笔者还要补充说明的是，禁绝师巫、沙门的诏书下达四个月后，即该年六月，司徒崔浩向太武奏议：“神祀多不经，案祀典所宜祀，凡五十七所，余复重及小神，请皆罢之。”太武帝批准了他的奏章②。针对罢神祀的问题，《资治通鉴》是这样记载的：“魏入中国以来。虽颇用古礼祀天地，宗庙、百神，而犹存其旧俗，所祀胡神甚众。崔浩请存合于祀典者五十七所，其余复重及小神悉罢之。魏主从之。”③

崔浩这里的“废群祀”，属于改革鲜卑族的原始宗教的多神教崇拜的重要步骤，其最终目的是郊祭礼仪全面采用汉制。古代世家大族在胡族政权的汉化改革中当然是以传统的礼制改革作为主要目标，因此第一步必须改革落后的礼制习俗，核心是祭祀习俗，因此必须打击师巫，拆除他们的祭坛。前面提到太宗时期各地已有祭坛324所，说明其中有些是民间信仰，即民间神灵崇拜，属于那种先是民间祭祀后收归官府的民间祭坛。崔浩“罢群祀”的结果是留下57所，废除267所，废除率达78.5%。而崔浩“罢群祀”的标准，一是“不经”，再就是重复祭祀，还有就是一些不值得祭祀的小神。所谓“不经”，就是不见于经典记载，荒诞不合常理者，又称“淫祀”。④ 而《资治通鉴》说是“犹存其旧俗，所祀胡神甚众”。所谓“旧俗”，实际就是“夷俗”，即有原始宗教残余，属于“不经”的部分；胡神，即神主

---

① 《魏书》卷114《释老志》，中华书局1974年点校本，第3039页。

② 《魏书》卷108《礼志一》，中华书局1974年点校本，第2739页。

③ 《资治通鉴》卷124，《宋纪六》，“元嘉二十一年”条，中华书局1956年点校本，第3906页。

④ 高祖时期的太常卿刘芳按照礼制规范提到郊祀制度时说到祭祀必须符合礼制规定，如果超过礼制规定，就是“淫祀”。他针对所置五郊及日月之位，去城里数于礼有违，又灵星、周公之祀，不应隶太常问题上疏，最后提到“太常所司郊庙神祇，自有常限，无宜临时斟酌以意，若遂尔妄营，则不免淫祀”。见《魏书》卷55《刘芳传》，中华书局1974年点校本，第1225页。

为胡族，如石虎庙①、和跋神祠②等；小神，就是指影响范围小的神灵，这些都属于民间信仰，应在崔浩的禁止之列。正如前面提到，中国古代儒学士人对阴阳礼法、天文卜筮采取两重标准一样，对民间祭祀，尤其是拜神求雨之类的民间信仰，同样是两重标准；对于符合统治者需要，有利于加强统治，即王权所提倡的民间神灵予以提倡。许多具有全国影响的神灵，是先由民间信仰开始，由于香火旺盛，得到地方官府祭祀，再进一步上报朝廷，得到皇帝册封，进入国家祭祀的神灵典册的，如关圣帝、妈祖信仰就是走的这条路线，而和跋神也是如此。再如高祖在太和四年二月，针对民间祭祀神灵下诏："其敕天下，祀山川群神及能兴云雨者，修饰祠堂，荐以牲壁。"③ 说的是，民间自发祭祀的神灵，如果能够显灵兴雨，就应该为其修建祠堂，收归为官府祭祀；而对于那些民间自发祭祀的神灵如不显灵，或者有危害社会安定者，即予以打击，一概斥之为"淫祀"，如李安世在相州刺史任上主张禁断淫祀，但对于"有功于民"的西门豹、史起等，即"为之修饰庙堂"④，使之成为地方官府的祭祀对象。

古代士大夫很重视"禁淫祀"。冯太后、孝文帝的宠臣王叡重病在床，还上疏太后要"哀恤孤独，赈施困穷，录功旧，赦小罪，轻徭役，薄赋敛，修福业，禁淫祀。"⑤ 可见，王叡是将"禁淫祀"作为君主的德政之一看待的。《肃宗纪》载：（神龟二年十二月）庚申，"大赦天下。诏除淫祀，焚诸杂神。"⑥ 将除淫祀，焚烧杂神与赦天下并列，可以看出其重要性。

崔浩大规模地罢除神祀，这对民间巫师来说是一个沉重打击。而

① 《魏书》卷19《南安王桢列传》："桢又以旱祈雨于群神。邺城有石虎庙，人奉祀之。桢告虎神像云：'三日不雨，当加鞭罚。'请雨不验，遂鞭像一百。是月疽发背，薨。"中华书局1974年点校本，第494—495页。

② 《魏书》卷28《和跋列传》记载说：和跋是太祖时期勇冠三军的将军，后因好虚誉，性奢淫而被太祖所杀，百姓在此建祠祭祀。后世祖在此忽遇暴风，云雾四塞，祭祀和跋，雾即除散，后形成传统。中华书局1974年点校本，第681—682页。

③ 《魏书》卷7《高祖纪下》，中华书局1974年点校本，第148页

④ 《魏书》卷53《李安世列传》，中华书局1974年点校本，第1176页。

⑤ 《魏书》卷93《恩幸列传王叡》，中华书局1974年点校本，第1989—1990页。

⑥ 《魏书》卷9《肃宗纪》，中华书局1974年点校本，第229页。

且官府登记造册的祭坛就毁掉了267处，还有大量未入官府典册的民间祭坛被毁掉的数量可能要大得多。那么，可以推知，“罢群祀”正是配合四个月前的“罢师巫”诏令而继续对巫师采取的清剿行动。应该说，作为一场以整顿社会风气、移风易俗、推行儒学教化的运动本是以真君五年的罢黜师巫和沙门的诏令为高潮，而以该年六月的“罢群祀”为尾声的。

但问题还有另一面，如果是一般的整顿社会风俗，不会有这样严厉的用词：“师巫、沙门身死，主人门诛。”主人比师巫、沙门的处罚还要严厉得多，只有涉及具体谋反案件才会如此。也就是说，这一诏书的下发应该还涉及更为复杂的历史背景。《世祖纪》在记述了“禁师巫诏”的内容之后，接着记载说：“二月辛未，中山王辰等八将以北伐后期，斩于都南。”再就是：“癸酉，骠骑大将军、乐平王丕薨。”①而《资治通鉴》却在记述所有以上事件之后又追述了尚书令刘洁谋反被杀和乐平王丕忧薨之事②。

刘洁谋反一事在《魏书·刘洁传》中有详细记载：太平真君四年（443）九月讨伐蠕蠕，由于世祖没有接受刘洁的意见，使刘洁心存怨恨。世祖原本与诸将期会于鹿浑谷，可是刘洁却矫诏更期，导致诸将不至，后恭宗又提出欲出兵击敌，刘洁又不许，最后导致军队进入沙漠地带，因粮尽使士卒多死，后穷究此事，发现刘洁早已有利用图谶，与巫师勾结的谋反行为：

> 世祖之征也，洁私谓亲人曰：“若军出无功，车驾不返者，吾当立乐平王。”洁又使右丞张嵩求图谶，问：“刘氏应王，继国家后，我审有名姓否？”嵩对曰：“有姓而无名。”穷治款引，搜嵩家，果得谶书。洁与南康公狄邻及嵩等，皆夷三族，死者百余人③。

刘洁是北魏世祖的股肱大臣：“太宗寝疾，世祖监国，洁与古弼等

① 《魏书》卷4《世祖纪》，中华书局1974年点校本，第97页。

② 《资治通鉴》卷124，《宋纪六》，“元嘉二十一年”条，中华书局1956年点校本，第3903—3905页。

③ 《魏书》卷28《刘洁列传》，中华书局1974年点校本，第688—689页。

选侍东宫，对综机要，敷奏百揆。世祖即位，以告反者，又献直言，所在合旨，奇其有柱石之用，委以大任。及议军国，朝臣咸推其能。于是超迁尚书令，改为钜鹿公。”① 这种人勾结师巫利用图谶巫术谋反很容易成功。《资治通鉴》卷一百二十三又载：“刘洁用卜者言，以为日辰不利，敛兵不追，董来遂得入城，魏主由是怒之。”胡三省为之作注：“为魏诛刘洁张本。”② 而且，刘洁的祖父刘生也“颇解卜筮”③，说明当时北魏许多大臣都笃信卜筮，与师巫们有很深的渊源关系，如参与刘洁一案的乐平王拓跋丕也早与师巫董道秀有勾连，拓跋丕因刘洁事发忧薨后，师巫董道秀也被处以斩刑④。还有穆寿和公孙质“皆信卜筮”⑤。从史料来看，北魏对防止大臣勾结巫觋谋反之事一直是非常警惕的，直到太和九年正月戊寅，孝文帝还下诏：

> 图谶之兴，起于三季。既非经国之典，徒为妖邪所凭。自今图谶、秘纬及名为《孔子闭房记》者，一皆焚之。留者以大辟论。又诸巫觋假称鬼神，妄说吉凶，及委巷诸卜非坟典所载者，严加禁断⑥。

通过以上史事比对，真君五年（444）正月针对师巫、沙门所下禁令的背景就非常明显，逻辑关系非常清楚，真君四年（443）冬侦破刘洁谋反案⑦，第二年正月下达禁绝师巫沙门诏令，二月再处理中山王辰等八将击柔然误期案。至此，可以知道，这次大规模的针对师巫、沙门的禁令诏书，既是一场移风易俗、推行道德教化的运动，又是一次清剿刘洁、乐平王拓跋丕谋反案余波的行动。专门从事谶纬研究的

---

① 《魏书》卷 28《刘洁列传》，中华书局 1974 年点校本，第 687 页。

② 《资治通鉴》卷 123，《宋纪五》，“元嘉十六年”条，中华书局 1956 年点校本，第 3873—3874 页。

③ 《魏书》卷 28《刘洁列传》，中华书局 1974 年点校本，第 686 页。

④ 《魏书》卷 17《乐平王列传》，中华书局 1974 年点校本，第 414 页。

⑤ 《资治通鉴》卷 123，《宋纪五》，“元嘉十六年”条，中华书局 1974 年点校本，第 3875 页。

⑥ 《魏书》卷 7《高祖纪下》，中华书局 1974 年点校本，第 155 页

⑦ 向南燕经考证说，太武北伐柔然在太平真君四年九月至十二月。见《北魏太武灭佛原因考辨》，《北京师范大学学报》1984 年第 2 期。因此，刘洁案的侦结不会晚于真君四年底。

钟肇鹏先生说道：自魏晋以后，统治者就严禁谶纬流传，主要是担心大臣将谶纬作为谋反的工具，钟肇鹏先生说北魏拓跋氏严禁谶纬，其所举第一个例子就是魏太武帝拓跋焘太平真君五年（444）的禁师巫诏①。说明钟肇鹏先生也看到了这道诏书针对的主要对象是师巫利用图谶进行谋反，扰乱社会风俗等。

当禁师巫诏书发布两年之后，到太平真君七年（446），世祖在西伐盖吴的过程中，经过长安，偶尔在寺内发现了僧徒与盖吴叛军通谋及僧徒淫乱的证据，即张箭所说的僧众的四大罪证：武器、酒具、财物、淫窟，加之崔浩在太武身边大进谗言，于是太武怒不可遏，下诏灭佛：

> 彼沙门者，假西戎虚诞，妄生妖孽。非所以一齐政化，布淳德于天下也。自王公已下，有私养沙门者，皆送官曹，不得隐匿。限今年二月十五日，过期不出，沙门身死，容止者诛一门②。

这条诏书《世祖纪》中没有记载，却记载在《释老志》中，所以刘淑芬说，这段文字也出现在同书卷一一四《释老志》中，系误植至太平真君七年（446）的灭佛叙述中③。我以为这一理解有误，这两道诏书的内容不完全一样，前道诏书中有师巫和图谶等内容，而且师巫还放在首位，而后条诏书只提到了沙门，说明是专门针对沙门的，也说明前道诏书将师巫放在首位是有特殊含义的；后道诏书没有了师巫和图谶等内容，说明这次是专门针对佛教徒的，与师巫无关。只是由于刘淑芬将沙门与师巫混为一体，才认为是误植，其中有一句话“限今年二月十五日”是最有可能理解为误植的。因为一般认为，间隔两年之后，禁令期限不可能还是同一天。但事情有巧合，因为两件事发生的时间季节相近，都是在正月④，更重要的是因为农历二月十五是

① 钟肇鹏：《谶纬论略》，辽宁教育出版社 1991 年版，第 30 页。

② 《魏书》卷 114《释老志》，中华书局 1974 年点校本，第 3034 页。

③ 刘淑芬：《中古的佛教与社会》，上海古籍出版社 2008 年版，第 36 页注【4】。

④ 上文提到的《魏书》卷 114《释老志》所载恭宗所发诏书是真君七年三月，这时距世祖发现长安沙门谋反事有一段时期了，因为恭宗多次上表要求赦免沙门，在如是再三，不许之后才被迫下诏书的。因此，世祖在长安所发诏书应是二月。

太上老君的生日和佛祖的涅槃日，诏书选择在这一天前要解决这些问题，是因为这一天太敏感，怕引起更大的骚乱。其实，任何时代的官方文书都有较为一致的格式，在针对大致相同的问题时，所用语词也都差不多，所以不能认为这是误植前条诏书的内容。但将两条诏书内容比较，发现针对佛教的贬斥之词和禁止佛教目的的用词大致相同："假西戎虚诞""生妖孽""齐政化""布淳德"，说明这仍旧与崔浩主导的汉化改革，整顿信仰领域的风俗文化有一定关系。

综合上文内容，可以看出，太武帝后来的大规模灭佛具有偶然性，如果不是在长安寺发现僧徒淫乱和与盖吴通谋的证据，拓跋焘不可能将佛教作为重点打击对象，只是在长安寺中发现佛教徒的不法行为之后，毁佛行为才首当其冲，从而使灭佛事件在整个信仰领域的风俗文化整顿活动中显得更为突出。

现在，我们再回过头来将真君五年（444）的"禁师巫诏"与真君七年（446）的"灭佛诏"进行比较，就会发现：前者无论提到师巫，还是沙门，都是针对其传播手段，即针对奇幻灵验之术而来的，并没有针对佛教教义本身。这是因为太平真君五年（444），世祖没有毁灭佛教的任何背景和理由。一是自太祖以来，佛教一直是以官方的名义将其作为国家宗教推行的，太武帝没有理由突然改变这一祖宗定下来的国策，崔浩厌恶佛教的态度不足以改变具有雄主之称的世祖的主张；二是北魏所占中原故地，本是北方胡族石赵、前秦统治之地，有着信仰佛教的深厚基础，而后随着拓跋南迁，被掳掠的民众也大都是信佛的，也就是说，北魏信奉佛教是全民性的，群众基础非常广泛，作为聪明政治家的拓跋焘不会采取这种大规模灭佛的鲁莽举动。

再看真君七年（446）的诏书，其内容就完全不同了。尤其是太武帝强迫恭宗所拟诏书，全是针对佛教教义来的，是一种摧毁佛教的态势：

> 昔后汉荒君，信惑邪伪，妄假睡梦，事胡妖鬼，以乱天常，自古九州之中无此也。夸诞大言，不本人情。叔季之世，暗君乱主，莫不眩焉。由是政教不行，礼义大坏，鬼道炽盛，视王者之

> 法，蔑如也。自此以来，代经乱祸，天罚亟行，生民死尽，五服之内，鞠为丘墟，千里萧条，不见人迹，皆由于此。朕承天绪，属当穷运之弊，欲除伪定真，复羲农之治。其一切荡除胡神，灭其踪迹，庶无谢于风氏矣。自今以后，敢有事胡神及造形像泥人、铜人者，门诛。虽言胡神，问今胡人，共云无有。皆是前世汉人无赖子弟刘元真、吕伯强之徒，接乞胡之诞言，用老庄之虚假，附而益之，皆非真实。至使王法废而不行，盖大奸之魁也。有非常之人，然后能行非常之事。非朕孰能去此历代之伪物！有司宣告征镇诸军、刺史，诸有佛图形像及胡经，尽皆击破焚烧，沙门无少长悉坑之①。

该诏书首先追溯了佛教传入中国的历史，指出佛教之所以流传中国，全是后汉荒君妄假睡梦的结果，接着揭露佛教的最大危害是违背天伦，视王者之法为蔑如，一切社会灾难都是由此引起，最后提出要实现社会太平，必须彻底消灭佛教。这就从佛教教义批判入手，彻底否定了佛教存在的合理性。很明显，下这道诏书完全是在一种十分冲动的情况下做出的，是一种不理智的行为。但对于世祖这样的雄主，又是完全可以理解的，因为他看到的是沙门与盖吴谋反及沙门淫乱的证据，而这每一项都属大逆不道。在这样激愤的情势下，崔浩又在旁边添油加醋、火上浇油，从而使世祖下达了这样不理智的诏书。

三　崔浩之死与汉化改革的流产

崔浩之死，在北魏历史上是件大事。因此，其被杀原因也有多种说法，最具代表性的说法有三种：一是国史修撰问题，再就是非毁佛教，还有所谓崔浩与南朝通谋问题。其中最有影响的是因修撰国史而被杀②。三种说法都有一些史料依据，但同时也都有不同看法，新近有学者对这三种说法均提出否定，而将崔浩之死放到整个胡汉尖锐的

① 《魏书》卷114《释老志》，中华书局1974年点校本，第3034—3035页。

② 三种说法及证据资料可参见曾顺刚、张宏斌《鲜卑政治、文化背景下的儒士命运——对北魏崔浩被诛的深层解读》，《天府新论》2014年第5期。

矛盾背景下进行分析，认为崔浩作为儒士，为实现自身政治抱负、汉化鲜卑政权、恢复儒家道统而跻身于这一政治漩涡之中，最终成为了集体利益纷争下的牺牲品①。这一分析是很有道理的，崔浩之死当然是因为其强力推行汉化改革，是激烈的胡汉矛盾的牺牲品。但胡汉矛盾必须体现在具体的历史事件上。也就是说，拓跋贵族反对汉化，一定要清除崔浩，但崔浩深得世祖宠信，清除他必须找到一个非常恰当的理由，而国史不典、宗教信仰冲突（包括儒学、道教与佛教和原始宗教的冲突）都是拓跋贵族清除崔浩的重要理由，或者说导火线。《崔浩传》记载了崔浩被害的原因：

> 真君十一年六月诛浩，清河崔氏无远近，范阳卢氏、太原郭氏、河东柳氏，皆浩之姻亲，尽夷其族。初，郄标等立石铭刊《国记》，浩尽述国事，备而不典。而石铭显在衢路，往来行者咸以为言，事遂闻发。有司按验浩，取秘书郎吏及长历生数百人意状。浩伏受赇，其秘书郎吏已下尽死。……浩非毁佛法，而妻郭氏敬好释典，时时读诵。浩怒，取而焚之，捐灰于厕中。及浩幽执，置之槛内，送于城南，使卫士数十人溲其上，呼声嗷嗷，闻于行路。自宰司之被戮辱，未有如浩者，世皆以为报应之验也②。

这段史料先讲了崔浩所修国史详备但不文雅，将拓跋历史中一些现代人看来不文明、不雅训的东西都写下来了，所以被处死。接下来说崔浩不信佛教，现在死得这么惨，是一种因果报应。这里没有明说非毁佛教是造成他被杀的原因，但暗含这种意思。如果我们从其他的资料来看，可以看得更清楚，《释老志》在解释灭佛事件发生原因时说："始谦之与浩同从车驾，苦与浩净，浩不肯，谓浩曰：'卿今促年受戮，灭门户矣。'后四年，浩诛，备五刑，时年七十。浩既诛死，帝颇悔之。"③ 这里说，当时崔浩就在太武帝身边，但太武帝大怒，

① 曾顺刚、张宏斌：《鲜卑政治、文化背景下的儒士命运——对北魏崔浩被诛的深层解读》，《天府新论》2014年第5期。

② 《魏书》卷35《崔浩列传》，中华书局1974年点校本，第826页。

③ 《魏书》卷114《释老志》，中华书局1974年点校本，第3035页。

失去理智时，崔浩不是帮助熄火，进行劝慰，反而火上浇油，导致太武帝的激烈灭佛行为，当时寇谦之就预言崔浩会因此获诛。如果说，在一般的正史记载中只是将崔浩非毁佛教作为被杀的间接原因提及的话，那么，在有关古代佛教史的典籍中就是将其作为唯一或最主要原因，如《高僧传》卷十《神异下释昙始传》载：

> 后拓跋焘复克长安，擅威关洛。时有博陵崔浩，少习左道，猜嫉释教。既位居伪辅，焘所仗信，乃与天师寇氏说焘以佛教无益，有伤民利，勸令废之。焘既惑其言，以伪太平七年（公元446年），遂毁灭佛法。分遣军兵，烧掠寺舍，统内僧尼，悉令罢道。其有窜逸者，皆遣人追捕，得必枭斩。一境之内，无复沙门。……
>
> 至太平之末，知焘化时将及，以元会之日，忽杖锡到宫门。有司奏云：“有一道人足白于面，从门而入。”焘令依军法，屡斩不伤。遽以白焘，涛大怒，自以所佩剑斫之，体无余异。惟剑所著处有白如布线焉。时北园养虎于槛，焘令以始喂之，虎皆潜伏，终不敢近。试以天师近槛，虎辄鸣吼。焘始知佛法尊高，黄老所不能及。即延始上殿，顶礼足下，悔其𠍴失。始为说法，明辨因果。焘大生愧惧，遂感疠疾。崔寇二人次发恶病。焘以过由于彼，于是诛剪二家，门族都尽①。

而同书《习禅释僧周传》也记载说：“俄而魏虏肆暴，停者悉毙。其后寻悔，诛灭崔氏，更兴佛法。”② 佛教徒将灭佛责任完全推给崔浩，不责怪太武帝，是因为世祖本是信仰佛教，礼敬沙门的。《释老志》：“世祖初即位，亦遵太祖、太宗之业，每引高德沙门，与共谈论。于四月八日，舆诸佛像，行于广衢，帝亲御门楼，临观散花，以致礼敬。”在平赫连昌之后，得沙门惠始，也“甚重之，每加礼敬”。

① （南朝·梁）释慧皎撰，汤用彤校注，汤一玄整理：《高僧传》，中华书局1992年版，第386页。

② （南朝·梁）释慧皎撰，汤用彤校注，汤一玄整理：《高僧传》，中华书局1992年版，第414—415页。

而世祖之所以疏远佛教，最后发展到下达对全国灭佛的诏令，全在于崔浩对世祖面前进谗言：“时司徒崔浩，博学多闻，帝每访以大事。浩奉谦之道，尤不信佛，与帝言，数加非毁，常谓虚诞，为世费害。帝以其辩博，颇信之。”① 所以，也有史籍说太武帝在世，杀了崔浩之后就已经废除了禁令，复兴佛法。《高僧传·神异下释昙始传》说太武帝在诛灭崔浩和寇谦之后就：“宣下国中，兴复正教。俄而焘卒，孙濬袭位，方大弘佛法，盛迄于今。”② 又《南齐书·魏虏列传》也说：“初，佛狸讨羯胡于长安，杀道人且尽。及元嘉南寇，获道人，以铁笼盛之。后佛狸感恶疾，自是敬畏佛教，立塔寺浮图。”③ 以上例子足以说明崔浩怂恿太武帝灭佛也是导致其被杀的原因之一。

不过，崔浩之死确实又不是某一单一原因所造成，国史与灭佛这两个事件只是导致崔浩被杀的明线，另外还有一些暗线，即“罢群祀”和针对师巫及原始宗教残余清除的改革也是导致拓跋贵族对崔浩产生怨恨的重要原因，“罢群祀”是太武帝接受崔浩的建议而为，而这些废掉的祀主更多的又是“胡神”，而太平真君五年（444）春禁止师巫、沙门活动当然也是崔浩的主意。文成帝即位后便全面恢复了崔浩已废除的群祀，各地的神祀数量迅速上升，到泰常二年，各地的神祀是 324 所，到太平真君五年（444）崔浩“罢群祀”之后还留下 57 所，到文成帝和平元年（460）恢复群祀之后再到孝文帝延兴二年（472），各地神祀就达到 1075 所④，说明反弹速度之快。而反弹之快就说明原来人们对崔浩“罢群祀”的做法是极为不满的。信仰问题是一个非常复杂的问题，风俗习惯的改造不是一朝一夕之功，需要做长久的努力。崔浩所主导的汉化改革在信仰领域采取了一些过激行为激怒了拓跋保守贵族，成为崔浩被杀的重要原因之一。《魏书·卢玄传》也说到崔浩之死是因齐整人伦、分明姓族，激怒了鲜卑贵族从而导致

① 《魏书》卷 114《释老志》，中华书局 1974 年点校本，第 3033 页。

② （南朝·梁）释慧皎撰，汤用彤校注，汤一玄整理：《高僧传》，中华书局 1992 年版，第 386 页。

③ 《南齐书》卷 57《魏虏列传》，中华书局 1972 年点校本，第 990 页。

④ 《魏书》卷 108《礼志一》，中华书局 1974 年点校本，第 2740 页。

被杀的[1]。但正如前文已分析指出：分明姓族的手段是“齐整人伦”，而“齐整人伦”当然包括整顿社会风俗等。随着崔浩及范阳卢氏、太原郭氏、河东柳氏等儒学世家大族被诛杀，汉化改革势力遭到重创，太武朝崔浩主导的汉化改革就此流产了。这次流产既与崔浩激进的汉化改革有关，但也为一些偶发因素所激发，崔浩的被杀推迟了汉化改革的进程。

四　文成帝的“复佛”与汉化改革的重启

文成帝即位，便对太武帝晚年宗教信仰政策进行了一些调整，即废止“灭佛”和“罢群祀”诏令，大兴佛法，恢复对民间神灵的祭祀。这些行动并不是对汉化改革的废止，而是对中断了的汉化改革的重启，不过步子更为稳重，属于一种信仰重建。文成帝的信仰重建，一是表现为废止太武帝的禁佛诏令，恢复佛教信仰。《高宗纪》：（兴安元年十二月）“乙卯，初复佛法”。[2] 而《释老志》对此有更为详细的记载：

> 高宗践极，下诏曰：“夫为帝王者，必祗奉明灵，显彰仁道，其能惠著生民，济益群品者，虽在古昔，犹序其风烈。是以《春秋》嘉崇明之礼，祭典载功施之族。况释迦如来功济大千，惠流尘境，等生死者叹其达观，览文义者，贵其妙明，助王政之禁律，益仁智之善性，排斥群邪，开演正觉。故前代已来，莫不崇尚，亦我国家常所尊事也。”[3]

高宗首先指出佛教作为一种信仰，作为一种教化手段，是有助于国家治理的。并强调指出，佛教信仰是拓跋政权的既定国策，这是直接承太祖、太宗而来。而对于太武帝为何禁佛，高宗解释是：“奸淫之徒，得容假托，讲寺之中，致有凶党。是以先朝因其瑕隙，戮其有

---

① 《魏书》卷47《卢玄列传》，中华书局1974年点校本，第1045页。

② 《魏书》卷5《高宗纪》，中华书局1974年点校本，第112页。

③ 《魏书》卷114《释老志》，中华书局1974年点校本，第3035—3036页。

罪。有司失旨，一切禁断。”① 因为有少量奸淫之徒藏匿寺中，而凶党之徒又利用佛教徒身份试图造反，所以，世祖才下诏诛戮其有罪之徒，但执行政策者却错误理解世祖的意图，采取全面禁佛的行动。这里当然有为世祖开脱的意味，但更主要的是旨在说明拓跋皇朝对佛教的重视是一贯性的，这是对佛教徒和佛教信仰者以心灵安慰，希望他们不要将其归罪于拓跋皇朝，从而避免社会动荡。高宗复兴佛教的具体措施是：“诸州郡县，于众居之所，各听建佛图一区，任其财用，不制会限。”对于愿意为沙门者，“不问长幼，出于良家，性行素笃，无诸嫌秽，乡里所明者，听其出家。”兴光元年，又下诏“于五级大寺内，为太祖已下五帝，铸释迦立像五，各长一丈六尺，都用赤金二十五万斤。”同时又恢复了师贤道人统的职务，等到和平初年，师贤死后，又以昙曜代替师贤，更名沙门统，后奉以师礼。又接受昙曜在京城西武州塞石壁，开窟五所，各镌建佛像的建议。为保证僧侣们的生活来源，又设立“僧祇户”和“佛图户”②。佛教在北魏全面兴盛起来。

过去人们认为文成帝以最高统治者的角度全力推行佛教，是要排斥其他宗教信仰。实际上，文成帝只是将佛教作为众多信仰之一来对待，对道教甚至民间信仰也一致对待，如他恢复群祀的做法就是配合恢复佛教而推行尊重民间信仰的宗教政策。尤其是他有效地调和儒学和佛教两种信仰人群的矛盾，将儒学和佛教、道教，甚至民间信仰都作为教化工具来对待。这里当然有轻重之分，对儒学和佛教更为看重。他对崔浩只推崇儒学、道教而排斥佛教和民间信仰表达强烈的不满。如高宗恢复佛教信仰时，就提到佛教的作用在于“助王政之禁律，益仁智之善性，排斥群邪，开演正觉”。但在拓跋王朝，狂热的佛教信仰者只是拓跋贵族和社会下层，汉族知识士人对佛教是保持冷静态度的。所以在文成帝以前，不仅在政治制度的推行方面胡汉矛盾突出，而且在信仰领域矛盾冲突更大，太武帝时期的灭佛及崔浩的灭

① 《魏书》卷114《释老志》，中华书局1974年点校本，第3036页。

② 《魏书》卷114《释老志》，中华书局1974年点校本，第3035—3036页。

门惨案使这种冲突达到高峰，这也是崔浩一案为何会牵连如此之广，崔浩临死为何会遭到如此严重侮辱的原因，说明崔浩得罪了太多的鲜卑贵族。因此，文成帝的宗教政策当然就要在信仰领域调和胡汉矛盾，既充分尊重拓跋贵族的佛教信仰，同时又充分尊重汉族士人将儒学作为自己的精神信仰，并在这样的基础上重启他的汉化改革。从史料观察，在信仰领域，文成帝时代与太武帝时期已呈现很大不同，胡汉冲突已得到较大缓和，逐渐呈现出一派祥和景象。汉化改革以潜移默化、循序渐进的方式进行，不像太武帝朝那样激进。这从他重用的汉族士人代表高允看得出来。关于文成帝重用高允及儒学教育、礼制改革的问题，见本书《北魏文成帝拓跋濬及其时代》一文，此不赘述。

还有，文成帝时代，道教也继续发展，尽管文成帝否定了世祖的毁佛诏令，但并不排斥道教。周祖谟先生说文成帝上台后“从此便一反崔浩之所为，罢黜天师道，而崇奉佛教。所以佛教复兴正是崔浩事件的一大反抗”① 的说法似乎不太准确。文成帝时期，未有任何道士受到迫害，也从未有禁止道教传播之事。自己在即位一年多后的兴光元年二月“至道坛，登受图箓”②，从此后，世祖时期形成的北魏帝王即位都要亲至道坛受符箓的仪式便一直传承下去③。因此，发展到显祖，更是既笃信佛教，览诸经论，又好老庄。“每引诸沙门及能谈玄之士，与论理要”。④ 并征召道士王道翼，赐其衣食⑤。汤用彤先生也说：“元魏太武时因寇谦之大行其道，以致佛法毁灭。其后二教并见流行，帝王应受法箓。孝文帝并立崇虚寺，给户五十，供养道士，后代因之。惟道士罕能精至，又无才术可高，但其在社会中势力，当甚不小。”⑥

① 周祖谟：《周祖谟语言文史论集·北魏的佛教与政治》，浙江古籍出版社 1988 年版，第 498 页。

② 《魏书》卷 5《高宗纪》，中华书局 1974 年点校本，第 113 页。

③ 《魏书》卷 114《释老志》，中华书局 1974 年点校本，第 3053—3055 页。

④ 《魏书》卷 114《释老志》，中华书局 1974 年点校本，第 3037 页。

⑤ 《魏书》卷 114《释老志》，中华书局 1974 年点校本，第 3054—3055 页。

⑥ 汤用彤：《汉魏两晋南北朝佛教史》，中华书局 1983 年版，第 535—536 页。

文成帝在宗教信仰方面的重建还表现在恢复民间祭祀、民间信仰上。《魏书·礼志一》："和平元年正月，帝东巡。历桥山，祀黄帝；幸辽西，望祀医无闾山。遂缘海西南，幸冀州，北至中山，过恒岳，礼其神而返。明年，帝南巡，过石门，遣使者用玉璧牲牢，礼恒岳。四月旱，下诏州郡，于其界内神无大小，悉洒扫荐以酒脯。年登之后，各随本秩，祭以牲牢。至是，群祀先废者皆复之。"① 而《资治通鉴》记载："魏大旱，（高宗）诏：'州郡境内，神无大小，悉洒扫致祷，俟丰登，各以其秩祭之。'于是群祀之废者皆复其旧。"② 说明恢复各州郡的民间祭祀，主要是那年天大旱，为求雨禳灾而用，这有顺应民间风俗，尊重民间信仰的考量在内。到高祖延兴二年，全国各地祭祀天地五郊、社稷及地方诸神，已有 1075 所。民间祭祀场所的增加，说明高宗以后，不只是佛教得到盛大发展，儒学教育和道教、民间信仰以及道德教化都得到全面贯彻。

五　冯太后孝文帝深入的汉化改革与儒佛道信仰的全面融合

朱高正说若不是孝文帝，佛教已成为北魏的国教了③。似乎觉得孝文帝对佛教有所压制，可是事实并非如此，孝文帝对佛教的推行并不弱于高宗时期。《释老志》提到：高祖在承明元年八月，于永宁寺，设太法供，度良家男女为僧尼者百有余人，亲自为他们剃发，施以僧服，令修道戒。同月，又下诏起建明寺。太和元年（478）二月，幸永宁寺设斋，赦死罪囚。三月，又幸永宁寺设会，行道听讲，命中、秘二省与僧徒讨论佛义，施僧衣服、宝器有差。又于方山太祖营垒之处，建思远寺。到太和年间，京城内有新旧寺庙百余所，僧尼二千余人，四方诸寺六千四百七十八，僧尼七万七千二百五十八人。使佛教发展达到一个新的高度。同时，孝文帝还下诏为佛教的健康发展制定章程，立《僧制》四十七条。孝文帝还一再向王公贵族及近臣推举介

---

① 《魏书》卷 108《礼志一》，中华书局 1974 年点校本，第 2739 页。

② 《资治通鉴》卷 129《宋纪十一》，"大明五年" 条，中华书局 1956 年点校本，第 4055 页。

③ 朱高正：《近思录对开创中华文明第三周期的意义》，《文史知识》2016 年第 1 期。

绍佛教高僧。道登法师辞世，高祖十分悲痛，亲自褁素祭奠。因此，高祖时期涌现出一批以义行知重的高僧：道顺、惠觉、僧意、惠纪、僧范、道弁、惠度、智诞、僧显、僧义、僧利等①。正由于孝文帝对佛教的大力推行，到世宗和胡太后时期，更使北魏的佛教信仰达到鼎盛。

但另一方面，孝文帝也尊崇道教，《魏书·释老志》：

> 太和十五年秋，诏曰：“夫至道无形，虚寂为主。自有汉以后，置立坛祠，先朝以其至顺可归，用立寺宇。昔京城之内，居舍尚希。今者里宅栉比，人神猥凑，非所以祗崇至法，清敬神道。可移于都南桑乾之阴，岳山之阳，永置其所。给户五十，以供斋祀之用，仍名为崇虚寺。可召诸州隐士，员满九十人。”迁洛移邺，踵如故事。其道坛在南郊，方二步，以正月七日、七月七日、十月十五日，坛主、道士、哥人一百六人，以行拜祠之礼②。

再就是到孝文帝时期开始对各地的民间信仰进行规范，对祭祀礼制中的原始宗教遗留进行清理。到延兴二年（472），天地五郊、社稷已下及诸神，共有1075所，每年杀牲达75500头，于是显祖下诏：“非郊天地、宗庙、社稷之祀，皆无用牲。”于是“群祀悉用酒脯”③。到太和十五年，文帝又下达了减省群祀的诏书，这次减省群祀，是为了“务从简约”，与崔浩所主持的“罢群祀”有所不同，只减省那些重复树立的神祇：“先恒有水火之神四十余名，及城北星神。今圜丘之下，既祭风伯、雨师、司中、司命，明堂祭门、户、井、灶、中霤，每神皆有。此四十神计不须立，悉可罢之。”④

到太和十八年（494）三月，孝文帝正式下诏“罢西郊祭天”⑤，十九年（495）正月，迁都到洛阳后，于十一月庚午，在委粟山，召集

① 《魏书》卷114《释老志》，中华书局1974年点校本，第3039—3040页。
② 《魏书》卷114《释老志》，中华书局1974年点校本，第3055页。
③ 《魏书》卷108《礼志一》，中华书局1974年点校本，第2740页。
④ 《魏书》卷108《礼志一》，中华书局1974年点校本，第2749页。
⑤ 《魏书》卷108《礼志一》，中华书局1974年点校本，第2751页。

咸阳王禧，司空公穆亮，吏部尚书、任城王澄及议礼之官商议圜丘之礼，讨论杀牲之礼是否需要保留的问题。员外散骑常侍刘芳认为，根据《周官牧人职》，不应杀牲。秘书令李彪提出，不杀牲，还应有告庙之礼。孝文帝赞成刘芳与李彪的意见："帝曰：'卿言有理，但朕先以郊配，意欲废告，而卿引证有据，当从卿议。'"① 孝文帝完全接受了两位礼学大师的意见，这就标志着留有拓跋原始宗教残余的郊庙之礼已经彻底废除，回归汉魏传统的郊庙礼制。

当然，冯太后和孝文帝全面深入的汉化改革的主要标志还是促使儒学教育的全面复兴，这是因为前期建立的中书学并不能代表汉族士人心目中儒学教育传统。因此，在冯太后诛灭显祖时期的权臣乙浑之后，"临朝称制"的第一件事，就是"引中书令高允、中书侍郎高闾及贾秀共参大政"②，而所谓共参的"大政"就是要高允草拟一个在全国建立统一的地方官学的规章制度。北魏地方官学的统一建立，推动了北魏儒学的全面复兴，为后来全面深入的汉化改革打下坚实基础③。

随着汉化改革的深化，到孝文帝时期，北魏信仰领域的成员结构发生重大变化：一是知识士人中儒释双修者逐渐增多，如韦缵，"高祖每与名德沙门谈论往复，缵掌缀录，无所遗漏，颇见知赏。"④ 鹿悆，"好兵书、阴阳、释氏之学"。⑤ 李同轨，"学综诸经，多所治诵，兼读释氏"，后出帝幸平等寺，僧徒讲说，要同轨参与论难，同轨"音韵闲朗，往复可观，出帝善之"。到东魏兴和年间，同轨兼通直散骑常侍，出使萧衍。萧衍召集名僧于爱敬、同泰二寺，讲《涅槃大品经》，引同轨预席，萧衍兼遣大臣共同观听。"同轨论难久之，道

① 《魏书》卷108《礼志一》，中华书局1974年点校本，第2751—2752页。

② 《资治通鉴》卷131《宋纪十三》，明帝泰始二年，中华书局1956年点校本，第4104页。

③ 胡克森：《北魏中书学的学校类型——兼谈鲜卑统治者对儒学教育功能的认识》，《邵阳学院学报》2017年第1期；《北魏州郡学的统一建立与拓跋鲜卑的汉化改革——兼谈北魏汉族士人儒学复兴的艰辛历程》，《史学月刊》2016年第6期。

④ 《魏书》卷45《韦阆列传附韦缵》，中华书局1974年点校本，第1014页。

⑤ 《魏书》卷79《鹿悆列传》，中华书局1974年点校本，第1761页。

俗咸以为善”。[1] 孙惠蔚，更是儒学通家，《诗》《书》《礼》《易》《春秋》《孝经》《论语》样样精通。“周流儒肆，有名于冀方”。“魏初已来，儒生寒宦，惠蔚最为显达”。同时他也精通佛学，他原单名一个“蔚”字，由于正始中，侍讲禁内，夜论佛经，有惬帝旨，于是诏使加“惠”，赐名惠蔚法师[2]。还有一个卢景裕，“专经为学”，曾为《周易》《尚书》《孝经》《礼记》《老子》作注，同时他又好释氏，通其大义。为天竺胡沙门道晞佛经作序。该经一直流行于世，号曰《高王观世音》[3]。而孝文帝时期的著名大儒刘芳，也常为诸僧抄写佛经，由于字写得好，僧众评价很高，佣金达到每卷一缣丝绢，一年能有百余匹的收入，这样一直持续了数十年，其声望大增，由是与德学大僧，多有还往[4]。孙绍，“少好学，通涉经史，颇有文才，阴阳术数，多所贯涉”，但他又著有《释典论》，“虽不具美，时有可存。”[5]

而随着汉族士人中儒释双修者增多，在各种儒释道的辩论中开始具有了义理内容，如高谦之，为孝明帝时人，《传》中载：“凉国盛事佛道，为论贬之，因称佛是九流之一家。当世名士，竞以佛理来难，谦之还以佛义对之，竟不能屈。”[6]“当世名士，竞以佛理来难”就说明佛学义理已经成为儒释道争辩的重要内容。再一个裴延俊，因世宗“专心释典，不事坟籍”问题上疏，其内容有“伏愿经书玄览，孔释兼存，则内外俱周，真俗斯畅”[7] 的话语，尽管未涉及太多佛学理论，但认为只有儒释双修，才能达到“内外俱周，真俗斯畅”，是颇谙儒佛义理真谛的。而张普惠针对“肃宗不亲视朝，过崇佛法，郊庙之事，多委有司”问题上疏：

愚谓从朝夕之因，求祇劫之果，未若先万国之忻心，以事其

---

① 《魏书》卷 36《李同轨列传》，中华书局 1974 年点校本，第 848—849 页。
② 《魏书》卷 84《儒林列传 · 孙惠蔚》，中华书局 1974 年点校本，第 1852—1854 页。
③ 《魏书》卷 84《儒林列传 · 卢景裕》，中华书局 1974 年点校本，第 1859—1860 页。
④ 《魏书》卷 55《刘芳列传》，中华书局 1974 年点校本，第 1219 页。
⑤ 《魏书》卷 78《孙绍列传》，中华书局 1974 年点校本，第 1723 页。
⑥ 《魏书》卷 77《高崇列传附谦之》，中华书局 1974 年点校本，第 1710—1711 页。
⑦ 《魏书》卷 69《裴延俊列传》，中华书局 1974 年点校本，第 1528—1529 页。

> 亲，使天下和平，灾害不生者也。伏愿淑慎威仪，万邦作式，躬致郊庙之虔，亲纡朔望之礼，释奠成均，竭心千亩，明发不寐，洁诚禋祼。孝悌可以通神明，德教可以光四海，则一人有喜，兆民赖之。然后精进三宝，信心如来。道由礼深，故诸漏可尽；法随礼积，故彼岸可登。量撤僧寺不急之华，还复百官久折之秩。已兴之构，务从简成；将来之造，权令停息，仍旧亦可，何必改作？庶节用爱人，法俗俱赖①。

张普惠这段话主张儒释融合，以儒为先，但“精进三宝，信心如来。道由化深，故诸漏可尽；法随礼积，故彼岸可登”的话语是在对儒释义理理解的基础上进行阐发的。还有赵郡士族李玚，是李安世的儿子，延昌末年由司徒行参军迁司徒长兼主簿，而太师、高阳王雍又表荐其为友，正主簿。当时，由于许多家庭都整家整户的出家做和尚，因此，李玚上奏胡灵太后，贬斥佛教为鬼教，在遭到沙门都统僧暹的驳斥和胡太后的斥责时，又引传统经典据理反驳：

> 窃欲清明佛法，使道俗兼通，非敢排弃真学，妄为訾毁。且鬼神之名，皆通灵达称，称自百代正典，叙三皇五帝，皆号为鬼。天地曰神祇，人死曰鬼。《易》曰“知鬼神之情状”，周公自美，亦曰“能事鬼神”；《礼》曰“明则有礼乐，幽则有鬼神”。是以明者为堂堂，幽者为鬼教。佛非天非地，本出于人，应世导俗，其道幽隐，名之为鬼，愚谓非谤。且心无不善，以佛道为教者，正可未达众妙之门耳。

这里，李玚驳斥佛教以儒家经典为依据，力辩佛教为鬼教，其所说“佛非天非地，本出于人，应世导俗，其道幽隐，名之为鬼”，是在佛教义理的基础上辨析的，而“且心无不善，以佛道为教者，正可未达众妙之门”的辨析是深达佛教义理的。所以，僧暹提不出异议，灵太后也认为他辨析有理，但又不好驳沙门都统僧暹的面子，只得罚

① 《魏书》卷78《张普惠列传》，中华书局1974年点校本，第1737—1738页。

李玚一两金子了事①。而北魏末年的儒学大师崔光针对灵太后登永宁寺九层佛图的进谏表，以《礼记》《春秋》儒学典籍为据对灵太后这种做法进行批评，也涉及佛教义理的一些内容②。

还有一个很值得注意的现象必须提出来讨论：到高宗以后，拓跋君主的佛学义理修养得到了很大提高，孝文帝尤为突出。前期，尽管历代君主都信奉佛教，但大都缺乏佛学修养，如太武帝就是“未存览经教，深求缘报之意”。但从显祖开始，这一现象就有所改变，如显祖对佛教“敦信尤深，览诸经论，又好老庄。每引诸沙门及能谈玄之士，与论理要”。③ 具有南朝名士风度，以与高僧和玄学之士谈玄讨论佛教义理为尚。孝文帝说自己喜好《成实论》，说《成实论》可以“释人染情”，曾与高僧道登讨论佛经至深夜④。而宣武帝则“笃好佛理，每年常于禁中，亲讲经纶，广集名僧，标明义旨”。⑤ 孝明帝也是有一定佛学功底的。《广弘明集》说道：正光元年（520），孝明帝召佛道二宗门人到殿前，就佛与老子谁先谁后，以及孔子、老子和佛的地位高低问题进行辩论，孝明帝从头至尾主持了这场辩论会，最后还加以评论⑥，说明孝明帝也是具有较高的佛学理论修养的，而此时的孝明帝还只有 11 岁⑦。业露华所说“直到孝文帝之后，北方的佛教义学才真正有所发展”⑧ 的说法是有启迪意义的，但窃以为还不是很准确，因为显祖也是具有较高的佛学义理修养的。而北魏君主佛学理论修养的提高是因为经过汉化之后，拓跋贵族儒学修养的整体水平已得到了提高。刘驰指出，孝文帝的汉化改革促使了北魏后期“胡人士

---

① 《魏书》卷 53《李孝伯列传附李玚》，中华书局 1974 年点校本，第 1177—1178 页。

② 《魏书》卷 67《崔光列传》，中华书局 1974 年点校本，第 1495—1496 页。

③ 《魏书》卷 114《释老志》，中华书局 1974 年点校本，第 3037 页。

④ 《魏书》卷 114《释老志》，中华书局 1974 年点校本，第 3040 页。

⑤ 《魏书》卷 114《释老志》，中华书局 1974 年点校本，第 3042 页。

⑥ （唐）释道宣：《广弘明集》卷一《元魏孝明召释道门人论前后》，见吴玉贵、华飞主编《四库全书精品文存》，团结出版社 1997 年版，第 238—239 页。

⑦ 《魏书》卷 8《肃宗纪》说孝明帝死于武泰元年（528），时年 19 岁，那么正光元年（520）就是 11 岁，中华书局 1974 年点校本，第 229、248 页。

⑧ 业露华：《北魏佛教的几个特点》，载《中国佛教学者文集》，宗教文化出版社 2007 年版，第 41—56 页。

族”的形成[1]。何德章更是通过大量北朝碑志史料指出：北魏后期的大量鲜卑贵族不但采用汉族世家大族的方式教育子弟，还大量接受南方上流社会学风的影响，崇尚文学、老庄玄学，并热衷于士林间的文学交往与相聚清谈[2]。北魏后期君主佛学理论修养的提高属于汉化的重大成果之一。《广弘明集》评价孝文帝的文化水平：“有魏孝文圣天子也。五岁受禅，十岁服冕。太和十八年迁都于洛，二十年改姓为元氏。文章百篇冠绝终古，初登诏诰假手有司，太和已后并自运笔。前后诸帝不能及之。”[3] 因此，当北魏的宗教信仰尤其是佛教信仰达到高潮时，孝文帝的汉化改革也进入了攻坚阶段：迁都洛阳、改革姓氏、禁穿胡服、禁说胡语、大兴儒学，尤其是改定郊庙礼仪等这些深层次改革，从而使胡汉信仰达到充分融合。

结　语

拓跋鲜卑初入中原，对佛教少有接触，却有大量的原始宗教残余，这些原始宗教残余既表现在官方的祭天典礼中，也体现在大量的民间信仰中。随着大规模的南下迁徙及四处征服，北魏的信仰系统开始走向复杂化：一方面，中原是中华传统文化的大本营，儒道二学尤其是儒学深深侵染其中，大批未随汉族政权南迁的士人以儒学传统文化作为自己的精神信仰，使其成为在胡族政权中保持独立尊严的最后一道心理防线；另一方面，由于北方原有的佛教传播习俗，以物质捐献来获得因缘果报的修行方式对拓跋社会具有极大吸引力，使佛教在拓跋鲜卑中迅速传播开来，从而在信仰领域发生了激烈冲突，这里既

---

① 刘驰：《北朝胡人士族形成的原因及其影响》，《中国社会科学院研究生院学报》1985年第3期。

② 何德章：《北魏迁洛后鲜卑贵族的文士化——读北朝碑志札记之三》，原载武汉大学中国三至九世纪研究所编《魏晋南北朝隋唐史资料》2003年第20辑，收入《魏晋南北朝史丛稿》，商务印书馆2010年版，第283—300页。

③ （唐）释道宣：《广弘明集》卷二《释老志》，见吴玉贵、华飞主编《四库全书精品文存》，团结出版社1997年，第247页。

有儒、释、道之间的冲突，又有中原传统祭祀礼制文化与原始宗教残余的冲突。本来信仰领域中首要冲突是传统祭天礼制与原始宗教残余之冲突，但由于一个偶发事件，佛教徒与盖吴谋反使儒、佛冲突成为矛盾集中的焦点，从而引发了太武的灭佛事件，汉化改革的代表人物崔浩成为这场冲突的牺牲品，理所当然地推迟了汉化改革的进程。高宗即位，废除佛教禁令，恢复民间祭祀，同时又加大了对儒学教育和礼制的改革，从此后，汉化改革稳步向前发展，再未发生大的信仰冲突，因此，到冯太后和孝文帝时期，全面深入的汉化改革使儒释道及民间信仰达到了深度融合。拓跋鲜卑一百多年以来坚持汉化改革的直接后果：信仰文化深度融合，南北信仰方式逐渐趋同：郊庙祭祀礼制回归汉魏传统，物质捐献的佛教修行继续盛行于社会下层，义理佛教开始在上层社会流行，这一切都为后来的南北统一提供了信仰方面的保证。

北魏的正统与汉化

魏晋南北朝是继秦汉大一统之后出现的一次长时段的民族分裂时期，西晋灭亡，汉民族政权被迫迁出黄河流域，代之而起的是众多胡族政权在中原的崛起，中华文化面临发展中断的危险，是拓跋部落乘时崛起，担当起结束十六国，统一黄河流域，下启隋唐统一新局面的历史使命，使中华文明得以延续、丰富和发展。可以说，北魏帝国在延续中华文明连续发展进程中占有非常重要的历史地位。而北魏帝国之所以能够完成这一历史使命，乃在于它认同中华正统，大胆进行汉化改革，勇敢地吸收汉族文化，从中华传统文化中去寻找自己的历史定位。关于北魏正统与汉化改革的关系问题一直为北魏史研究者所关注①。但以前的研究成果，只将正统观作为一种静止的而非动态的过程进行考察，因而未能深刻揭示正统观与汉化改革的密切关系。笔者

---

① 有关北魏争正统与汉化改革关系问题，自 20 世纪 90 年代以来，最具代表性的讨论文章是何德章的《北魏国号与正统问题》《魏书正统义例之渊源》（分别载《历史研究》1992 年第 3 期；《北朝研究》1996 年第 2 期，北朝研究编辑部 1996 年，后者又收入《魏晋南北朝史丛稿》，商务印书馆 2010 年版，第 376—380 页）。其次有日本学者川本芳昭 1997 年发表于《九州大学東洋史論集》第 25 集的《五胡十六国・北朝時代における「正統」王朝について》一文，后收入《魏晉南北朝時代の民族問題》，成为其中第二章的内容。（东京：汲古书院 1998 年版，第 66—102 页）该文尽管是谈论五胡十六国与北朝的正统与汉化问题，但重点还是北魏，而对孝文帝时期的正统与汉化又论述尤详。其次还有陈金凤的《北魏正统化运动论略》，（黑龙江民族丛刊》2008 年第 1 期）、钟盛的《从〈洛阳伽蓝记〉看北魏洛阳汉文化的复兴——以陈庆之、杨元慎正统之争为例》（《四川理工学院学报》2008 年第 1 期）也是谈这一问题的。至于在论述魏晋南北朝这一长时段而涉及北魏的正统与汉化问题的文章还有秦永洲的《东晋南北朝时期中华正统之争与正统再造》（《文史哲》1998 年第 1 期）、罗新的《十六国北朝的五德历运问题》（《中国史研究》2004 年第 3 期）、邓乐群的《十六国胡族政权的正统意识与正统之争》（《南通师范学院学报》2004 年第 4 期）等。

认为，北魏的汉化改革以正统观作为其指导思想，而其正统观又经历了中原地域正统向汉民族正统的发展演变，正由于其指导思想从中原地域正统观向汉民族正统观的转化，才使北魏的汉化改革发生了从量变到质变的飞跃，从而酝酿出冯太后和孝文帝的全面彻底的汉化改革。这一改革最终为北方统一南方奠定了文化基础。

一　北魏的改国号与争正统

说到北魏的争正统与汉化改革，不能不首先谈及北魏改国号与主德运问题。拓跋部落曾于西晋末年被封以代国国号，又于公元376年被前秦主苻坚所灭。淝水之战后，前秦衰败，拓跋珪于公元386年春恢复代国封号，于同年四月改国号为魏，自己称魏王，天兴元年改王为帝，称魏帝。同时尚历运为土德。

《魏书·太祖纪》载：

> 登国元年春正月戊申，帝即代王位，郊天，建元，大会于牛川。……夏四月，改称魏王①。
>
> ［天兴元年］十有二月己丑，帝临天文殿，太尉、司徒进玺绶，百官咸称万岁。大赦，改年。追尊成帝已下及后号谥。乐用《皇始》之舞。诏百司议定行次，尚书崔玄伯等奏从土德，服色尚黄，数用五；未祖辰腊，牺牲用白，五郊立气，宣赞时令，敬授民时，行夏之正②。

又《魏书·礼志一》载：

> 天兴元年，定都平城，即皇帝位，立坛兆告祭天地。……诏有司定行次，正服色。群臣奏以国家继黄帝之后，宜为土德，故神兽如牛，牛土畜，又黄星显曜，其符也。于是始从土德，数用五，服尚黄，牺牲用白。祀天之礼用周典，以夏四月亲祀于西郊，

① 《魏书》卷2《太祖纪》，中华书局1974年点校本，第20页。

② 《魏书》卷2《太祖纪》，中华书局1974年点校本，第34页。

徽帜有加焉①。

从这里可以看出，所谓土德历运问题就是崔宏根据拓跋珪登国元年改代为魏而设想出来的。所谓德运，即“五德终始”说，这一理论由战国末年的邹衍所创立，正式实践于秦，形成完善于汉，从而成为一种历代王朝寻求合法性基础的王权更迭理论，也成为中华传统文化中一种重要的政治文化现象。凡想成为中华正统的政权，必须遵循这一理论，将自己纳入这一理论框架中。拓跋帝国将自己附会成黄帝的后裔，继承黄帝的土德，为自己进入中原成为正统找到了理论依据。

在北魏国号、德运之争与正统的关系问题上有着较为深入研究的是何德章。他的《北魏国号与正统问题》一文提出，北魏之所以进入中原后，将国号由代改为魏就是要与东晋政权争正统，这个魏是曹魏之魏，因为曹魏受汉禅，定土德继汉火德。因此，北魏也从土德，说明其为曹魏的继承者②。罗新不赞成何德章的观点，他从历运的角度对此提出质疑。他认为，说拓跋之魏就是曹魏之魏的证据明显不足。他以《魏书·礼志》所载太和十四年北魏群臣关于北魏历运争论的史料分析，认为北魏的土德历运是继承前秦的火德而来的。他的理由是：在这场有关北魏历运的讨论中，“讨论双方，并没有围绕延续曹魏、承汉火德的合理与否来展开。”他最后的结论是：“拓跋珪和崔宏所确立的北魏行次，乃是以继承苻氏前秦为基础的，实与曹魏无涉。”③ 至于拓跋珪为何要改代为魏，罗新沿用了田余庆先生的说法，认为是基于更为切近的现实利害的考虑④。

北魏前期确定为土德历运确实是承秦之火德的，后来改承晋金德而为水德，这些都在《魏书·礼志》中有明确记载。罗新对此已有较为详细的分析，笔者不再啰唆。笔者所要补充说明的是，何德章说拓跋珪改代为魏是为了争正统，当然没错，进入中原的胡族政权都有这

① 《魏书》卷108《礼志一》，中华书局1974年点校本，第2734页。
② 何德章：《北魏国号与正统问题》，《历史研究》1992年第3期。
③ 罗新：《十六国北朝的五德历运问题》，《中国史研究》2004年第3期。
④ 罗新：《十六国北朝的五德历运问题》，《中国史研究》2004年第3期。

样一种做法，比如刘曜匈奴族政权立国号为汉等。拓跋珪作为随后兴起的胡族政权，当然也想争正统，但说北魏改国号为魏是承续曹魏而贬东晋为僭伪确有很大牵强。何德章所使用的论据主要是天兴元年（398）的背景材料，可是，拓跋珪改代为魏的时间是登国元年（386），因此，只有拓跋珪登国元年本人的想法才是最原始的依据，天兴元年拓跋君臣的讨论只是起到印证拓跋珪想法的作用。因此，只能以登国元年而不应该以天兴元年（398）的背景作为分析材料。尽管从登国元年到天兴元年这 12 年的时间中，拓跋政权的国号始终未定，但那只是拓跋贵族群臣未打定主意，或者说没有达成一致意见，不能说拓跋珪的主意没有打定。因为从王国之名到帝国之号是一种自然过渡，这是历史通例。正由于一部分臣僚们有不同意见，所以拓跋珪必须寻找时机，找一个通晓经典的知识士人引经注典做那些草莽大臣的说服工作。而到天兴元年，恰巧东晋政权遣使来朝，要正式报一个国号，于是拓跋珪顺便下诏有司议论国号，对这一问题做个了断。崔玄伯是黄门侍郎，“总机要，草创制度”①，议论的主题发言当然非他莫属。

这一史料分别记载在《魏书·太祖纪》和《崔玄伯列传》。现将这两段史料摘抄于下：

1.［天兴元年］六月丙子，诏有司议定国号。群臣曰：“昔周秦以前，世居所生之土，有国有家，及王天下，即承为号。自汉以来，罢侯置守，时无世继，其应运而起者，皆不由尺土之资。今国家万世相承，启基云代。臣等以为若取长远，应以代为号。”诏曰：“昔朕远祖，总御幽都，控制遐国，虽践王位，未定九州。逮于朕躬，处百代之季，天下分裂，诸华乏主。民俗虽殊，抚之在德，故躬率六军，扫平中土，凶逆荡除，遐迩率服。宜仍先号，以为魏焉。布告天下，咸知朕意。”②

2. 时司马德宗遣使来朝，太宗将报之，诏有司博议国号。玄

① 《魏书》卷 24《崔玄伯列传》，中华书局 1974 年点校本，第 620 页。
② 《魏书》卷 2《太祖纪》，中华书局 1974 年点校本，第 32—33 页。

> 伯议曰："三皇五帝之立号也，或因所生之土，或即封国之名。故虞夏商周始皆诸侯，及圣德既隆，万国宗戴，称号随本，不复更立。唯商人屡徙，改号曰殷，然犹兼行，不废始基之称。故《诗》云'殷商之旅'，又云'天命玄鸟，降而生商，宅殷土茫茫'。此其义也。昔汉高祖以汉王定三秦，灭强楚，故遂以汉为号。国家虽统北方广漠之土，逮于陛下，应运龙飞，虽曰旧邦，受命惟新，是以登国之初，改代曰魏。又慕容永亦奉魏土。夫'魏'者大名，神州之上国，斯乃革命之征验，利见之玄符也。臣愚以为宜号为魏。"太祖从之。于是四方宾王之贡，咸称大魏矣①。

拓跋珪在这里所说的话可以作为分析他自己登国元年的思想意图。他要改代为魏的理由，就是认为自己的先祖原居住北方，未能占有中原，因此国号也无所谓中原化，但现在汉民族政权已离开中原，中原乏主，而自己又占有中原故地，只要采用中原的德文化来治理人民，就一定能够成为中华正统。而国号必须是一个华夏故地的旧名，因此要改代为魏。这当然表达了他在混乱的割据局面中，希望能够完成统一中原，进而统一全国的历史愿望，所以必须接受华夏文化，即"抚之在德"。也就是说，拓跋珪改代为魏就是为了做中华之主。魏之名即中华之名，而代只是"总御幽都，控制遐国"的夷狄之名而已。拓跋珪说的"宜仍先号"之"先号"就是登国元年改代为魏之国号，说明拓跋珪对于改国号之事是早已打定主意的。因此，崔玄伯尽管引经注典，主要是为了论证登国之初，拓跋珪改代为魏的合理性，他反驳拓跋群臣的意见与拓跋珪自己的解释基本一致，他认为，代国只是原来统治漠北的一个国号，但现在太祖已经占有中原，因此就需要适应新的形势，有新的气象，这就是"虽曰旧邦，其命维新"，这是太祖登国元年改代为魏的理由，而魏国又是中原自古以来之大名，而且恰好现在慕容永又送上旧魏的土地，这不正应验了太祖原来改代为魏的正确吗？所以国号还是叫魏为好。

---

① 《魏书》卷24《崔玄伯列传》，中华书局1974年点校本，第620—621页。

由于崔玄伯的议论有经有注，使得那些草莽大臣无话可说。试想，北魏叫魏国，拓跋珪称魏王已经12年了，这个国号还可以改回去吗，尤其是拓跋珪这个魏王还能改为代王吗[①]？也就是说，从正面论证改代为魏的合理合法性是崔玄伯的唯一选择，不可能有第二条途径。至于何德章提到天兴元年拓跋鲜卑已获得的土地与曹操最初被封魏王时的封地大致相等，以及崔玄伯的家世在曹魏时期最为辉煌等问题[②]，都不足以成为拓跋珪改代为魏的理由，前者时间不合，不是登国元年拓跋部落所拥有的土地，因此不能用来作为分析拓跋珪登国元年改代为魏的背景材料，只能作为崔玄伯赞同改代为魏的辅助材料。后者只是崔玄伯个人的想法，对分析拓跋珪的思想没有任何实际意义。因为在当初改代为魏这件事情上，只有拓跋珪的想法才具有价值。这是因为国号的真正决定权毕竟在拓跋珪而不在崔玄伯。

至于何德章揭示《魏书·序纪》中的所谓秘密："拓跋魏建立之初追谥先帝，以曹魏建国之年为纪年之始，无疑表明自己是曹魏法统的继承者。"[③] 其猜测和想象的成分过多，可信度不大。

下面我们再来分析登国元年拓跋珪改代为魏的历史背景。登国元年即公元386年，淝水之战刚过去3年，前秦政权垮台，北方又成为割据的天下。后秦、后燕分别建立于384年，西秦、后梁、西燕分别建立于385年，因此拓跋珪也于386年复国，并改代为魏。他是在前秦政权垮台，中原割据政权纷纷建立的大背景下改代为魏的，他是想趁此机会，通过改代为魏来摆脱过去屈辱的影子，这个屈辱不是西晋授予的代国，被西晋授予代国号是一件荣耀的事情，所谓屈辱是曾被前秦灭国之事，这才是奇耻大辱。前秦所灭掉的很多国家都在前秦垮

---

① 《资治通鉴》在记载崔玄伯回答拓跋群臣这段话时的语气与《崔玄伯传》的记载稍有不同，口气更为严厉：黄门侍郎崔宏曰："昔商人不常厥居，故两称殷、商。代虽旧邦，其命维新。登国之初，已更曰魏。夫魏者大名，神州之上国也。宜称魏如故。珪从之。"这里暗含有：在登国之初，陛下已将国号改为魏了，你们还能改回去吗？因此应该按原来已经改了的魏国国号不变（《资治通鉴》卷110，《晋纪三十三》，"安帝隆安三年"，中华书局1956年点校本，第3470—3471页）。

② 何德章：《北魏国号与正统问题》，《历史研究》1992年第3期。

③ 何德章：《北魏国号与正统问题》，《历史研究》1992年第3期。

台之后恢复了，拓跋珪也只不过是趁着复国而改变过去屈辱的名号而已。正因为拓跋部落是在前秦垮台之后复国，并在复国三个月之后改代为魏的，当然认为自己有资格承秦火德而为土德，成为中原正统。

拓跋珪改代为魏，当然有争正统的意图，这是不言自明的，但最初并不是为了与东晋争正统，因为西晋于代有功，早在西晋初期，拓跋部落与西晋的关系一直很好："魏晋禅代，和好仍密。始祖（沙漠汗）春秋已迈，帝以父老求归，晋武帝具礼护送。"① 而代国封号也是西晋加封的。因为西晋末年，中原大乱，西晋并州刺史刘琨想通过拓跋部的帮助来和刘、石对抗。于是，公元310年，晋怀帝封拓跋猗卢为代公，还割出陉岭以北（今山西代县西勾注山以北）的马邑、阴馆、楼烦、繁峙、崞等五县与猗卢，并得到了很多晋人的归附。公元314年，又晋封为代王②。这些史实到后世不断地被北魏君臣提到，就说明北魏一直以此作为晋对北魏之恩德③。

还有，我们说改代为魏不是与东晋争正统，更主要的是因为刚刚复国的拓跋部落根本没有资格与东晋争正统。当时中原有众多的胡族政权，如西凉、北凉、南凉、后凉、西秦、后秦、西燕、后燕、南燕等，拓跋的实力和威望还不足以压倒其他诸侯国而称雄④，因此绝对不需要拓跋珪来出头独自对抗东晋，这不符合一个精明政治家的策略。而刚刚复国的拓跋部落进入中原的首要任务应该是与北方各胡族政权争夺中原的正统地位，首先只是希望能够像前秦主苻坚一样完成统一北方的任务，而不是去争南北的正统，只有在争得北方的正统之后，至少成为北方最大的胡族政权之后，才可能将与东晋争正统的事

① 《魏书》卷1《序纪》，中华书局1974年点校本，第4页。

② 《魏书》卷1《序纪》，中华书局1974年点校本，第7—9页。

③ 《魏书》卷108《礼志一》，中华书局1974年点校本，第2746页。

④ 后秦与后燕是有着很强的竞争实力的，后秦是前秦的当然继承者，而后燕的实力又远强于拓跋部落，且占有中原，拥有中原地域正统观的优势。从后来太和十四年，李彪、崔光和高闾等关于德运的争论中，高闾所坚持的中原地域正统观肯定前秦和二燕的正统地位来看，无论从何种角度，在改国号的当初，后秦与后燕的竞争实力都超过拓跋部落，而高闾特意否定后秦与后燕的正统地位，认为北魏是直接承前秦而来的，恰恰可以反证当初后秦和后燕关于正统的竞争优势强于拓跋部落。

情提上日程，这是基本的政治常识，精明的拓跋珪不会不懂。其实何德章自己也说到崔浩后来在太武朝所兴起的树正统运动，是因为南方政权已经易主，东晋已经被刘裕所灭，北方士人公开争正统已经没有其心理障碍①。那么这也说明，拓跋珪当初改国号为魏绝对不是为了与东晋争正统，至少主要不是为了与东晋争正统。

二 崔浩的树正统运动

在太武帝即位后，以崔浩为首的汉族士人曾掀起一场试图齐整人伦，分明姓族，重建门阀士族体系的声势浩大的造正统运动。崔浩掀起的树正统运动，是在东晋灭亡，刘裕建立刘宋政权之后的事情。这就说明，东晋政权的灭亡，刘宋政权的建立是拓跋政权争正统的一个转折点。关于太武朝这场声势浩大的争正统和行汉化的双向运动的具体内容，何德章在《北魏国号与正统问题》一文中已分析得较为透彻，我不再啰唆，在这里我想要说明的是：如果说，崔浩等汉族士人在太武朝掀起的树正统运动是与南朝汉族政权争正统的话，我们又如何理解崔浩多次反对拓跋政权的南伐战争呢？

关于崔浩反对南伐之事，有学者以崔浩的汉民族情感来解释。吕思勉先生就说：崔浩每当“魏欲南侵时，恒诡辞饰说，以谋匡救”，并以《宋书·柳元景列传》“元嘉二十七年，拓跋焘南寇汝、颍，浩密有异图，光世要河北义士为浩应。浩谋泄，被诛”的记载作为证据②。这种分析当然有一定道理，崔浩对汉民族政权毫无疑问是有感情的，如在对待东晋的问题上就是如此。但崔浩对北魏太武帝又确实是忠心耿耿的，看不出他有背叛北魏的迹象，这也许就是司马光没有采纳《宋书·柳元景列传》资料的缘故。

其实对于东晋十六国南北朝时滞留在北方胡族政权中的汉族士人，有相当一部分确实是真诚地服务于胡族政权的。他们当然也具

---

① 何德章：《北魏国号与正统问题》，《历史研究》1992 年第 3 期。

② 吕思勉：《崔浩论》，《吕思勉读史札记》，上海古籍出版社 1982 年版，第 821—823 页。

有强烈的汉民族情感，但并不是简单地表现为一种与南方政权密谋来推翻胡族政权，而是表现为对汉民族文化的忠诚，他们是想通过加速胡族政权的汉化进程，将胡族政权改造成为中华传统文化的守护者、传承者。而他们试图促使胡族政权加速汉化的一个重要手段就是与南方汉族政权争夺正统地位。在这一点上，北方汉族士人与胡族统治者具有共同点，但二者同是争正统，其出发点又是不同的。中原汉族士人争正统主要是要推行汉化，全面改造鲜卑族的落后文化习俗。他们绝不是认为拓跋鲜卑可以直接成为中华正统，而是通过汉化改造，成为汉文化的继承者后成为中华正统，争正统和推行汉化是相互促进的，只有推行汉化，争正统才能名正言顺，同时又只有自命正统，才能理直气壮地去推行汉化。因此对于汉族士人来说，争正统是个手段，全面改造鲜卑统治者才是目的；对于鲜卑统治者来说，汉化是手段，成为中原正统是目的①。当北方胡族政权汉化还未充分完成时，汉族士人对南方的汉族政权，其感情是极其复杂的。因此不能简单地以他们是否与南方争正统来分析他们对南方政权的态度。

关于崔浩多次反对南伐，而主张对蠕蠕等北方胡族部落以沉重打击的问题，《魏书》崔浩本传记载了8件史事。一是泰常元年，司马德宗部下刘裕讨伐姚泓，需要假道于北魏，群臣主张给以阻击之事。二是泰常二年，司马德宗齐郡太守王懿来降，上书陈计，称刘裕在洛，劝北魏出兵断绝刘裕后路一事。三是刘裕新死，拓跋嗣欲取洛阳、虎牢、滑台，与群臣商量之事。四是神䴥二年，北魏群臣议击蠕蠕之事。五是神䴥三年四月，南藩诸将上表刘义隆大军欲犯河南，请求领兵三万，乘机剿灭在界上河北流民，绝刘裕乡导，挫刘裕锐气，使刘裕不敢深入北魏境内之事。六是同年九月，世祖闻赫连定与刘义隆悬分河北，主张出兵，先讨伐赫连定还是先讨伐刘义隆之事。七是延和元年，河西王沮渠牧犍内有贰意，世祖准备给以讨伐之事。八是太平

① 胡克森：《论东晋十六国南北朝士大夫爱国意识之特征》，《贵州文史论丛》2013年第3期。

真君五年，恭宗始总百揆，崔浩与宜都王穆寿辅政，当时又提出讨伐蠕蠕之事①。总结这8件史事，第一、二、三、五件是北魏君臣讨论讨伐东晋和南朝刘宋政权的，第六件是到底先打击赫连定还是先打击刘义隆的问题，而第四件和第七、八件是讨伐蠕蠕和沮渠牧犍的。也就是说，所有关于讨伐南方汉族政权的，崔浩都持反对意见，而所有对付蠕蠕和北方其他胡族政权的，崔浩都赞成，主张严厉打击。而其中第三件史事，即反对群臣在刘裕新死就兴兵讨伐南朝刘宋之事，最能反映崔浩的对这一问题的整体思考，崔浩说：

> 陛下不以刘裕欻起，纳其使贡，裕亦敬事陛下。不幸今死，乘丧伐之，虽得之不令。《春秋》：晋士丐帅师侵齐，闻齐侯卒，乃还。君子大其不伐丧，以为恩足以感孝子，义足以动诸侯。今国家亦未能一举而定江南，宜遣人吊祭，存其孤弱，恤其凶灾，布义风于天下，令德之事也。若此，则化被荆扬，南金象齿羽毛之珍，可不求而自至。裕新死，党与未离，兵临其境，必相率拒战，功不可必，不如缓之，待其恶稔。如其强臣争权，变难必起，然后命将扬威，可不劳士卒，而收淮北之地②。

崔浩认为，对于刘宋政权不是不讨伐，只是时机未到，刘裕新死，南朝内部可能更加团结，守备更严，誓死抵抗，伐宋肯定不可能成功。而且，乘丧出兵不符合传统礼节，会惹非议，他引《春秋》说事，其理由冠冕堂皇。崔浩认为，他的意思是，“今国家亦未能一举而定江南”，既然一时灭不了刘宋，就应该乘机与刘宋搞好关系，“宜遣人吊祭，存其孤弱，恤其凶灾，布义风于天下，令德之事也”，这里就是要拓跋皇朝加强汉化改造，按照汉族传统礼制办事，这样，等到将来刘宋皇朝内部纷争，朝政混乱时再行出兵，完成统一大业：“待其恶稔。如其强臣争权，变难必起，然后命将扬威，可不劳士卒，而收淮北之地。”等其内部发生变乱，再对其讨伐不迟。崔浩对北魏政权

① 《魏书》卷35《崔浩列传》，中华书局1974年点校本，第809—824页。
② 《魏书》卷35《崔浩列传》，中华书局1974年点校本，第813—814页。

所作的长远规划已在这段话中显现[①]。而刘宋皇朝在“元嘉之治”后确实出现王宫内部尔虞我诈，兄弟叔侄互相杀戮，宫闱内部污秽乱伦，整个王室宫廷丑态百出的混乱场面，但那已是崔浩看不到的了。

根据以上史事分析，可以看出，崔浩对北魏与南方汉族政权的关系问题有一个长远的战略思考，就是希望南北双方能够在相当长的一段时期维持现状，共同发展，少有大规模的战争对立。统一问题，等其自然发展，总有瓜熟蒂落、水到渠成的那一天。这样，一方面，能够缓解汉族士人内心的民族情感压力。而另一方面，从长远来看，更有利于北方胡族政权，为北方的汉化赢得充足的时间。崔浩所主导的一系列树正统和行汉化运动就是在这样的背景下进行的。至于北方其他处于割据状况的胡族政权，他坚决主张消灭，从而加速中原的统一，这就是为何对于针对蠕蠕等北方胡族政权的所有战争，崔浩都力主出兵的原因。等中原的统一逐步完成，而拓跋政权的汉化又水到渠成，即拓跋政权成为中原人民可以接受的政权的时候，灭掉南方割据政权并不是不可以的，因为中国士人本来就是认同传统文化而不看重血统。其实不仅仅是崔浩，也可以看作当时处于北方胡族政权下的汉族士人的一种普遍想法。前秦时期的王猛也是如此。前秦的臣僚中实际已开始形成与东晋和平发展，加强汉化改革，等到将来氐族政权汉化完成，被汉人全面认同之后才考虑国家统一问题的认识。如王猛的临终遗言就说得很清楚，要苻坚认清形势：“亲仁善邻，国之宝也。”[②] 就是要与东晋搞好关系，从而有利于汉化。而王猛要苻坚除掉鲜卑和羌族在前秦的势力，实际也是看到他们有试图复国的危险，归根结底也是要他解决了内部的民族矛盾问题，从而加速北方内部的民族文化融合，然后等待时机，完成统一南方的任务。前秦群臣，无

① 何德章在《北魏国号与正统问题》一文中说道：“挺出寒微的刘裕取代司马氏政权，遂使一些北方汉族人士在数代之后日渐泯灭的故国之思完全消失，从而使他们将对晋室的忠诚转而为对传统汉族文化在北方社会复兴的执着追求。在这种情况下，出现了崔浩、寇谦之等人发起的树正统运动。”东晋政权的灭亡，刘宋政权的兴起，确实是北方士人正统观念变化的一个重要转折点，但北方胡族政权推行的汉化运动却不应该以此作为分界点。

② 《晋书》卷 114《苻坚载记下》，中华书局 1974 年点校本，第 2933 页。

论是汉族士大夫还是氐族贵族大臣并不是不想完成南北统一，成为正统，只是认为时机未到。在最终成为正统问题上，他们与苻坚没有本质区别。反过来，苻坚自己内心实际也是承认正统在东晋的，问题是君主与臣僚们考虑问题的角度不同，完成北方统一，就要进军南方，实现全国统一，这是中国古代政治家的传统思维方式，也是其人生的最高政治理想，而人生苦短，苻坚没有时间再拖下去，所以才会不顾客观实际，盲目进伐，造成历史悲剧。

下面我们再对照崔浩的长远规划，结合当时南北双方的实际状况进行综合分析：

公元424年，北魏太宗逝世，世祖拓跋焘即位。而刘宋在刘裕死后，少帝刘义符即位，旋即被大臣废除，文帝刘义隆即位。刘义隆是一位极有抱负的皇帝，与北魏世祖登位只是相差几个月的事情，其逝世的时间也只比世祖晚了一年多。对于刘义隆的能力和作为，《宋书·文帝纪》赞论中有这样一段话：

> 太祖幼年特秀，顾无保傅之严，而天授和敏之姿，自禀君人之德。及正位南面，历年长久，纲维备举，条禁明密，罚有恒科，爵无滥品。故能内清外晏，四海谧如也。昔汉氏东京常称建武、永平故事，自兹厥后，亦每以元嘉为言，斯固盛矣！授将遣帅，乖分阃之命，才谢光武，而遥制兵略，至于攻日战时，莫不仰听成旨①。

刘宋皇朝，甚至在整个南朝最值得称道的一段历史就是文帝时期的“元嘉之治”。而北魏的太武帝也是一个具有雄才大略，开疆拓土的君主。《魏书·世祖纪》赞论中是这样评价的：

> 世祖聪明雄断，威灵杰立，藉二世之资，奋征伐之气，遂戎轩四出，周旋险夷。扫统万，平秦陇，翦辽海，荡河源，南夷荷担，北蠕削迹，廓定四表，混一戎华，其为功也大矣。遂使有魏

① 《宋书》卷5《文帝纪》，中华书局1974年点校本，第103页。

之业，光迈百王，岂非神睿经纶，事当命世[1]？

也就是说南北双方均是雄主掌政，但奇怪的是，刘义隆与拓跋焘对峙时期，双方外交处于一种既战又和的局面，和似乎还多于战。通过《魏书·世祖纪》的记载，始光二年夏四月，拓跋焘就派出龙骧将军步堆、谒者仆射胡觐使于刘义隆，而此时，拓跋焘即位不过一年又五个月，而刘义隆却刚即位不足八个月，说明二者均有一种较为强烈的和平要求。我认为，这里面有崔浩的重要推介作用，尽管史籍没有记载，但从世祖对崔浩的国事依赖来看，崔浩的参与应该是没有太多疑问的[2]。从此之后，双方互派使者成为正常的外交往来。通过对《魏书·世祖纪》的统计，从始光二年（425）到太平真君九年（448）共23年中，其中有关双方互派使者的记载就有23次，而双方发生的战争次数也有十多次，但战争的规模均不是很大，一般属于边境摩擦之类的。许多时候是战争之后又派使者讲和，说明南北双方这一状况是很符合崔浩意图的。非常有趣的是，太平真君十一年（450），崔浩因国史问题被杀，而在崔浩死后仅一个月，拓跋焘就酝酿着对南方的大规模战争，发动了自苻坚淝水之战以后的一次最大规模的南侵，这次战争对南北双方都造成空前灾难。我们假设此时崔浩未死，也许这次对双方造成深重灾难的战争不会出现。因为在崔浩被害一年，也是这次战争爆发一年之后的正平元年（451），世祖在阴山，时误传李孝伯死去，他叹息道："崔司徒可惜，李宣城可哀。"[3] 说明世祖为杀崔浩一事已感到后悔，这里已经暗含：如果崔浩不死，一定会阻止他的南伐

---

① 《魏书》卷4下《世祖纪》，中华书局1974年点校本，第109页。

② 《魏书》卷35《崔浩列传》：［世祖］引浩出入卧内，加侍中、特进、抚军大将军、左光禄大夫，赏谋谟之功。世祖从容谓浩曰："卿才智渊博，事朕祖考，忠著三世，朕故延卿自近。其思尽规谏，匡予弼予，勿有隐怀。朕虽当时迁怒，若或不用，久久可不深思卿言也。"……又召新降高车渠帅数百人，赐酒食于前。世祖指浩以示之，曰："汝曹视此人，尫纤懦弱，手不能弯弓持矛，其胸中所怀，乃逾于甲兵。朕始时虽有征讨之意，而虑不自决，前后克捷，皆此人导吾至此也。"乃敕诸尚书曰："凡军国大计，卿等所不能决，皆先谘浩，然后施行。"（中华书局1974年点校本，第818—819页）这里可以说明，世祖时期的大政方针可能大都出于崔浩的谋划。

③ 《魏书》卷4《世祖纪》，中华书局1974年点校本，第107页。

行动。但也正是这次南北双方的空前大战，双方都付出惨痛代价，却所获甚少。因此，二者均再一次认识到，在相当一个时期，双方谁也消灭不了谁，于是又重新恢复了外交使节来往，双方进入了更为频繁的文化交往和和平竞争时代。但崔浩已死，这一切他已不能知晓，却又确实符合崔浩的内心想法。

综上，太武朝以崔浩为首的汉族士人所兴起的尊正统和行汉化的互动，正是在这样一种背景下发动的，过去并未有人注意这样一种南北外交背景，今将其揭示出来，供同人批评。从以上分析，可以清楚，以崔浩为代表的汉族士人不与东晋争正统，是基于一种汉族旧臣民的情感，而在太武朝所掀起的树正统运动确实有了与南方刘宋政权争正统的意思，但他们却希望南北双方能够在相当长的一段时期维持现状，共同发展，和平竞争，少有大规模的战争对立，从而有足够的时间进行汉化，改造北方胡族政权。

三　北魏正统观的演变与汉化的两个阶段

中国古代正统观的演变可以分作中原地域正统观、汉民族正统观和中华民族统一正统观三个阶段，即先秦时期为中原地域正统观的产生时期，秦汉以后至北宋兴起是汉民族正统观的形成和发展时期，宋辽金元和明清为是中华民族统一正统观的发展与定型时期。① 北魏的争正统问题属于中国古代正统观的第二个发展阶段，即汉民族正统观的发展阶段。但在汉民族正统观这个长时段之内，中原地域正统观在一定时间内还有影响。这主要是因为，中华民族的历史发展是一个北方的游牧民族持续向南方迁徙的过程，而中华民族的圣地——中原即成为民族迁徙的中转站，也成为民族融合的大熔炉。北方的游牧民族在中原还没有充分完成文化融合，没有民族优势背景的情况下，试图依靠中原地域正统作为争夺正统优势的手段还是不断地被运用。当然无论是中原地域正统还是汉民族正统，都必须伴随着汉化，只不过汉

① 胡克森：《论中国古代正统观的演变与中华民族融合之关系》，《史学理论研究》1999年第4期。

化的层次不同罢了。当北方的游牧民族进入汉化的深层次改革时，他们就会自动地抛弃中原地域正统，而遵从汉民族正统。北魏政权在中原的汉化道路就是遵循了这样一条路线。在太和十四年，当汉化改革进入深水期时，孝文帝下诏要大臣们对北魏的德运问题进行一番认真讨论：

> [太和]十四年八月诏曰："丘泽初志，配尚宜定，五德相袭，分叙有常。然异同之论，著于往汉，未详之说，疑在今史。群官百辟，可议其所应，必令合衷，以成万代之式。"①

从孝文帝的这一诏令可以看出，这场讨论是一个类似于历史决议的东西，是要对以前的整个汉化改革进行一个总结，一个法理认定，同时对未来深入的改革作一个指导思想的定位。我们知道，北魏的汉化改革是由冯太后和孝文帝两人主持的，冯太后主持的主要是政治制度方面的改革，自太和十四年冯太后逝世后，其改革主要属于礼俗文化方面的改革。这次德运问题的大讨论，往深里看，就是关于改革指导思想的大论战，是属于举什么旗帜的问题。孝文帝希望有一个崭新的气象出现，同时也希望对整个汉化改革有一个全面的指导思想的定位。讨论首先由中书监高闾发言。他说：

> 帝王之作，百代可知，运代相承，书传可验。虽祚命有长短，德政有优劣，至于受终严祖，殷荐上帝，其致一也。故敢述其前载，举其大略。臣闻居尊据极，允应明命者，莫不以中原为正统，神州为帝宅②。

接着他对五德历运的历史发展自汉以来进行了追溯，认为西晋在中原败亡，就说明其失去正统，从而由北方的胡族政权赵、燕、秦所继承，而北魏是秦的继承者，是当然的正统，故按照五德历运，汉为火德，曹魏为土德，晋为金德，赵为水德，燕为木德，秦为火德，拓跋

① 《魏书》卷108《礼志一》，中华书局1974年点校本，第2744页。

② 《魏书》卷108《礼志一》，中华书局1974年点校本，第2744页。

魏为土德。高闾的主要观点是北魏的德运不能远承西晋，而应该承前秦的德运，而前秦是火德，所以魏就应该为土德。他的意思是原来的德运行次不需要改变。他坚持土德历运，是对既往德运的辩护，代表的是北魏旧的正统观。尽管高闾的发言已是太和年间，但确实属于既往，而不是创新。在这里，高闾高举的是中原地域正统观的旗帜。即不管是谁，不管是何种民族血胤，不管是桀纣还是尧舜，只要占有中原，他就是中华之主，即所谓“居尊据极，允应明命者，莫不以中原为正统，神州为帝宅”。他在这里反复声明，占据中原就是正统，因此十六国的胡族君主占有中原，就应该有他们的一席之地。而无论是以前的刘备、孙权，还是现今的刘裕、萧道成，都因为“事系蛮夷，非关中夏”，① 由于未能占有中原，所以不能成为正统。接高闾之后发言的是秘书丞李彪和著作郎崔光，他们坚决反对高闾承秦火德为土德的建议，认为应该承晋金德为水德：

> 魏虽建国君民，兆朕振古，祖黄制朔，绵迹有因。然此帝业，神元为首。案神元、晋武，往来和好。至于桓、穆，洛京破亡。二帝志摧聪、勒，思存晋氏，每助刘琨，申威并冀。是以晋室衔扶救之仁，越石深代王之请。平文、太祖，抗衡苻石，终平燕氏，大造中区。则是司马祚终于郏鄏，而元氏受命于云代。盖自周之灭及汉正号，几六十年，著符尚赤。后虽张、贾殊议，暂疑而卒从火德，以继周氏。排虐嬴以比共工，蔑暴项而同吴广。近蠲谬伪，远即神正，若此之明也。宁使白蛇徒斩，雕云空结哉！自有晋倾沦，暨登国肇号，亦几六十余载，物色旗帜，率多从黑。是又自然合应，玄同汉始。且秦并天下，革创法度，汉仍其制，少所变易。犹仰推五运，竟踵隆姬。而况刘、石、苻、燕，世业促褊，纲纪弗立。魏接其弊，自有彝典，岂可异汉之承木，舍晋而为土邪？夫皇统崇极，承运至重，必当推协天绪，考审王次，不可杂以僭窃，参之强狡。神元既晋武同世，桓、穆与怀、愍接时。

---

① 《魏书》卷108《礼志一》，中华书局1974年点校本，第2745页。

> 晋室之沦，平文始大，庙号太祖，抑亦有由。绍晋定德，孰曰不可，而欲次兹伪僭，岂非惑乎①？

李彪、崔光认为北魏的代王是西晋君主亲自册封的，当时拓跋部落的先祖帮助西晋，抗击刘聪、石勒，为维护中华正统政权做出贡献，因此，当西晋败亡后，平文和太祖又抵抗苻秦和后燕，并最后消灭后燕，重新占有中原，就是对西晋正统的继承，西晋灭亡之时，就是拓跋政权受命之时。然后他又以汉代德运直承姬周，而抛开暴秦为历史故事，认为周朝灭亡到汉代兴起的时间与西晋灭亡到登国元年进居中原的时间差不多，均是六十年左右。所以北魏绝不能承秦为土德，而应该承晋为水德，从而否定了赵、燕、秦的正统地位。

在这场争论中，作为主题发言的是高闾和李彪、崔光两家，分别代表中原地域正统观和汉民族正统观，两种观点针锋相对，互不相让。为了使这一讨论深入人心，造成巨大的社会效应，孝文帝下诏要群臣充分发表意见，参与讨论者除开以上三位之外，还有侍中、司空、长乐王穆亮，侍中、尚书左仆射、平原王陆叡，侍中、吏部尚书、中山王王元孙，侍中、尚书、驸马都尉、南平王冯诞，散骑常侍、都曹尚书、新泰侯游明根，散骑常侍、南部令邓侍祖，秘书中散李恺，尚书左丞郭祚，右丞、霸城子卫庆，中书侍郎封琳，中书郎、泰昌子崔挺，中书侍郎贾元寿等人，讨论一直延续到太和十五年正月，时间长达五个多月，最后形成一致意见，否定了高闾承前秦为土德的观点，通过了李彪和崔光承晋为水德的历运行次。其中否定赵、秦、燕的正统地位很值得玩味："赵、秦、二燕虽地据中华，德祚微浅，并获推叙，于理未惬。又国家积德修长，道光万载。"② 就是说，赵、秦、二燕等国虽占据中原，但因为其建国时间太短，还没有来得及全面学习和接受汉民族文化就灭亡了，所以他们均没有资格成为中华正统，而北魏从进入中原到现在已经100多年，汉化已较为深入，成为了中华传统文化的忠实守护者："国家积德修长，道光万

① 《魏书》卷108《礼志一》，中华书局1974年点校本，第2745—2746页。

② 《魏书》卷108《礼志一》，中华书局1974年点校本，第2747页。

载”，所以毫无疑问是中华正统。就是说，孝文帝最后否定了高闾的中原地域正统观，而采纳了李彪和崔光的汉民族正统观。

罗新在谈到高闾和李彪、崔光关于北魏历运的争论时说：“双方争辩的核心是，是否应当承认西晋之后在北方建立政权的赵、燕、秦的正统地位。”① 何德章在《〈魏书〉正统义例之渊源》一文中也写道：“在视东晋南朝为僭伪这一点上，李彪与高闾的意见是一致的，李彪不同于高闾的地方，是将西晋而后北魏以前统治中原的各族政权一概斥之为僭逆。”② 在这一点上，罗、何两人的意见有相同之处，可以放在一起进行分析。应该说，这一看法当然也不能算大错，但还不能说完全正中肯綮。其实，双方争论的核心问题并不是是否应当承认赵、燕、秦的正统地位，而是关于北魏的正统地位以何种形式来确立，即到底是因为占有中原地域，还是以中华文化的传承者资格来确立其正统地位，因为这才是决定汉化改革是否应该进一步深化的问题。至于双方是否承认赵、燕、秦的正统地位，或者共同视东晋南朝为僭伪问题，都为何种形式来确立北魏的正统地位这一中心观点服务的。如果肯定高闾的中原地域正统，就将北魏放到了与十六国其他胡族政权相同的地位上，继续改革就失去了动力；而如果赞同李彪和崔光的汉民族文化正统，就大大提升了北魏进一步深化改革的意义，为孝文帝的下一步改革提供了理论保证，这才是孝文帝的真正意图。而这场讨论的最后总结也充分证明了这一点。

其实，李彪和崔光之所以坚决坚持汉民族文化正统，这与他们的经历与见识有关。史载李彪精通传统文化礼仪制度，在出使萧赜时，与萧赜主客郎刘绘探讨礼乐之事，并与萧赜以诗赋应答，深得萧赜称许：“赜遂亲至琅琊城，登山临水，命群臣赋诗以送别，其见重如此。彪前后六度衔命，南人奇其謇谔。”③ 李彪出使南朝的这些举动，都是从传统文化上为北魏争正统地位的，而且事实证明他确实也做得非

① 罗新：《十六国北朝的五德历运问题》，《中国史研究》2004 年第 3 期。

② 何德章：《〈魏书〉正统义例之渊源》，《北朝研究》1996 年第 2 期，后收入《魏晋南北朝史丛稿》，商务印书馆 2010 年版，第 379 页。

③ 《魏书》卷 62《李彪列传》，中华书局 1974 年点校本，第 1389—1390 页。

常出色，为北魏争夺中华传统文化的正统地位起到了很好的作用。也就是说，南北朝时期使者的使命就是为了向对方显示自己政权的文化软实力，具有争正统的作用。这一问题后面还有详细分析。

其实，在孝文帝改革前，胡族政权中真正完成黄河流域统一的，就只有前秦和北魏，十六国中的其他国家既然无法完成北方的大统一，又怎敢去考虑与南方的汉族政权争正统呢？所以他们的指导思想一直只停留在中原地域正统这一认识上，而没有能够进入汉民族文化正统这一层面。这是一个非常现实的政治策略问题。因此，在刘赵也好，石赵也好，前燕也好，所谓德运问题都只是一种以攻为守的策略，而不是真的觉得自己可以成为正统了，他们之所以高举中原地域正统的旗帜而不敢打汉民族文化正统观的旗帜就是因为还没有汉化到这一步，北魏最终否定了赵、秦、燕的正统地位，实际就是否定了中原地域正统观，而高举汉民族文化正统观的旗帜，表明了他们指导思想的改变，汉化程度的深化。

拓跋统治者也知道，在汉民族已经形成了六百多年的南北朝时期，中原地域绝对无法等同于汉民族心理。当汉民族形成之后，中华传统文化已经转化为一种汉民族心理认同，而中原地域又何足道哉？何况地区还是可以随着人员的迁移而加以变动的。这就是南迁士人建立侨州郡问题。南方的这一做法曾引起北魏王朝的极大反感，甚至需要动用外交手段来进行交涉。《宋书·索虏列传》记载说：“［元嘉］二十三年，虏安南平南府又移书兖州，以南国侨置州，不依城土，多滥北境名号，又欲游猎具区。”① 其实不是同一个政权，其同名州郡又与你何干呢？北魏冠冕堂皇的理由是希望南朝刘宋政权“不因土立州，招引亡命”②，而实际就是正统心理失衡，说明北方打的中原地域正统的旗帜靠不住。而南方刘宋政权回应的理由是“夫古有分土，而无分民，德之休明，四方缀负”③，指的是民心问题，文化问题。

① 《宋书》卷95《索虏列传》，中华书局1974年点校本，第2338页。

② 《宋书》卷95《索虏列传》，中华书局1974年点校本，第2338页。

③ 《宋书》卷95《索虏列传》，中华书局1974年点校本，第2338页。

等等这一切都迫使拓跋政权改辕易辙，其指导思想从中原地域正统改变为汉民族文化正统。

这就是说，拓跋政权经历了从中原地域正统向汉民族正统的历史跨越。但是太和十四年的德运争论实际是一种历史旧案，是对一种滞后问题的讨论，是对早已施行的指导思想进行的一种确认，正如前面说的，类似于一个历史决议，从这一讨论持续五个多月就可以看出其重要性。而从讨论内容来看，这一问题的民间讨论绝不是始于太和十四年，而是延续了相当长的过程。因此我并不赞成罗新所说："在孝文帝发动这一场辩论以前，压倒性的、官方认可的观点，就是高闾所努力辩护的观点。"① 笔者认为，这一问题的争论可能一直伴随着汉化改革的进程以非正式的场合进行，而新的指导思想一直在北魏最高统治者头脑中酝酿，只是没有正式成为北魏皇朝的纲领性文件而已，直到太和十四年才来一个最终总结。因此，太和十四年并不能作为这两种指导思想，或者说这两种正统观跨越的时间坐标。

那么，北魏这一新的指导思想，即汉民族正统观酝酿的时间节点在哪里呢？指导思想的转变需要现实背景作依托。我以为，这一转变的时间节点在世祖逝世，高宗即位到冯太后掌权这样一个时间段。当然，高宗拓跋濬确实只是一个过渡性人物，但又是一个极为关键的人物。《魏书·高宗纪·赞论》说："世祖经略四方，内颇虚耗。既而国衅时艰，朝野楚楚。高宗与时消息，静以镇之，养威布德，怀缉中外。自非机悟深裕，矜济为心，亦何能若此！可谓有君人之度矣。"② 从而说明了高宗上台确实开始改变了世祖的执政作风，成为一个新时代的起点。而且，高宗上台之后就开始了他稳打稳扎的汉化改革。一是改造中书学的生源结构，将大批博士侍郎之子引进中书学，使其成为中书学生的主要来源之一，为汉化改革作人才准备。《魏书·李孝伯列传附安世》载："兴安二年，高宗引见侍郎、博士之子，简其秀俊者

---

① 罗新：《十六国北朝的五德历运问题》，《中国史研究》2004 年第 3 期。

② 《魏书》卷 5《高宗纪》，中华书局 1974 年点校本，第 123 页。

欲为中书学生。”[①] 从此，中书学生中汉族士人子弟逐年增多。

二是重用汉族代表士人高允。太安三年（457）任命已经做了二十七年中书侍郎一直未升迁的高允为中书令[②]，从而将控制中书学的最高权力交给汉族士人。史书记载，高允深得高宗器重。《魏书·高允列传》说到高宗对高允的建议无不接纳，即使有些意见尖锐，暂时接受不了，但事后总会得到妥善处置，从而得到高宗的高度评价：

> 或有触迕，帝所不忍闻者，命左右扶出。事有不便，允辄求见，高宗知允意，逆屏左右以待之。礼敬甚重，晨入暮出，或积日居中，朝臣莫知所论。
>
> 或有上事陈得失者，高宗省而谓群臣曰："君父一也。父有是非，子何为不作书于人中谏之，使人知恶，而于家内隐处也？岂不以父亲，恐恶彰于外也。今国家善恶，不能面陈而上表显谏，此岂不彰君之短，明己之美。至如高允者，真忠臣矣。朕有是非，常正言面论，至朕所不乐闻者，皆侃侃言说，无所避就。朕闻其过，而天下不知其谏，岂不忠乎！"[③]
>
> 高宗重允，常不名之，恒呼为"令公"。"令公"之号，播于四远矣[④]。

高宗对高允的信任完全可以等同于世祖对崔浩的信任，而其最终命运却是崔浩无法比拟的，说明此时汉化改革的阻力已大大降低。

三是改革鲜卑旧的礼仪风俗习惯。史载高允曾向高宗提出改革鲜卑族的婚娶丧葬等风俗礼仪方面的一系列建议，高宗"从容听之"[⑤]，于是高宗针对丧葬嫁娶之礼仪问题在和平四年十二月辛丑日和壬寅日两次下达改革诏令[⑥]。

---

① 《魏书》卷53《李孝伯列传》，中华书局1974年点校本，第1175页。

② 祝总斌：《秦汉魏晋南北朝宰相制度研究》，中国社会科学出版社1990年版，第370页。

③ 《魏书》卷48《高允列传》，中华书局1974年点校本，第1075—1076页。

④ 《魏书》卷48《高允列传》，中华书局1974年点校本，第1077页。

⑤ 《魏书》卷48《高允列传》，中华书局1974年点校本，第1073—1075页。

⑥ 《魏书》卷5《高宗纪》，中华书局1974年点校本，第122页。

那么，北魏政权汉化改革的这一转变契机来自哪里呢？我以为是来自于南北双方统治者对现实形势的认识，而最直接的事件是发生于公元450年的瓜步之役。这一年原是宋军北进中原，当时河洛关陇人们负粮操兵，群起响应，甚至“四山羌吴，咸皆请奋”①，而这年冬天，魏军又大举南侵，进占瓜步，大肆烧杀掳掠，当时坚守盱眙的宋太守沈璞说：“贼之残害，古今之未有，屠剥之刑，众所共见，其中有福者，不过得驱还北国作奴婢耳。”② 当然也引起了南朝人们的奋起反抗，淮南人民坚壁清野，纷纷逃散。最后北魏军队被迫撤退。《宋书·索虏列传》说北魏“其士马死伤过半，国人并尤之”③。说明这次战争给北魏的损伤也是惨重的，拓跋焘因此受到了国人的责难。战争过去一年多之后，北魏太武帝去世，再过两年，宋文帝刘义隆去世。随着南北两大雄主先后去世，南北的现实使双方继任的统治者看到，至少在一个相当长的时期，双方谁也消灭不了谁，从而预示着大规模的武力结束，双方进入一个新的相对和平的新阶段。史载高宗在位十四年，仅于太安四年冬，与南朝刘宋政权发生一次小小的摩擦④。而显祖在位6年，与南朝也没有什么大的战争。因此，我们完全可以这样说，南北朝的和平局面确实是从高宗时期开始的，到献文帝末年，双方局势进一步缓和，通使开始走向正常化。《南齐书·魏虏列传》：“宋明帝末年，始与虏和好。”⑤ 而这里说的宋明帝末年就是泰始五年（469），因为《资治通鉴》记载说：“［泰始五年］十一月丁未，魏复遣使来修和亲，自是信使岁通。”胡三省注：“自元嘉之末，南北不复通好。帝即位之三年、四

---

① 《宋书》卷77《柳元景列传》，中华书局1974年点校本，第1986页。

② 《宋书》卷100《自序》，中华书局1974年点校本，第2463页。

③ 《宋书》卷95《索虏列传》，中华书局1974年点校本，第2353页。

④ 此次摩擦，尽管《魏书》卷8《高宗纪》（中华书局1974年点校本，第117页）、《宋书》卷6《孝武帝纪》（中华书局1974年点校本，第122页）、《宋书》卷77《颜师伯列传》（中华书局1974年点校本，第1993—1994页）和《宋书》卷86《殷孝祖传》（中华书局1974年点校本，第2189页）均有记载，尤其是《颜师伯列传》有着比较详细的记载，但《北史》卷2却将此事省略不记，说明此战役太小，不值得一提。

⑤ 《南齐书》卷57《魏虏列传》，中华书局1972年点校本，第986页。

年，再遣聘使。是岁魏使来，复通好。”① 再过几年，等到孝文帝即位，双方更迎来了友好往来的新高潮，全面的和平发展阶段已经到来。关于这一和平发展阶段，《南齐书·魏虏列传》有一段总结很能说明问题，特引于下：

> 宋文虽得之知己，未能料敌，故师帅无功，每战必殆。泰始以边臣外叛，遂亡淮北，经略不振，乃议和亲。太祖创命，未及图远。戎尘先起，侵暴方牧，淮、豫克捷，青、海摧奔，以逸待劳，坐微百胜。自四州沦没，民恋本朝，国祚惟新，歌奉威德，提戈荷甲，人自为斗，深垒结防，想望南旗。天子习知边事，取乱而授兵律，若前师指日，远扫临、彭，而督将逗留，援接稽（晓）晚，向义之徒，倾巢尽室。既失事机，朝议北寝，偃武修文，更思后会。永明之世，据已成之策，职问往来，关禁宁静。疆埸之民，并安堵而息窥觎，百姓附农桑而不失业者，亦由此而已也②。

南北双方进入和平发展阶段之后，对于南方来说，指导思想并未发生明显变化，而对拓跋政权来说，就大为不同，它直接影响着汉化改革的思路，就是打何种正统观旗帜的问题。如果武力南伐，就必须继续高举中原地域正统观的旗帜；而如果和平竞争就要改变策略，祭出汉民族正统观的旗号，加强汉化改造，最后以软实力赢得民心而完成统一。尽管高宗拓跋濬在位时并未有什么指导思想方面的讨论，但这一变化是渐进的，潜移默化的。而且孝文帝朝汉化改革的总策划者冯太后就是在高宗朝从贵人选为皇后的，说明高宗与冯太后的思想是合拍的。因此，高宗崩，显祖即位，旋则文明太后掌权，又下诏在全国州郡统一建立地方官学，而且北魏的地方官学统一称太学，其学校名称、教师称谓、学制规模、考试方法均与两汉太学相似，北魏地方官学是冯太后汉化改革的一个切入点，为太和年间全面深入的汉化改革

---

① 《资治通鉴》卷132《宋纪十四》，“明帝泰始五年”，中华书局1956年点校本，第4149页。

② 《南齐书》卷57《魏虏列传》，中华书局1972年点校本，第1000页。

开启序幕[①]。再过九年，文明太后第二次掌权，即开始了全面系统的汉化改革，说明自高宗以后，北魏的汉化改革是具有连续性的。而且高宗以后，汉化改革尽管也是在与拓跋保守贵族的斗争中进行，但其汉化改革的势力再也没有遭到重创，这与太武朝崔浩等士人掀起汉化改革后遭到残酷杀害，汉化主力遭到重创具有质的不同。

另外从具体的政治操作来看，任何政治改革的指导思想也都是在实践一段之后才对其进行理论确认的。因此，可以这样认为，太和十四年李彪、崔光与高间关于正统问题的争论是对高宗至冯太后掌权以来汉化指导思想的一次理论总结。也就是说，高宗至冯太后掌权时期可以看作中原地域正统观向汉民族正统观转变的时间节点。

我们这样说的依据，还可以从北朝后世一些文人有关争正统的言论中来寻找。如《洛阳伽蓝记》记载北朝士大夫杨元慎指责南朝丧失正统资格就是以刘宋孝武朝后宫室内部人伦尽丧，而北魏却开始呈现礼仪文化繁盛局面为立论依据的[②]。还有隋朝文中子所撰《元经》也以南朝刘宋王朝的终结，萧齐的继位，北魏太和四年作为北魏唯一正统的开始，其标准也是认为南朝已经丧失了中华传统文化传承者的资格，北魏汉化改革的深化使其成为传统文化的唯一传承者[③]。王通与杨元慎的看法和使用的证据具有相似性，说明北朝的士大夫自此开始以传承中华传统文化，不再以占有中原地域作为争夺正统的资格。

另外，以上只是从拓跋王室这一条线索来观察的，如果从汉族士人这方面来分析，从太武朝至文帝朝，其汉化改革的指导思想又具有连续性。这里高允是一个非常关键的人物，高允与崔浩同时代，但在世祖时代，他属于二线人物，性格比崔浩随和，但他对汉化改革同样执着，而且得到了恭宗的保护，这是他能够活下来的原因。高允在高

---

① 有关北魏州郡学与拓跋汉化之关系问题，见胡克森《北魏州郡学的统一建立与拓跋鲜卑的汉化改革——兼谈北魏汉族士人儒学复兴的艰辛历程》，《史学月刊》2016 年第 6 期。

② 杨衒之撰，周祖谟校释：《洛阳伽蓝记校释》，中华书局 1963 年版，第 105—109 页。

③ 王通撰：《元经薛氏传》（二），《丛书集成》第 3482 册，中华书局 1991 年版，第 133 页。当然，传世《元经》的真伪一直有争论，但通过《中说》一书中所记王通与弟子们有关《元经》写作意图的谈话，是可以看出现存《元经》的主体思想，尤其是关于正统的标准确实是符合王通的本意的。

宗朝便升迁为中书令，掌管文化礼制和学校，从而向高宗提出改革拓跋婚娶丧葬风俗的建议。冯太后第一次上台，引高允禁中，立即委托高允制定全国统一的州郡太学学制，推动了全国州郡学的统一建立①。而当显祖欲禅位给京兆王子推时，高允又力劝显祖禅位于孝文帝，为孝文帝顺利继承大位起到重要作用②。也正因为如此，高允又得到孝文帝和冯太后的高度礼遇。因此从这点来看，高允又是崔浩思想的忠实继承者。

其实北魏在太武帝时期完成北方统一以后，本就面临着一个与前秦完成北方统一时相同的局面，就是制定一个怎样与南方汉族政权交往的外交国策：是继续以武力征服，进行南伐；还是与对方和平竞争，等待时机，以利后图。但北魏与前秦相比，又有几点不同：一是武力南伐的内部意见不同。前秦主张继续武力征伐的只有苻坚与慕容垂和姚苌等一些北方少数民族首领，绝大部分的大臣均反对进军东晋，认东晋为正统；而北魏统一北方后，太武帝大军南下的战争没有遭到大臣的多少反对，极力反对的崔浩已死。二是战争的后果不同。前秦在淝水之战后土崩瓦解，北方重新陷入四分五裂的局面之中；而北魏的南伐尽管北方也有损失，但南方损失更大，南北实力自此发生逆转，南弱北强局面开始形成。这些都说明北魏时期的民族融合已远远超过前秦时期，民族矛盾已有了很大的缓解。因此又产生了第三个不同，前秦臣僚们主张统一北方后，不要急于进军东晋，要调整统治策略，与东晋和平竞争，加速汉化改革，增进民族融合，这就是王猛“亲仁善邻，国之宝也”的临终遗言；而北魏却是在大举南伐，毫无所获后才认识到这一形势，从而进行国策调整的。

当然，拓跋鲜卑在进入中原后就已经开始了它的汉化进程，但如果将拓跋皇朝的汉化以高宗朝为界标分作前后两个阶段的话，那么，前期的汉化只是初级的、低层次的，从而也是缓慢的，只是一种量的积累。只有后阶段指导思想的全面改变，即以汉民族正统观作为其指

---

① 《魏书》卷48《高允列传》，中华书局1974年点校本，第1077—1078页。

② 《魏书》卷48《高允列传》，中华书局1974年点校本，第1086页。

导思想，汉化改革才进入质变阶段，因此也就酝酿出冯太后、孝文帝经济、政治制度，生活习俗和价值观念的全方位的汉化改革高潮。但也正由于前期的汉化改革取得了一定成绩，所以，北魏皇朝才有了正式与南方政权争正统的勇气，才敢放弃中原地域正统，举起汉民族正统的旗帜。孝文帝之所以敢于否定高闾的观点，废除十六国赵、秦、燕的正统地位，赞成秘书丞李彪和著作郎崔光的意见，勇敢地承接西晋正统，就是认为自己具有了继承中华传统文化的资格，自己并不是以武力占有中原地域为资本。这样南北双方均打出汉民族正统的旗帜，走上和平竞争、互相学习、共同传承中原文化的道路。

也许有人会说，中原地域正统与汉民族正统又有什么不同，不都是与南方汉族政权争正统吗？不，二者有本质的不同。因为如果北方胡族政权打中原地域正统的旗帜，而南方汉民族政权打的是汉民族正统的旗帜，二者是互不相让，互不认同，各唱各的调，二者缺乏共同点，即缺乏共同的价值观，因此，二者的交往只能是武力为主，进行的是武力竞赛。但当北方政权打出汉民族文化正统的旗帜之后，就说明二者均认同于中华传统文化，就有了共同点，就出现了正统最终只有一个的价值认同。因此，双方就必然会展开外交来往，文化竞争，最后从文化上决出高低。正因为如此，从此以后，双方互派使者。前面已经提到宋明帝末年，南北双方已经进入了全面的友好往来，到元徽、升明年间，更是每年都有使节来往①。而南齐时，遣使更为频繁，自永明元年以后，“岁使往来，疆埸无事”②，直至南朝萧梁政权都还是如此：“梁魏通和，岁有交聘”③。而且双方都特别重视对使者的选拔，尤其重视使者的传统文化修养，赵翼在《廿二史札记》有“南北朝通好以使命为重”条，其中说道：“南北朝通好，尝藉使命增

① 《南齐书》卷57《魏虏列传》：“元徽、升明之世，虏使岁通。”（中华书局1972年点校本，第986页）

② 《南齐书》卷57《魏虏列传》，中华书局1972年点校本，第989页。

③ 《北齐书》卷35《陆卬列传》，中华书局1972年精装点校本第469页；《北史》卷28《陆俟附卬传》，中华书局1974年点校本，第1017页。

国之光，必妙选行人，择其容止可观，文学优赡者，以充聘使。”① 为何要藉使命增国之光，为何又要择其容止可观，文学优赡者，主要就是要与对方比比看，到底谁才是中华传统文化的继承者。正如秦永洲所说：“南北通好后，双方都把使者的形象当作本国正统的化身。”② 而这个正统就是以汉民族文化为标准的。

与南方外交关系的改变，文化交流的频繁，有利于北魏的汉化改革。从史籍记载来看，北魏对南方文化的学习是如饥似渴。这表现在：

一是向南方借阅儒学经典，充实秘府。据《隋书·经籍志》载：“后魏始都燕、代，南略中原，粗收经史，未能全具。孝文徙都洛邑，借书于齐，秘府之中，稍以充实。”③

二是效仿南朝礼制。陈寅恪先生在《隋唐制度渊源略论稿》中对隋唐的礼制来源有着详尽的论述。陈先生认为，隋唐之制度有三大源流：“一曰（北）魏、（北）齐，二曰梁、陈，三曰（西）魏、周。”而（北）魏、（北）齐之源流者，“凡江左承袭汉、魏、西晋之礼乐政刑典章文物，自东晋至南齐其间所发展变迁，而为北魏孝文帝及其子孙模仿采用，传至北齐成一大结集者是也。”④ 而传播这一礼制文化的代表人物为刘昶、蒋少游、刘芳、崔光、王肃等南朝降人或俘虏。

刘昶，刘义隆第九子，和平六年来降。而蒋少游，乐安博昌人，慕容白曜平东阳，见俘于平城。太和初，孝文帝改革朝仪，诏刘昶与蒋少游专主其事。刘芳，彭城人。祖刘该，是刘义隆征虏将军、青徐二州刺史，父亲刘邕是刘骏兖州长史。后父刘邕因刘义宣之事被杀，刘芳随伯母房逃窜青州。而崔光，东清河鄃人也。祖旷，从慕容德南渡河，居青州之时水。慕容氏灭，仕刘义隆为乐陵太守。父灵延，刘骏龙骧将军、长广太守，与刘彧冀州刺史崔道固共拒北魏军。慕容白

① 赵翼：《廿二史札记》，北京中国书店 1987 年影印本，第 182 页。

② 秦永洲：《东晋南北朝时期中华正统之争与正统再造》，《文史哲》1998 年第 1 期。

③ 《隋书》卷 32《经籍志一》，中华书局 1973 年点校本，第 907 页。

④ 陈寅恪：《隋唐制度渊源略论稿》，中华书局 1963 年 5 月新 1 版，第 1 页。

曜之平三齐，崔光年十七，随父徙代。① 陈寅恪先生认为，刘昶与蒋少游还不算特别熟悉南朝典章制度最近发展之人，而刘芳与崔光却是精通南朝最近的朝章典籍，所以受到孝文帝的特殊赏识："刘芳、崔光皆南朝俘虏，其所以见知于魏孝文及其嗣主者，乃以北朝正欲摹仿南朝之典章文物，而二人适值其会，故能拔起俘囚，致身通显也。"② 而王肃更是孝文帝礼制改革的主要主持者。《魏书》卷六十三《王肃传》记载说：王肃，字恭懿，琅琊临沂人。是东晋丞相王导之后。父亲王奂，做过南齐萧赜的尚书左仆射。自己也在南齐历任著作郎、太子舍人、司徒主簿、秘书丞等职。因其父和兄弟均为萧赜所杀，太和十七年，自建业奔北魏③。也就是说，王肃奔来北魏，正是孝文帝推行礼制改革的重要时机，因此《北史》本传最后总结说：

> 自晋氏丧乱，礼乐崩亡，孝文虽厘革制度，变更风俗，其间朴略，未能淳也。肃明练旧事，虚心受委，朝仪国典，咸自肃出④。

三是尊重南方来投士人。上面所提五位，或为降虏，或为俘虏，均受到隆重礼遇。如刘昶，曾三尚公主，及论大将军，高祖曰："刘昶即其人也。"死后，高祖亲"为之举哀，给温明秘器、钱百万、布五百匹、蜡三百斤、朝服一具、衣一袭，赠假黄钺、太傅、领扬州刺史，加以殊礼，备九锡，给前后部羽葆鼓吹，依晋琅琊武王伷故事，谥曰明。"⑤ 而刘芳，"高祖尤器敬之，动相顾访"。死后世宗给予隆重礼遇，"谥文贞"⑥。崔光，史载："高祖每对群臣曰：'以崔光之高才大量，若无意外咎谴，二十年后当作司空。'其见

① 刘昶、蒋少游、刘芳、崔光等身世资料均来自于《魏书》本传，分别为卷59《刘昶列传》，中华书局1974年点校本，第1307、1309页；卷91《蒋少游列传》，第1970、1971页；卷55《刘芳列传》，第1219页；卷67《崔光列传》，第1487页。

② 陈寅恪：《隋唐制度渊源略论稿》，中华书局1963年5月新1版，第9页。

③ 《魏书》卷63《王肃列传》，中华书局1974年点校本，第1407页。

④ 《北史》卷42《王肃列传》，中华书局1974年点校本，第1540页。

⑤ 《魏书》卷59《刘昶列传》，中华书局1974年点校本，第1307—1311页。

⑥ 《魏书》卷55《刘芳列传》，中华书局1974年点校本，第1226—1227页。

重如是。”后果为世宗时侍中、中书监、太子少傅等要职①。而蒋少游，本地位低下，“始北方不悉青州蒋族，或谓少游本非人士，又少游微因工艺自达，是以公私人望不至相重”。但“高祖、文明太后常因密宴，谓百官曰：‘本谓少游作师耳，高允老公乃言其人士。’眷识如此。然犹骤被引命，屑屑禁闼，以规矩刻缋为务，因此大蒙恩锡，超等备位”。② 至于王肃，高祖对其更是宠幸有加。《魏书》卷63《王肃传》记载：

> 高祖幸邺，闻肃至，虚襟待之，引见问故。肃辞义敏切，辩而有礼，高祖甚哀恻之。遂语及为国之道，肃陈说治乱，音韵雅畅，深会帝旨。高祖嗟纳之，促席移景，不觉坐之疲淹也。因言萧氏危灭之兆，可乘之机，劝高祖大举。于是图南之规转锐，器重礼遇日有加焉，亲贵旧臣莫能间也。或屏左右相对谈说，至夜分不罢。肃亦尽忠输诚，无所隐避，自谓君臣之际犹玄德之遇孔明也③。

除此之外，还有刘武英、沈陵、茹皓、孟表、崔延伯、崔休④、刘藻⑤等都是南来士人，且均受到孝文帝的礼遇和重视，但却不及前面王肃等五位。总之，南来士人均得到了文帝的尊重，而其重视程度又是以传统文化造诣的高低为依归的，即以是否利于其进行汉化改革为前

---

① 《魏书》卷67《崔光列传》，中华书局1974年点校本，第1488—1491页。

② 《魏书》卷91《艺术列传》，中华书局1974年点校本，第1970—1971页。

③ 《魏书》卷63《王肃列传》，中华书局1974年点校本，第1407页。

④ 刘武英、沈陵、茹皓、孟表、崔延伯、崔休等身世资料均来自《魏书》本传，分别见于卷59《刘昶列传附刘武英》，中华书局1974年点校本，第1312页；卷61《沈文秀列传附陵》，第1368页；卷93《恩倖列传·茹皓》，第2000页；卷61《孟表列传》，第1376页；卷73《崔延伯列传》，第1636页；卷69《崔休列传》，第1525页。

⑤ 《魏书》卷70《刘藻列传》提到刘藻于永安中与姊夫李嶷俱来归国。（中华书局1974年点校本，第1549页）而《北史》卷45记为“太安中”。（中华书局1974年点校本，第1666页）应是《魏书》记载有误。因为“永安”为孝庄帝年号，在孝文帝以后，怎么后面又说太和中？“以藻为岐州刺史”，明显不合逻辑。根据本传记载，刘藻先请拜南部主书，后又任北地太守，后又迁龙骧将军、雍城镇将，在任八年，迁龙城镇将，后在太和中，改龙城镇为岐州。这样算来，前后已有20余年，因此，《北史》的“太安中”是正确的，“太安”为文成帝年号。也就是说刘藻是文成帝时就来到北魏的。

提。又《南齐书·魏虏传》记载说："每使至，宏亲相应接，申以言义。甚重齐人，常谓其臣下曰：'江南多好臣。'"① 这里所说的"多好臣"，对孝文帝来说，就是精通汉民族传统文化的臣僚，这里表现的是一种称羡。暗含这些好臣如果能够来我北魏，助我推行汉化改革，那多好。关于孝文帝重视南方士人，或北魏重视南投之人，学界均有关注，周一良先生在《北魏用人兼容并包》中写道："对于南朝北投者，拓跋氏尤能注意拔擢。"又说：拓跋氏"从文化言，对南方又不免于自卑之感，因而必须兼容并包"②。而王永平更有系列论文论述此问题，认为南朝士人转输江左文化、典制诸方面贡献颇大，促进了北魏的汉化③。

正由于经过这样一段和平交往、文化交流时期，从而使得北魏的汉化改革呈现加速发展的好势头，其对中华传统文化的领悟和继承迅速接近以致赶上南方，因此到孝文帝改革几十年之后，北魏政权成为了地地道道的汉民族文化的守护者，不但许多北朝士大夫可以理直气壮地宣示正统在北方，就连有些南方士人也承认北方已成为真正的中华正统。如《洛阳伽蓝记》卷二《景宁寺》所记载的梁朝主书陈庆之与北朝士族杨元慎关于正统问题的争论，陈庆之在观察了中原的实际状况后，也自觉地承认北魏已经成为中华传统文化的传承者。④ 尽管这还不一定能证明北方的文化风气已超过南方，但至少可以说明北魏正统观指导思想改变后汉化所取得的巨大成效。北方胡族政权对中华传统文化的高度认同以及取得的巨大成绩，为后来北方能够完成统一提供了足够的软实力条件。

---

① 《南齐书》卷57《魏虏传》，中华书局1972年点校本，第991—992页。

② 周一良：《北朝用人兼容并包》，《魏晋南北朝札记》，中华书局1985年版，第353页。

③ 王永平系列文章有：《南朝人士之北奔与江左文化之北传》，《南京晓庄学院学报》2000年第1期；《北魏时期之南朝流亡人士行迹考述——从一个侧面看南北朝之间的文化交流》，《临沂师范学院学报》2002年第1期；《论北魏孝文帝任用南士及其对南朝文化之汲引》，《学习与探索》2009年第5期。

④ 杨衒之撰，周祖谟校释：《洛阳伽蓝记校释》，中华书局1963年校释本，第105—109页。

结　语

由此，我们可以总结出这样一个规律，中国古代历史上分裂时期的趋势，总是北方统一南方，很少有南方统一北方的。正如田余庆先生所指出："直到20世纪初年为止的中国皇朝历史上，在分裂时期，不管局势中是否掺杂民族因素，也不管民族矛盾是否十分严重，重新统一的任务总是由北方当局完成。即令南方经济力量与北方趋于平衡甚或超过北方，这一事实也不曾改变。"① 但我们还必须看到，至少在秦汉以后至清皇朝的历史中，完成统一的北方民族大都是游牧民族。因此，北方政权要想在完成中原统一的基础上进一步完成统一南方的任务，必须加强民族文化融合，也就是加强向中华民族传统文化的回归，这种文化回归不完成，统一就不会到来。因此，到一定时候，南北双方的竞争，最主要的不是经济、军事力量的竞争，而是文化上的竞争，即对中华传统文化认同的竞争，南北朝中后期的历史就充分证明了这一点。

（此文原载于《史林》2015年第5期）

① 田余庆：《东晋门阀政治》，北京大学出版社2005年版，第196页。

北魏文成帝拓跋濬及其时代

北魏文成帝拓跋濬与西汉历史上的汉昭帝有些相似。一是其祖父拓跋焘与西汉武帝刘彻有相似品格，都是崇尚武力，以开疆拓土为己任的强势君主，其在建立巨大功业的同时，死后也均遭到国人的一些非议。而拓跋焘与刘彻所选储君也均因与自己有些意见相左而遭杀害，因此才有了第三代，即文成帝拓跋濬与汉昭帝刘弗陵的即位机会。《魏书·世祖纪·赞论》一段话似乎也有将二者进行比较的意思："至于初则东储不终，末乃隙成所忽。固本贻防，殆弗思乎？恭宗明德令闻，夙世殂夭，其戾园之悼欤？"①"戾园之悼"就是将恭宗比喻为西汉戾太子，那么，太武帝也就是汉武帝，文成帝当然就与汉昭帝的即位有相似之处。当然，二者即位的具体原因与过程又有一些差异，其基本路径却是相同的。但汉昭帝因开启了所谓"昭宣中兴"颇受史界重视，而文成帝也开启了由军事掠夺与游猎畜牧经济向农业经济的成功转型，其功劳不可谓不大，可是在历史上却不受关注。如唐代初年虞世南所著以评论历代帝王著称的专书《帝王略论》，在北魏一朝，对道武帝拓跋珪、太武帝拓跋焘、献文帝拓跋弘、孝文帝拓跋宏，以及孝明帝、孝庄帝等都有评论，却对明元帝拓跋嗣、文成帝拓跋濬和宣武帝拓跋恪未有片言只语评价②。对拓跋嗣和拓跋恪未有评价情有可原，因为其事不显，但未对文成帝进行评价似乎有失公允。近代以来，史界对文成帝的研究，直至20世纪80年代也未有什么专

① 《魏书》卷4《世祖纪下》，中华书局1974年点校本，第109页。

② （唐）虞世南撰，陈虎译注：《帝王略论》，中华书局2008年版，第169—187页。

论，自90年代以来，才开始多了起来①，但这些成果主要涉及文成帝政治的某个方面，并未有一篇以拓跋濬作为总体研究的专论文章。当然，到2008年，张金龙出版了十一卷本的《北魏政治史》，其中第六卷《文成帝时代》对整个文成帝即位前后的政局、文成帝时期的统治集团、文成帝时期的社会政治状况和外交关系进行了详尽的描述和分析，对拓跋濬的作用也有所肯定。但窃以为，对其在转型时期的作用和地位的揭示似嫌不够。拓跋濬尽管在位时间不长，但对北魏历史地位的奠定是不可小觑的。拓跋濬处在北魏皇朝的重要转型时期，由于他的积极作为使北魏皇朝顺利实现转型，为后来冯太后、孝文帝的汉化改革铺平道路。今笔者拟对北魏文成帝拓跋濬的作为进行系统评价，并兼及其所处时代。

一　整顿地方吏治，关心民间疾苦

文成帝治国策略表现最为突出的一项政绩就是整顿吏治，尤其是惩治地方官的不作为和贪腐行为，关心人民疾苦。《魏书·高宗纪》记有针对地方州郡的巡察、考课及所下诏书，较大的就达11次之多，其中属于整顿吏治、减轻赋税的就有7次，分别是太安元年六月派遣尚书穆伏真等三十人，巡行州郡，观察风俗之诏②。太安四年夏五月减轻赋役之诏③。太安五年九月戊辰对地方官的考课之诏④。太安五年冬十二月戊申减轻赋税徭役，开仓赈灾之诏⑤。和平二年春正月乙酉的

① 这些成果分别有曹仁邦《太子晃与文成帝——英年早逝的大才父子政治家大力推广佛教于北魏的功勋及其政治目的》，《中华佛学学报》1996年第9期；张金龙《文成帝时期的北魏政治——以统治集团构成为中心》，张金龙主编《黎虎教授古稀纪念中国古代史论丛》，世界知识出版社2006年版，第470—501页。［日］漥添庆文《文成帝期的胡族与内朝官》，张金龙《文成帝时期的北魏政治——以统治集团构成为中心》，张金龙主编《黎虎教授古稀纪念中国古代史论丛》，世界知识出版社2006年版，第180—200页；李凭《北魏文成帝初年的三后之争》，《北朝研究存稿》，商务印书馆2006年版，第137—161页。

② 《魏书》卷5《高宗纪》，中华书局1974年点校本，第114—115页。

③ 《魏书》卷5《高宗纪》，中华书局1974年点校本，第116—117页。

④ 《魏书》卷5《高宗纪》，中华书局1974年点校本，第117—118页。

⑤ 《魏书》卷5《高宗纪》，中华书局1974年点校本，第118页。

禁止地方官与商人分肥之诏[1]。和平四年春三月乙巳禁止地方官擅自召役之诏[2]。和平四年秋七月壬申严禁地方官逼令良家子为奴婢之诏[3]。除此之外，还有纯粹为考察民风民俗，了解民生疾苦的巡视也有三次：兴安二年冬十有一月辛酉，“行幸信都、中山，观察风俗”。[4]太安三年十有二月，“以州镇五蝗，民饥，使使者开仓以赈之”。[5]和平二年三月，“舆驾所过，皆亲对高年，问民疾苦。诏民年八十以上，一子不从役”。[6]还有一次是考课地方州郡的：和平二年五月，“诏南部尚书黄卢头、李敷等考课州郡”。[7]

北魏自建国以来，就一直强化对地方的控制，派使者巡察州郡，或问民疾苦，或纠察地方长官的贪贿不法行为，如太祖拓跋珪在天兴三年“分命诸官循行州郡，观民风俗，察举不法”。[8]第二年，又“分命使者循行州郡，听察辞讼，纠劾不法”。[9]而太宗也于永兴元年、三年、五年，神瑞元年、二年，泰常二年、七年等派使者巡察州郡[10]。世祖也遵循了这一传统。但如果说，这是拓跋王朝进入中原后的政治治理常态的话，那么，文成帝对地方官吏的巡察与以前历代君主相比，体现为两大特征，一是巡察地方州郡的频率更高。高宗以前的几位君主，如太祖共派使者巡察地方有 2 次；太宗较多，有 8 次；世祖明显提出派遣使者的有 5 次，还有两次是针对地方官下的诏令，没有具体提到派使者巡察。而文成帝针对地方官的巡察或下诏令却有 11 次之多，而如果从在位时间的长短来看，高宗在位时间又是最短的，太祖在位 23 年，太宗在位 15 年，世祖在位 28 年，高宗只有 14 年，实际只有 13 年 7 个月。可见高宗对地方治理、百姓疾苦的重视超

---

① 《魏书》卷 5《高宗纪》，中华书局 1974 年点校本，第 119 页。
② 《魏书》卷 5《高宗纪》，中华书局 1974 年点校本，第 121 页。
③ 《魏书》卷 5《高宗纪》，中华书局 1974 年点校本，第 121 页。
④ 《魏书》卷 5《高宗纪》，中华书局 1974 年点校本，第 113 页。
⑤ 《魏书》卷 5《高宗纪》，中华书局 1974 年点校本，第 116 页。
⑥ 《魏书》卷 5《高宗纪》，中华书局 1974 年点校本，第 119 页。
⑦ 《魏书》卷 5《高宗纪》，中华书局 1974 年点校本，第 119 页。
⑧ 《魏书》卷 2《太祖纪》，中华书局 1974 年点校本，第 36 页。
⑨ 《魏书》卷 2《太祖纪》，中华书局 1974 年点校本，第 38 页。
⑩ 《魏书》卷 3《太宗纪》，中华书局 1974 年点校本，第 49—62 页。

过以前诸位君主。

再者，文成帝巡察州郡内容的重点是惩治贪腐。高宗针对各州郡的巡察内容，由以前一般的问民疾苦，察举人才，观察风俗和纠察地方官的不法行为转变为以惩治地方官的贪污腐败为主。从以上所引资料来看，高宗针对地方官吏的违法贪污行为所下诏令就有 7 次之多，而以前诸位皇帝，太祖的两次均是针对地方官的违法行为，而太宗的 8 次巡察，问民疾苦者有 3 次，选才 1 次，观民风俗 1 次，察举官吏不法者是 4 次（其中 1 次既问民疾苦又察举官吏不法）。而所谓针对地方官的违法行为者，也主要是属于地方官的懒政、不作为以及其他违法行为，专门惩治地方官贪腐行为的极少。如太祖 2 次，资料已见前引。太宗只有 1 次，《太宗纪》载：“（神瑞元年）冬十一月壬午，诏使者巡行诸州，校阅守宰资财，非自家所赍，悉簿为赃。诏守宰不如法，听民诣阙告言之。”① 世祖也只有 1 次比较明显：“（始光四年）十有二月，行幸中山，守宰贪污免者十数人。”② 另有一次记载不是太明显，只属于警告之类。“（延和四年）六月庚寅，诏曰：‘朕承天子民，忧理万国，欲令百姓家给人足，兴于礼义。而牧守令宰不能助朕宣扬恩德，勤恤民隐，至乃侵夺其产，加以残虐，非所以为治也。今复民赀赋三年，其田租岁输如常。牧守之徒，各厉精为治，劝课农桑，不得妄有征发；有司弹纠，勿有所纵。’”③

高宗明显属于惩治贪官污吏的巡察而发布的诏令就有 5 次，如太安元年派尚书穆伏真等三十人出使地方，就是针对地方官贪污腐败行为进行纠察的。而太安四年的诏令中提到：对于“牧守百里，不能宣扬恩意，求欲无厌，断截官物以入于己，使课调悬少，而深文极墨，委罪于民”者，加以死罪④。太安五年诏令中有“牧守莅民，侵食百姓，以营家业，王赋不充，虽岁满去职”者，也“应计前逋，正其刑罪”；并严厉指出：“主者失于督察，不加弹正，使有罪者优游获免，

① 《魏书》卷 3《太宗纪》，中华书局 1974 年点校本，第 54 页。

② 《魏书》卷 4 上《世祖纪》，中华书局 1974 年点校本，第 73 页。

③ 《魏书》卷 4 下《世祖纪》，中华书局 1974 年点校本，第 96 页。

④ 《魏书》卷 7《高宗纪》，中华书局 1974 年点校本，第 116—117 页。

无罪者妄受其辜，是启奸邪之路，长贪暴之心，岂所谓原情处罪，以正天下？”因此，“自今诸迁代者，仰列在职殿最，案制治罪。克举者加之爵宠，有愆者肆之刑戮，使能否殊贯，刑赏不差。主者明为条制，以为常楷”。① 和平二年诏令中就针对刺史牧民逼民假贷，与大商富贾要射时利，“上下通同，分以润屋”的现象，宣布“一切禁绝，犯者十疋以上皆死。布告天下，咸令知禁”。② 和平四年的诏令中也有“今内外诸司、州镇守宰，侵使兵民，劳役非一”者，“皆论同枉法”③。

而即使是针对官吏的贪腐行为，其他皇帝惩罚力度远没有高宗的惩罚力度大。如太宗只是让百姓告发，世祖也只是免除贪官的官职，而高宗即对贪官均以“死罪”“重罪”惩处，如和平二年，针对刺史与大商富贾勾结，放高利贷刻薄百姓者，“犯者十疋以上皆死”④。而《魏书·刑法志》又载：高宗“增置内外侯官，伺察诸曹外部州镇，至有微服杂乱于府寺间，以求百官疵失。其所穷治，有司苦加讯恻，而多相诬逮，辄劾以不敬。诸司官赃二丈皆斩”。⑤ 可见惩处之严。

再者，高宗对贪官的惩治不但严厉，而且十分公正，未有庇护自己官吏的行为。《魏书·许彦列传》记载了许彦父子两人做地方官的情况：

> 许彦，……少孤贫，好读书，……世祖初，被征，以卜筮频验，遂在左右，参与谋议。拜散骑常侍，赐爵博陵侯。彦质厚慎密，与人言不及内事。世祖以此益亲待之。进爵武昌公，拜安东将军、相州刺史。在州受纳，多违法度，诏书切让之。然以彦腹心近臣，弗之罪也。真君二年，卒。谥曰宣公。
>
> 子宗之，初入为中散，领内秘书。世祖临江，赐爵高乡侯。

① 《魏书》卷7《高宗纪》，中华书局1974年点校本，第117—118页。

② 《魏书》卷7《高宗纪》，中华书局1974年点校本，第119页。

③ 《魏书》卷7《高宗纪》，中华书局1974年点校本，第121页。

④ 《魏书》卷5《高宗纪》，中华书局1974年点校本，第119页。

⑤ 《魏书》卷111《刑法志》，中华书局1974年点校本，第2875页。

> 高宗践阼，迁殿中尚书，出为镇东将军、定州刺史，颍川公。受敕讨丁零，丁零既平，宗之因循郡县，求取不节。深泽人马超毁谤宗之，宗之怒，遂殴杀超。惧超家人告状，上超谤讪朝政。高宗闻之，曰："此必妄也。朕为天下主，何恶于超，而超有此言。必是宗之慎罪诬超。"按验果然。事下有司，司空伊馛等以宗之腹心近臣，出居方伯，不能宣扬本朝，尽心绥导，而侵损齐民，枉杀良善，妄列无辜，上尘朝廷，诬诈不道，理合极刑。太安二年冬，遂斩于都南①。

许彦、许宗之父子均任过州刺史，父子有相同爱好，贪得无厌，但二者却是不同的结果，父亲许彦因在世祖时任官，受世祖宠幸，不以治罪；而宗之贪腐，却被处以极刑。宗之所为最不能让高宗容忍的是杀害举报人。高宗愿意为一个普通百姓深入调查，查明真相后给予严惩，可看出高宗惩治贪官是动真格的。

正由于高宗惩治贪污，尤其惩治地方官吏的贪污行为动了真格，从而使北魏长期以来的官吏贪腐局面得到很大扭转。《魏书·食货志》："高宗时，牧守之官，颇为货利。太安初，遣使者二十余辈循行天下，观风俗，视民所疾苦。诏使者察诸州郡垦殖田亩、饮食衣服、闾里虚实、盗贼劫掠、贫富强劣而罚之，自此牧守颇改前弊，民以安业。"② 这就是前文所指太安元年派遣尚书穆伏真等三十人巡察州郡之事。《食货志》在这里的意思是说高宗即位以来第一次大规模的派使者巡察州郡，从此使惩治贪腐形成制度，所以才有效地扭转了地方官吏的腐败风气。并不是说这一次巡视就解决了地方官的贪腐问题。而当时的牧守之官之所以"颇为货利"，是拓跋政权处于军事掠夺和游牧狩猎经济向农业经济的转型所体现出来的时代特点，同时也是长期惩治不力的结果，这反过来说明高宗对贪官的惩治确实远比前几任君主更动真格，也更严厉。

---

① 《魏书》卷46《许彦列传》，中华书局1974年点校本，第1036—1037页。

② 《魏书》卷46《许彦列传》，中华书局1974年点校本，第2851页。

二　提拔汉族士人，启动汉化改革

由于太祖拓跋珪幼年流浪于中原，接受了汉文化的熏陶，因此，进入中原以后就启动了汉化改革，开办儒学教育。但前期的汉化改革有着两次高潮，也经受了两次挫折。第一次汉化改革开始于太祖天兴年间，主要代表人物是崔玄伯；第二次开始于世祖时期，主要推手是崔浩。两次改革均先后遭遇拓跋鲜卑贵族的阻力而失败。尤其是第二次，汉士族的代表人物崔浩被杀，北方世家大族遭到毁灭性打击："清河崔氏无远近，范阳卢氏、太原郭氏、河东柳氏，皆浩之姻亲，尽夷其族。""其秘书郎吏已下尽死。"①

从以上对汉化改革的历史考察，可以看出，在高宗以前，汉化改革尽管也在向前推进，但过程曲折，步履维艰，每前进一步，均需要付出血的代价。然而到高宗以后，这一切已得到极大改观，大肆杀戮和贬黜汉族士人的事件基本结束，民族矛盾在一定程度上趋于缓和，因此，高宗开始了稳重的汉化改革。高宗的汉化改革具体表现在以下几个方面：

第一，提拔和重用汉族士人，改善汉族士人的生存环境。如高允等一批儒学士人在高宗时期得到重用。崔浩死后，高允成为汉族士人的主要代表。太安三年（457），高宗将做了二十七年中书侍郎一直未升迁的高允升为中书令②。史书记载，高允深得高宗器重。《魏书·高允传》说到高宗对高允的建议无不接纳，即使有些意见提的尖锐，高宗一时接受不了，但事后总会得到妥善处置，从而得到高宗的高度评价："至如高允者，真忠臣矣。朕有是非，常正言面论，至朕所不乐闻者，皆侃侃言说，无所避就。朕闻其过，而天下不知其谏，岂不忠乎！"③ 高宗对高允的信任完全可以与世祖对崔浩的信任相等："高宗

---

① 《魏书》卷35《崔浩列传》，中华书局1974年点校本，第826页。

② 祝总斌：《秦汉魏晋南北朝宰相制度研究》，中国社会科学出版社1990年版，第370页。

③ 《魏书》卷48《高允列传》，中华书局1974年点校本，第1076页。

重允，常不名之，恒呼为‘令公’。‘令公’之号，播于四远矣。”①

除高允外，得到高宗重用的汉族士人还有高闾，高闾是渔阳雍奴人，“少好学，博综经史，文才俊伟，下笔成章”。真君九年，征拜中书博士，和平末年，升迁为中书侍郎②。

再就是李孝伯、李祥、李安世一家两代三人均得到高宗的器重和礼遇。李孝伯是李顺的从父弟。赵郡人，其父李曾，少治《郑氏礼》《左氏春秋》，以教授为业③。可见李孝伯出身正宗的儒学世家。高宗兴安二年，“出为使持节，散骑常侍，平西将军、秦州刺史”。于泰安五年逝世，被高宗赠镇南大将军、定州刺史，谥文昭公④。而李孝伯兄李祥，“学传家业，乡党宗之”。在世祖时期，先后出任中书博士、青州军司、淮阳太守、河间太守。高宗即位后，迁为中书侍郎，由于河间郡的百姓有千余人上书，希望再让李祥在河间留任几年，但高宗不许，坚持将其调任中书侍郎⑤。高宗为何一定坚持将李祥调任中书侍郎？一方面说明高宗重用儒学士人，同时也说明高宗有了对中书学改革的设想。而李孝伯儿子安世，在十一岁那年，就被高宗选为中书学生，后每次来国学考察，总要单独询问和鼓励李安世：“汝但守此至大，不虑不富贵。”⑥

还有一个游明根，在高宗即位之初，就被迁为都曹主书，赐爵安乐男、宁远将军。后又“假员外散骑常侍、冠军将军、安乐侯，使于刘骏”⑦。

除此之外，还有郑羲、程俊、刘昶等，均是高宗时期被提拔的，如郑羲，荥阳开封人，文学才能优秀，“弱冠举秀才”，是李孝伯的乘龙快婿，于高宗末年征拜为中书博士⑧。程骏，“高宗践阼，拜著作佐

---

① 《魏书》卷48《高允列传》，中华书局1974年点校本，第1077页。
② 《魏书》卷54《高闾列传》，中华书局1974年点校本，第1196页。
③ 《魏书》卷53《李孝伯列传》，中华书局1974年点校本，第1167页。
④ 《魏书》卷53《李孝伯列传》，中华书局1974年点校本，第1172页。
⑤ 《魏书》卷53《李孝伯列传附祥》，中华书局1974年点校本，第1174—1175页。
⑥ 《魏书》卷53《李孝伯列传附安世》，中华书局1974年点校本，第1175页。
⑦ 《魏书》卷55《游明根列传》，中华书局1974年点校本，第1213页。
⑧ 《魏书》卷56《郑羲列传》，中华书局1974年点校本，第1237页。

郎；未几，迁著作郎”。[①] 刘昶是和平六年从南朝投奔而来的，“随昶至者二十许人”[②]。而以上诸人，到冯太后和孝文帝时代，成为了汉化改革的重要骨干力量。

第二，重视儒学教育，推动婚丧礼制改革。高宗重视儒学教育的主要措施就是对中央官学的中书学进行了初步改革。北魏初期的中央官学叫国子太学[③]，到太宗时期改为中书学。国子太学设立于天兴二年，《魏书·儒林传》：“天兴二年春，增国子太学生员至三千。”[④] 但《官氏志》记载的是“初令《五经》诸书各置博士，国子学生员三十人”[⑤]。张金龙认为，“千”当为“十”之误[⑥]。也就是说，张金龙认为《官氏志》的记载是正确的。而《儒林列传》又说：“太宗世，改国子学为中书学，立教授博士。”[⑦] 太宗为何要改国子学为中书学，中书学建立的背景是什么，没有任何可做直接说明的史料，也从没有人对此进行过深入研究。但通过拓跋部落在进入中原前期的一系列作为可以窥见一些蛛丝马迹，国子太学的建立及其后来改为中书学，应该与北魏早期的汉化改革及后来的胡汉矛盾冲突有关，这一建一改反映了拓跋政权儒学教育的曲折发展历程。前面提到，在高宗以前，或者说，在冯太后、孝文帝大规模的汉化改革前，拓跋政权内部对汉化有着两次大的博弈，分别发生在太祖和世祖时期，中央官学的建立及

---

① 《魏书》卷60《程俊列传》，中华书局1974年点校本，第1345页。

② 《魏书》卷59《刘昶列传》，中华书局1974年点校本，第1307页。

③ 从《儒林列传》《太祖纪》和各太学生列传的史料分析，太祖时期的国子太学可能是合二为一而未加区别的，即太学就是国子学，因为在具体的案例中，前期只有4例太学生而没有国子生。梁满仓认为，北魏初期的国子太学实际就是汉族传统意义上的太学，并不是有国子、太学两种学校。（梁满仓：《北魏中书学》，《魏晋南北朝史论文集——中国魏晋南北朝史学会第八届年会暨缪钺先生百年诞辰国际学术研讨会论文集》，巴蜀书社2006年版，第260—269页）这种将国子太学连起来读应该是正确的，但他又说北魏初期的中央官学只叫国子学怕也不太准确，因为在列传中只有太学生的资料，而没有国子学生的资料，可是《儒林列传》中又说后来改国子学为中书学。因此，我认为，可能是国子、太学两种叫法混用。

④ 《魏书》卷84《儒林列传》，中华书局1974年点校本，第1841页。

⑤ 《魏书》卷113《官氏志》，中华书局1974年点校本，第2972页。

⑥ 张金龙：《北魏太学与政治、文化》，原刊《原学》第四辑，后收入《北魏政治与制度论稿》，甘肃教育出版社2003年版，第222页。

⑦ 《魏书》卷84《儒林列传》，中华书局1974年点校本，第1842页。

其兴废和改造均与这两次博弈有重大关系。国子学改为中书学是太祖时期汉化改革反复博弈的结果，也可以说是两种势力相妥协的产物。《魏书·官氏志》载："（天兴）二年三月，分尚书三十六曹及诸外署，凡置三百六十曹，令大夫主之。大夫各有属官，其有文簿，当曹敷奏，欲以省弹驳之烦。"① 接着记载说"《五经》诸书各置博士"云云，说明设尚书三十六曹与国子学的建立是同时进行的，都属于天兴年间拓跋珪汉化改革的重要组成部分，这一改革的发起及其流产涉及北魏初期极其复杂的历史背景。曹文柱将这次改革与拓跋珪初期准备将都城建在邺城，后又突然改变主意，定都平城联系起来考虑。很明显，这次汉化改革的主谋是以崔宏为代表的北方世家大族，同时又得到拓跋珪的有力支持，"令大夫主之"中的"大夫"，即主官，大都为汉族士人，而"《五经》诸书各置博士"的"博士"当然也是儒学士人，可以说，经过改革后的新机构，汉族士大夫占有重要地位，这毫无疑问要遭到拓跋贵族的强烈反对。因此，仅过去几个月，情势却发生彻底逆转，新建尚书省被解散，汉族士人全部从机构中清除，汉化改革失败。曹文柱说，汉化改革失败，当然与拓跋保守派贵族的反扑有关，但也与拓跋珪本人的双重性格和内心的矛盾有关②。关于天兴二年的汉化改革及其反复，何德章更有专文进行了详尽的分析和论述③。

既然国子学的设立属于这次汉化改革的重要组成部分。随着整个汉化改革的失败，尚书机构的解散，汉族士人的被贬黜，国子学的命运也可想而知。尽管史书没有说它随着尚书省的解散而被废除，但命运可想而知，由于没有汉族士人的力推，也不再受重视是肯定的。所以到太宗时期，国子学被改为中书学，不再行使儒学教化功能，而成为一所主要以行使培训内侍人才职能的类似于现今行政学院的学校。这应该是国子太学改为中书学的重要背景，也是太祖时所办国子学并

① 《魏书》卷 113《官氏志》，中华书局 1974 年点校本，第 2972 页。

② 曹文柱：《论北魏初年都址的选择及其对前期社会的影响》，原载《北京师范大学学报》1987 年第 1 期，后收入《魏晋南北朝史论合集》，商务印书馆 2008 年版，第 121—145 页。

③ 何德章：《北魏初年的汉化制度与天赐二年的倒退》，《中国史研究》2001 年第 2 期。

未得到孝文帝和汉族士人所认同的重要原因。孝文帝后来一直说“祖宗情专武略，未修文教”①，冯太后对高允说“自顷以来，庠序不建，为日久矣”，而高允也回应说：“自永嘉以来，旧章殄灭。乡闾芜没《雅》《颂》之声，京邑杜绝释奠之礼。道业陵夷，百五十载。”②这是因为，太祖时期设立的国子太学，不久之后就被改为中书学，而中书学行使的是行政学院之类的官员培训功能，而非儒学传承的功能。也就是说，我们应将国子太学改为中书学这件事，放到拓跋政权初期第一次汉化改革及其失败的大背景下进行考察。

那么，我们为何说中书学不属于传统的太学教育类型，不具备教化民众，传承儒家文化的功能，只是拓跋鲜卑为加强专制王权而建立的一种培养内侍人员的特殊学校呢？因为早期的中书学生入学就有官品，且没有入学考试，也没有任何检验学生学习状况的考试手段③。

中书学大约设立于永兴或神瑞年间④。过了二十多年后，世祖又另建国子太学，《魏书·儒林传》：“世祖始光三年春，别起太学于城东。”⑤《世祖纪》也说：“二月，起太学于城东，祀孔子，以颜渊配。”⑥即在国子太学改中书学二十多年后，世祖又在京城的东面重建太学。城东太学的重建，是因为拓跋政权新一轮汉化改革已经兴起。这一次汉化改革的汉族士人代表是崔浩，即第一次汉化改革的士人领袖崔玄伯的儿子，这一次改革尽管声势更大，涉及面更广，崔浩的主要目标放在重建门阀制度和五等爵制方面，城东别起的太学应该

---

① 《魏书》卷108《礼制三》，中华书局1974年点校本，第2780页。

② 《魏书》卷48《高允列传》，中华书局1974年点校本，第1077—1078页。

③ 参见胡克森《北魏中书学的学校类型——兼谈鲜卑统治者对儒学教育功能的认识》，《邵阳学院学报》2017年1期。

④ 施光明根据《魏书·李顺列传》：“神瑞中，中书博士转中书侍郎”的记载，认为中书学应该建立于永兴年间，见《北魏中书学考述》，《教育史研究》1991年第4期；郑钦仁认为至迟在神瑞年间中书学已经建立，见郑钦仁《北魏官僚机构研究续编》，台湾稻禾出版社1995年版，第118页。梁满仓也认为在神瑞年间。见梁满仓《北魏中书学》，载《魏晋南北朝史论文集——中国魏晋南北朝史学会第八届年会暨缪钺先生百年诞辰国际学术研讨会论文集》，巴蜀书社2006年版，第262页。

⑤ 《魏书》卷84《儒林列传》，中华书局1974年点校本，第1842页。

⑥ 《魏书》卷4上《世祖纪》，中华书局1974年点校本，第71页。

是他配合重建门阀制度的一个考虑。那么，城东太学的实际操作怎样？史料记载不多，在《魏书》各列传中，北魏前期一共只有4个太学生实例，即薛提、张昭、邓颖和尉拨，而这4人均为太祖时的太学生①。看来城东建立的太学，估计后来成绩不大。当然，《世祖纪》中又提到世祖在太平真君五年下诏“今制自王公已下至于卿士，其子息皆诣太学”。这里的“太学”可能是指“中书学”，因为中书学主要是针对拓跋贵族和汉族高级士大夫招生的。当然也不排除是指城东设立的太学，但由于没有其他史料，无法得出确切结论。更何况，随着崔浩的被杀害，第二次汉化改革的流产，世祖时期设立于城东的太学的结果也可想而知了。当然，从世祖下达“别起太学于城东”的诏令来看，改革开始，他是想对中央官学和儒学教育进行一些改革的。如他后来在神䴥四年征召卢玄等一批硕儒入朝就是想在这方面有所作为，而且这批人中也有卢玄、高允、李灵等人出身名门豪族，他们大都被选为中书博士，进中书学执教，应该是想对中书学的教学方式和内容进行一些改革。但由于拓跋保守贵族的反对，儒学士人未能在中书学掌握实权，改革无法进行。再加之，随着后来崔浩等一大批汉族士人被诛杀，汉化改革全面失败，中书学的改革也就不可能有什么进展。中书学的初步改革应该开始于高宗时期，其表现在：一是将高允从二十七年中书侍郎的任上升迁为中书令，这是重视学校教育和汉族士人对中央官学管理的具体体现。其次，就是将高闾从中书博士任上迁为中书侍郎，将李祥从河间太守任上调任中书侍郎，河间郡百姓千余人上书请求李祥再留任数年，高宗不许，表现高宗加强中书学改革的决心。还有郑羲，也是在高宗时期被选拔为中书博士的。一大批世族硕儒被选入中书学，尤其是将高允升为中书令，身边又有一批中书侍郎，从而使中书学的权力逐步转移到汉人手中，为中书学的初步改革奠定基础，尤其是对于后来冯太后在全国建立统一的地方官学，颁布统一的学令以及中书学进行经学检试等改革铺平了道路。

① 4位太学生的具体考证分析见胡克森《北魏中书学的学校类型——兼谈鲜卑统治者对儒学教育功能的认识》，《邵阳学院学报》2017年1期。

再就是改造中书学的生源结构，从高宗时期开始，将大批侍郎博士子弟引进中书学，使其成为中书学生的主要来源之一，而且有了简单的检试手段。《魏书·李孝伯列传附安世》载：“兴安二年，高宗引见侍郎、博士之子，简其秀俊者欲为中书学生。”① 说明高宗开始将中书侍郎与博士子弟作为中书学生的主要来源之一。过去中书学学生是没有任何检试手段的，这时开始有了简单的目测，尽管这种检测过分简单，而且与经学知识无关，但毕竟有了一些基本选择。从此，中书学生中汉族士人子弟逐年增多。

如果说对儒学的重视，还只是一个初步动作的话，那么对婚丧制度的改革却是一个很大的动作。和平四年（463）十二月，高允针对当时的婚丧礼仪中带有浓厚的鲜卑旧俗，不依汉魏传统礼制而向高宗提出改革建议：“今陛下当百王之末，踵晋乱之弊，而不矫然厘改，以厉颓俗，臣恐天下苍生，永不闻见礼教矣。”② 高宗于该月的辛丑和壬寅连续两天内先后两次下达婚娶丧葬礼制的改革诏令③。礼制改革主要是强调婚丧的等级秩序，维护名教，严格世庶分隔。婚丧礼制风俗的改革及大批汉族士人被引进中书学等措施为后来冯太后和孝文帝的全面汉化改革奠定基础。

第三，恢复宗教信仰，推行儒佛道全面融合。除以上两点外，高宗在信仰领域内，还推行儒释道和民间信仰的全面融合。世祖支持崔浩推行汉化改革，在信仰领域推行了一场以儒家名教为主题的移风易俗和道德教化运动，对佛教和民间信仰以沉重打击。这些举动由于急于求成，给社会造成了不良影响，在一定程度上导致崔浩的被杀和汉化的中断。高宗上台后，一是“复佛”，一是“复群祀”，前者是对佛教信仰的全面恢复，后者是对民间信仰的宽容，在此基础上推动儒佛道的全面融合。关于高宗恢复宗教信仰，推行儒佛道全面融合的问题，笔者在该书《从汉化大背景看北魏的“灭佛”和“复佛”》一文

① 《魏书》卷53《李孝伯列传附安世》，中华书局1974年点校本，第1175页。
② 《魏书》卷48《高允列传》，中华书局1974年点校本，第1075页。
③ 《魏书》卷7《高宗纪》，中华书局1974年点校本，第122页。

中有着极其详尽的分析，此不赘述。

三　恢复史官职能

文成帝时期，还有一件功绩需要提及的就是恢复史官职能。《魏书·高宗纪》：和平元年六月甲午，“崔浩之诛也，史官遂废，至是复置。”① 北魏国史馆自建国以来，为北魏撰修国史，其史臣先后两次被杀戮，国史馆两次被废置。第一次是在太祖时期，主持修撰国史的是邓渊。《魏书》本传载：“（邓）渊性贞素，言行可复，博览经书，长于《易》筮。太祖定中原，擢为著作郎。出为薄丘令，诛剪奸猾，盗贼肃清。入为尚书吏部郎。渊明解制度，多识旧事，与尚书崔玄伯参定朝仪、律令、音乐，及军国文记诏策，多渊所为。……太祖诏渊撰国记，渊造十余卷，惟次年月起居行事而已，未有体例。渊谨于朝事，未尝忤旨。”②《魏书·崔浩列传》：“初，太祖诏尚书郎邓渊著《国记》十余卷，编年次事，体例未成。”③ 又《北史·魏收列传》写道：“魏初邓彦海撰《代记》十余卷。”④ 也就是说，《魏书》最初的撰述者是邓渊，崔浩的国史有一部分资料来自于邓渊撰述的《国纪》。但邓渊本传中没有提到他是因为记述国史被处死，而是涉及“和跋之狱”：“其从父弟晖为尚书郎，凶侠好奇，与定陵侯和跋厚善。跋有罪诛，其子弟奔长安，或告晖将送出之。由是太祖疑渊知情，遂赐渊死，既而恨之。时人咸愍惜焉。”⑤ 田余庆先生经过仔细考证，爬梳史料，认为邓渊是新附文臣，一直“谨于朝事，未尝忤旨”，绝对不会涉和跋案情。他从台湾学者陈识仁《北魏修史略论》一文提出邓渊之死是因受到道武帝的猜疑而受到启发，从而提出两点思考：第一，邓渊一介书生，不涉权势，如果说有什么引起道武帝猜疑的话，最可能是修史中出现了敏感问题；第二，北魏国史之狱的源

---

① 《魏书》卷7《高宗纪》，中华书局1974年点校本，第118页。
② 《魏书》卷24《邓渊列传》，中华书局1974年点校本，第635页。
③ 《魏书》卷35《崔浩列传》，中华书局1974年点校本，第815页。
④ 《北史》卷56《魏收列传》，中华书局1974年点校本，第2030页。
⑤ 《魏书》卷24《邓渊列传》，中华书局1974年点校本，第635页。

头不能从崔浩之狱算起，应以邓渊之狱为始。认为，邓渊是受命修史第一人，其狱事内容与崔浩基本一致，崔浩之狱正是邓渊之狱滥觞所及的结果①。正由于邓渊是因修史而被害，所以邓渊死后，国史馆被废弃："逮于太宗，废而不述。"从杀害邓渊之后，直到太宗一朝史馆一直未恢复建制，直到神䴥二年（429），太武帝命崔浩重新撰写国史："神䴥二年，诏集诸文人撰录国书，浩及弟览、高谠、邓颖、晃继、范亨、黄辅等共参著作，叙成《国书》三十卷。"② 后世祖在诏书中对北魏的历史提出了一个提纲性的东西，然后要崔浩续写前史："史阙其职，篇籍不著，每惧斯事之坠焉。公德冠朝列，言为世范，小大之任，望君存之。命公留台，综理史务，述成此书，务从实录。"崔浩以监秘书事的身份，"以中书侍郎高允、散骑侍郎张伟参著作，续成前纪。至于损益褒贬，折中润色，浩所总焉。"③ 可是不久崔浩就因国史问题被杀害：

> 真君十一年六月诛浩，清河崔氏无远近，范阳卢氏、太原郭氏、河东柳氏，皆浩之姻亲，尽夷其族。初，郄标等立石铭刊《国记》，浩尽述国事，备而不典。而石铭显在衢路，往来行者咸以为言，事遂闻发。有司按验浩，取秘书郎吏及长历生数百人意状。浩伏受赇，其秘书郎吏已下尽死④。

崔浩被杀以后，国史修撰工作再一次停止，史官机构也遭废置。直到高宗和平元年（460）夏四月恢复史官职能，中间停顿了10年时间。但崔浩被杀，在北魏历史上是个大事，因此，其被杀原因也有多种说法，最具代表性的说法有三种：第一是信仰冲突，第二是夷夏之防，第三是修史备而不典⑤。其中最有影响者是因国史而被杀，所谓

---

① 田余庆：《〈代歌〉〈代记〉和北魏国史——国史之狱的史学史考察》，原载《历史研究》2001年第1期，后收入《拓跋史探》，生活·读书·新知三联书店2003年版，第235页。

② 《魏书》卷35《崔浩列传》，中华书局1974年点校本，第815页。

③ 《魏书》卷35《崔浩列传》，中华书局1974年点校本，第823—824页。

④ 《魏书》卷35《崔浩列传》，中华书局1974年点校本，第826页。

⑤ 三种说法及证据资料可参见曾顺刚、张宏斌《鲜卑政治、文化背景下的儒士命运——对北魏崔浩被诛的深层解读》，《天府新论》2014年第5期。

崔浩国史之狱。三种说法都有一些史料依据，但同时也都有不同看法，新近有学者对这三种说法均提出否定，而将崔浩之死放到整个胡汉尖锐的矛盾背景下进行分析，认为崔浩作为儒士，为实现自身政治抱负、汉化鲜卑政权、恢复儒家道统而跻身于这一政治旋涡之中，最终成为了集体利益纷争下的牺牲品①。这一分析应该是有道理的，崔浩之死当然是因为其强力推行汉化改革，是激烈的胡汉矛盾的牺牲品。但我们也不能完全无视崔浩修撰国史而导致被杀的历史结论。因为崔浩因国史问题被杀，《魏书》记载很明显，《资治通鉴》对这一段史料的记载也很直接②。而且事件本身也没有什么需要避讳的。其实，胡汉矛盾必须体现在具体的历史事件上。就是说，拓跋贵族反对汉化，一定要清除崔浩，但崔浩深得世祖宠信，清除他必须找到一个非常恰当的理由，而国史中的“备而不典”毫无疑问也是拓跋贵族清除崔浩的理由之一。因此，笔者认为，如果将邓渊、崔浩的国史事件与北魏的汉化进程全面联系起来考虑，可能更能准确说明崔浩的死因。前面提到：拓跋部落进入中原以后，有两次汉化改革的曲折经历，既有汉化改革的强势推行，又遭到拓跋保守派贵族的极力反扑而导致汉化的流产，而邓渊和崔浩又分别属于这两次汉化改革的中坚人物。崔浩作为太武朝汉化改革的核心人物自不待言，邓渊在太祖的改革中的地位也不可小觑。《太祖纪》：“（天兴元年）十有一月辛亥，诏尚书吏部郎中邓渊典官制，立爵品，定律吕，协音乐；仪曹郎中董谧撰郊庙、社稷、朝觐、飨宴之仪；三公郎中王德定律令，申科禁；太史令晁崇造浑仪，考天象；吏部尚书崔玄伯总而裁之。”③《邓渊列传》中也说到邓渊与尚书崔玄伯参订朝仪、律令、音乐等，军国文记诏策，“多渊所为”。④ 说明邓渊是第一次汉化改革中不可或缺的重

① 曾顺刚、张宏斌：《鲜卑政治、文化背景下的儒士命运——对北魏崔浩被诛的深层解读》，《天府新论》2014 年第 5 期。

② 《资治通鉴》卷 125，《宋纪七》，“元嘉二十七年”条，中华书局 1956 年点校本，第 3941—3942 页。

③ 《魏书》卷 2《太祖纪》，中华书局 1974 年点校本，第 33 页。

④ 《魏书》卷 24《邓渊列传》，中华书局 1974 年点校本，第 635 页。

要人物，是许多汉制的重要制定者，但在天兴二年七月拓跋贵族的反扑中，张衮、封懿被罢黜，崔逞被处死，而邓渊却似乎没有受到牵连。按照本传看，是因为太祖要他撰写国记，使他多活了七八年，到天赐四年（407）被赐死，陈识仁说邓渊是因拓跋珪的猜疑而死，田余庆先生说邓渊是因修史触犯拓跋早期历史而被拓跋珪猜疑而死。不过，笔者认为，邓渊被杀无论是因牵涉和跋问题还是撰修国史被拓跋珪猜疑，都与拓跋珪时期的汉化改革有重大关系，属于胡汉矛盾的余波。

由修撰国史而引起的两次大的杀戮和关闭史馆事件之后，到文成帝时期，北魏王朝终于又恢复了史馆职能，但似乎不再有邓渊、崔浩那样热闹，归根结底是汉化矛盾已经大大缓和。学界均认为，崔浩以后，近一个世纪，史官少有成就，是前两次国史之狱的消极影响所致。不过认真分析史料，查看时事背景，其后期史学不畅之原因，固然有前两次国史之狱带来的消极影响，但更多的是史官的才、学、识和品德问题，而非拓跋统治者对史学的管控问题。至少经过孝文帝全面深入的汉化改革之后，对拓跋王朝的早期历史不会有太多忌讳。同理，前期史学因史官问题热闹而牵动历史，成为北魏显学，也并不完全是史官本身的问题，而是汉化的问题。邓渊、崔浩既是史官，但更是汉化改革的主要推动者，他们因力推汉化改革而遭拓跋部落保守派贵族杀戮，而遭杀戮的由头又涉及北魏历史的敏感问题，从而使得北魏史案成为显学。再者，从史馆的两次重开所间隔的时间也可以看出这一点。第一次史馆的废置是天赐四年（407），恢复是神䴥二年（429）；第二次史馆的废置是太平真君十一年（450），恢复是和平元年（460）。第一次从废置到恢复，中间长达 22 年。而第二次从废置到恢复则只有 10 年，而且崔浩之狱牵涉影响远超第一次，这恰恰说明文成帝的识见。同时也说明，高宗时代的胡汉矛盾已大大缓和，反过来也说明，文成帝对史馆的恢复属于其汉化改革的一大成就。

四　拓跋濬所处时代

《魏书·高宗纪·赞论》是这样评价拓跋濬的："世祖经略四方，内颇虚耗。既而国衅时艰，朝野楚楚。高宗与时消息，静以镇之，养威布德，怀缉中外。"① 这段论赞高度赞扬了拓跋濬将太武帝武功政治转向了文治新时代，顺利实现了社会转型。从历史发展的演变规律来看，社会发展有很多历史端口、历史机遇。抓住历史机遇，就可能迎来社会发展的盛世，但盛世的到来需要有转型过渡阶段。而历史研究者往往高度关注盛世的主导者，却忘记转型时期领袖的作用。实际上，转型阶段的领袖人物对社会发展的作用一点也不小于盛世时期的领袖人物。因为，前期的社会转型决定着后世社会的发展路径。为什么有的历史人物及时地抓住了历史发展机遇，成功地完成了社会转型，从而使社会发展走向高潮；而有的历史转型却导致一个国家、民族的毁灭性灾难。从这个角度来看，拓跋濬作为北魏历史上一个转型时期的君主，其历史作用和历史地位被严重低估。更何况，北魏的社会转型与一般单纯的政策转型不同，即不是简单的由建业到守成政策的转型，而涉及远为复杂的社会背景。我们知道，拓跋鲜卑原是一个游牧部落，以军事掠夺经济与畜牧经济为主，而中原则以农业经济为主，那么拓跋部落要想最终在中原站稳脚跟，统治占人口绝大多数的汉族人民，必须完成由军事掠夺经济与游猎畜牧经济向农业经济的转化。经济是基础，上层建筑和意识形态是由经济基础所决定的，只有经济转型完成，政治制度、文化观念等方面的汉化改革才可能成功。可以说，文成帝成功的经济转型为冯太后、孝文帝后来全面深入的汉化改革奠定了基础。

在拓跋濬以前，北魏的以游牧狩猎经济和军事掠夺经济为主，随着黄河流域的统一，大规模的掠夺战争基本结束，其经济结构必须向农业经济转型。北魏早期国家财政开支主要依靠掠夺经济和游牧狩猎经济，《魏书·食货志》载：

---

① 《魏书》卷5《高宗纪》，中华书局1974年点校本，第123页。

> 太祖定中原，接丧乱之弊，兵革并起，民废农业。……初，登国六年灭卫辰，收其珍宝、畜产，名马三十余万、牛羊四百余万，渐增国用。……自太祖定中原，世祖平方难，收获珍宝，府藏盈积①。

这里说，太祖刚进入中原，财政紧张，在登国六年灭卫辰缴获大量珍宝畜产之后，财政开支才开始充裕，国家府库依赖平方难，掠夺他国珍宝充实。早期掠夺经济的记载遍于史籍，拓跋珪时期，掠夺所获财富，见于《太祖纪》的就有12次，分别是：登国三年，大破库莫奚，"获其四部杂畜十余万"。② 登国五年，大破高车袁纥部，"虏获生口、马牛羊二十余万"。③ 登国六年十一月，大破直力鞮，"获其器械辎重，牛羊二十余万"。④ 登国十年十一月，破后燕，获"器甲辎重、军资杂财十余万计"。⑤ 皇始二年二月，大败慕容宝，"获其器仗辎重数十万计"。⑥ 皇始二年十月，破贺麟，"获其所传皇帝玺绶、图书、府库、珍宝、簿列数万"。⑦ 天兴元年正月，灭后燕，"收其仓库"。⑧ 天兴二年二月，"破高车杂种三十余部，获七万余口，马三十余万匹，牛羊百四十余万。……破其遗迸七部，获二万余口，马五万余匹，牛羊二十余万头，高车二十余万乘，并服玩诸物"。⑨ 同年三月，"破侯莫陈部，获马牛羊十余万头"。⑩ 天兴五年春正月戊子，"大破黜弗、素古延等诸部，获马三千余匹，牛羊七万余头"。辛卯，再破蠕蠕社仑，"获铠马二千余匹。"⑪ 同年二月，大败木易于、卫

① 《魏书》卷110《食货志》，中华书局1974年点校本，第2849—2851页。

② 《魏书》卷2《太祖纪》，中华书局1974年点校本，第22页。

③ 《魏书》卷2《太祖纪》，中华书局1974年点校本，第23页，又见《魏书》卷103《高车传》，第2308页。

④ 《魏书》卷2《太祖纪》，中华书局1974年点校本，第24页。

⑤ 《魏书》卷2《太祖纪》，中华书局1974年点校本，第27页。

⑥ 《魏书》卷2《太祖纪》，中华书局1974年点校本，第29页。

⑦ 《魏书》卷2《太祖纪》，中华书局1974年点校本，第31页。

⑧ 《魏书》卷2《太祖纪》，中华书局1974年点校本，第31页。

⑨ 《魏书》卷2《太祖纪》，中华书局1974年点校本，第34页。

⑩ 《魏书》卷2《太祖纪》，中华书局1974年点校本，第35页。

⑪ 《魏书》卷2《太祖纪》，中华书局1974年点校本，第39页。

辰、屈丐，“获其辎重库藏，马四万余匹，骆驼、牦牛三千余头，牛、羊九万余口”。①

见于《太宗纪》的仅有2次，分别为：永兴五年七月，破越勤倍泥部落，“获马五万匹，牛二十万头”。② 泰常三年正月，率众北略，“获牛马二万余头”。③

见于《世祖纪》的有7次：始光元年八月，击破蠕蠕，“获马万余匹”。④ 始光四年六月，大破赫连昌，“获马三十余万匹，牛羊数千万”。⑤ 神䴥二年六月，“俘获首虏及戎马百余万匹”。⑥ 神䴥三年十一月，“获乞伏炽磐质子及（赫连）定车旗，簿其生口、财畜”。⑦ 太延五年八月，“获牧犍牛马畜产二十余万”。⑧ 九月，牧犍来降，“收其城内户口二十余万，仓库珍宝不可称计”。⑨ 同月，“镇北将军封沓讨乐都，掠数千家而还”。⑩

以上三位君主在位分别为18年、15年和24年，记有掠夺收获的战争分别是12次、2次和7次，表现为两个特点，第一，总的趋势来说，收获越来越少；第二是掠夺的多少与君主的性格和能力有关。太宗与太祖、世祖比较，不是强势有为的君主，在位时期征战和胜战不多，故掠夺所获不多。而到高宗时，掠夺经济已成强弩之末，整个高宗在位14年，只提到在和平元年九月，西征军败什寅，“获畜二十余万”。⑪ 这也是最后一次对掠夺经济的记载，《显祖纪》中即使是皇兴四年打败蠕蠕这种游牧民族劲敌，也不再有所获马牛羊和生口的记

---

① 《魏书》卷2《太祖纪》，中华书局1974年点校本，第39页。

② 《魏书》卷3《太宗纪》，中华书局1974年点校本，第53页。

③ 《魏书》卷3《太宗纪》，中华书局1974年点校本，第58页。

④ 《魏书》卷4《世祖纪上》，中华书局1974年点校本，第70页。

⑤ 《魏书》卷4《世祖纪上》，中华书局1974年点校本，第73页；卷95《赫连昌传》记为：“杀获数万，生口牛马十数万，徙万余家而还。”第2057页。

⑥ 《魏书》卷103《蠕蠕列传》，中华书局1974年点校本，第2293页。

⑦ 《魏书》卷4《世祖纪上》，中华书局1974年点校本，第77页。

⑧ 《魏书》卷4《世祖纪上》，中华书局1974年点校本，第89页。

⑨ 《魏书》卷4《世祖纪上》，中华书局1974年点校本，第90页。

⑩ 《魏书》卷4《世祖纪上》，中华书局1974年点校本，第90页。

⑪ 《魏书》卷5《高宗纪》，中华书局1974年点校本，第119页。

载，只说“大破虏众”①。这应该不是这次战争在经济上毫无所获，而是说明掠夺经济在经济结构构成中已无足轻重。因此可以这样说，高宗时代是北魏的军事掠夺经济和畜牧游猎经济向农业经济的转型阶段。

当然，除开军事掠夺之外，狩猎所获也是拓跋部落财政的重要支撑，下面请看史料：

> （永兴五年）六月，西幸五原，校猎于骨罗山，获兽十万②。
>
> （神䴥四年）十一月丙辰，北部敕勒莫弗库若于，率其部数万骑，驱鹿数百万，诣行在所，帝因而大狩以赐从者，勒石漠南，以记功德③。
>
> 后车驾畋于山北，大获麋鹿数千头。诏尚书发车牛五百乘以运之④。
>
> 世祖即位，进爵北平王，司州中正。诏问公卿：赫连、蠕蠕征讨何先。嵩与平阳王长孙翰、司空奚斤等曰：“赫连居土，未能为患，蠕蠕世为边害，宜先讨大檀。及则收其畜产，足以富国；不及则校猎阴山，多杀禽兽，皮肉筋角，以充军实，亦愈于破一小国。”⑤

以上所引几条有关狩猎的史料，尤其是第 4 条史料，世祖与群臣关于“充军实”的对话，可以知道，狩猎也是拓跋政权前期的重要财政来源。但这一财政来源也在文成帝和平年间戛然而止。高宗在和平四年（463）八月丙寅日在河西畋猎完毕后下诏：“朕顺时畋猎，而从官杀获过度，既殚禽兽，乖不合围之义。其敕从官及典围将校，自今已后，不听滥杀。其畋获皮肉，别自颁赍。”⑥ 这一诏令说明，北魏

① 《魏书》卷 6《显祖纪》，中华书局 1974 年点校本，第 130 页。
② 《魏书》卷 3《太宗纪》，中华书局 1974 年点校本，第 53 页。
③ 《魏书》卷 4《世祖纪》，中华书局 1974 年点校本，第 79 页。
④ 《魏书》卷 28《古弼列传》，中华书局 1974 年点校本，第 692 页。
⑤ 《魏书》卷 25《长孙嵩列传》，中华书局 1974 年点校本，第 644 页。
⑥ 《魏书》卷 5《高宗纪》，中华书局 1974 年点校本，第 121 页。

统治者再没有把狩猎作为弥补财政支出的一种方式，而开始将其作为一种娱乐活动看待①。

与北魏前期经济来源紧密联系的还有官吏的俸禄问题，北魏官吏在孝文帝太和八年（484）以前是没有俸禄的，赵翼《廿二史札记》就有《后魏百官无禄》条，他通过高宗和孝文帝诏的有关内容认为，前期北魏官吏没有俸禄，官吏主要通过藉商贾取利而抽分来获得收入②。高敏先生不赞同史学界长期以来满足于这种说法，认为北魏前期长期实行的办法是通过战争对战利品实行赏赐的再分配制度，并将北魏前期对战利品实行赏赐情况进行统计列表，其中太祖在位 18 年，赏赐 14 次；太宗在位 15 年，赏赐 14 次，世祖在位 24 年，赏赐 13 次；但高宗在位 14 年，却只有 2 次赏赐。而显祖以后不再有赏赐的情况了③。这也说明高宗是这一制度的最后终结者，这当然与掠夺经济的减少有重大关联。同时，高敏先生又提到北魏地方官吏与商人分润这一办法，到底始于何时，史无记载④。笔者认为，北魏地方官吏与商人分润现象应该不是北魏官府认可的薪酬分配办法，而只是一种潜规则，它应是随着赏赐制度逐渐减少而兴起的，最早的史料记载是高宗在和平二年（461）正月下的一个诏令：

> 刺史牧民，为万里之表。自顷每因发调，逼民假贷，大商富贾，要射时利，旬日之间，增赢十倍。上下通同，分以润屋。故编户之家，困于冻馁；豪富之门，日有兼积。为政之弊，莫过于此。其一切禁绝，犯者十疋以上皆死。布告天下，咸令知禁⑤。

这里说明官商勾结现象到高宗时期已经很严重了，但如果结合赏赐制度也是高宗和平元年（460）之后已全面停止的这一现象分析，地方官吏与商人勾结应该是赏赐制度停止之后。或者说，原来有这种现

① 王万盛：《北魏制度转型论析》，《西北师大学报》2006 年第 5 期。

② （清）赵翼：《廿二史札记》，中国书店 1987 年影印本，第 188 页。

③ 高敏：《关于北魏百官无禄制的两个问题》，原载《历史教学问题》2004 年第 1 期，收入《秦汉魏晋南北朝史论考》，中国社会科学出版社 2004 年版，第 175—180 页。

④ 高敏：《秦汉魏晋南北朝史论考》，中国社会科学出版社 2004 年版，第 175 页。

⑤ 《魏书》卷 5《高宗纪》，中华书局 1974 年点校本，第 119 页。

象，到赏赐制度终结之后，表现更为严重。但这种官吏与商人勾结分润并不是北魏的常规制度，即不表现为国家意志，而只是地方官的个人行为。因为，既然没有了赏赐，又没有正常的俸禄，官吏只得自谋出路，这也可能被视为当然，会得到一定的社会同情，因而逐渐发展为一种潜规则。但这些事情一旦成为潜规则就可能越来越凶，发展到不可容忍的程度。通过高宗的诏令来看，其惩罚是非常严厉的，也说明与商人分肥来弥补官吏的俸禄并不是高宗的主张。那么，高宗时期的财政来源依靠什么呢？依靠农业经济收入。通过史料考察，高宗已经将经济发展的重心从畜牧业转向了农业，主要表现为对地方州郡的巡行考察已远比前几位君主频繁，对农业生产发展重视已远胜前几代君主。太安元年（455）六月癸酉日，高宗下诏强调吏治的重要性："夫为治者，因宜以设官，举贤以任职，故上下和平，民无怨谤。若官非其人，奸邪在位，则政教陵迟，至于凋薄。思明黜陟，以隆治道。"于是派遣尚书穆伏真等三十人，巡行州郡，观察风俗[①]。这是高宗第一次派出一个庞大的观察使队伍巡行州郡，考察民间情况。高宗对农业地区地方官吏的巡视和考察频率远远高于以前几位君主，正是经济重心由掠夺经济和游猎畜牧经济转向农业经济的标志性事件[②]。高宗对观察使提出对地方州郡考察的第一条要求就是对农田垦殖督察："入其境，农不垦殖，田亩多荒。"这里当然说明过去农业经济恢复不够，但更应该看到的是，高宗已经将农业生产的恢复和发展作为首要任务来对待了。而关于农业赋税问题，高宗也有自己的考虑，《魏书·食货志》载：

---

① 《魏书》卷5《高宗纪》，中华书局1974年点校本，第114页。

② 严耕望先生指出："北魏前期疆域，若以平城为中心，东北自和龙向西南经平城、太原、离石，渡河，经渭北上邽，至仇池，划一斜线，恰将全域等分为西北与东南两部，东南为汉人区，以州郡县制度治之。西北为鲜卑、汉族及其他被征服民族杂居区，以军镇等制度治之。北魏前期中央尚书有东西南北之目，而南北二尚书为恒制。……太和以后，西北军镇渐有废除，州郡制度几遍推行于全国矣。"（严耕望：《中国东方行政制度史·魏晋南北朝东方行政制度》下，上海古籍出版社2007年版，第419—420页）以州郡县制度治之的汉人区当然就是农业经济区，高宗频繁考察地方州郡当然是由掠夺经济和游猎畜牧经济转向农业经济的标志性事件。

> 先是太安中，高宗以常赋之外杂调十五，颇为烦重，将与除之。尚书毛法仁曰："此是军国资用，今顿罢之，臣愚以为不可。"帝曰："使地利无穷，民力不竭，百姓有余，吾孰与不足。"遂免之①。

此史事又见于《魏书·昭成子孙列传》："高宗即位，务崇宽征，罢诸杂调。有司奏国用不足，固请复之。惟素曰："臣闻：'百姓不足，君孰与足。'帝善而从之。"② 这里说明高宗对农业生产的发展有了一个长远打算，对农业赋税的收取采取放水养鱼，而不是竭泽而渔的方针，与过去以掠夺经济与畜牧业经济为主的财政赋税理念有了本质的不同。因为，掠夺经济的理念就是竭泽而渔，赶尽杀绝；而农业经济的赋税政策必须采取放水养鱼的做法。

以上对文成帝的经济政策转型内容进行了叙述，下面就要对这一政策的源流做一个简单考察。其实，北魏的经济政策转型并不始于文成帝，早在太武帝时期就有了这一考虑。这就是我在引言部分提到的，文成帝即位与西汉昭帝的上台有惊人的相似，北魏的社会转型与西汉武帝时期政策转型的曲折历程也有高度契合之处。田余庆先生说道，当汉武帝开疆拓土的主要成就完成之后，便实行改元，将年号改为"元封"。所谓，"元封"就是封禅，而封禅的意思就是大功告成。这是汉武帝考虑实行政策转变的信号③。而太武帝在太延六年（439）

---

① 《魏书》卷 110《食货志》，中华书局 1974 年点校本，第 2852 页。

② 《魏书》卷 15《昭成子孙列传》，中华书局 1974 年点校本，第 375 页。

③ 田余庆：《论轮台诏》，原刊《历史研究》1985 年第 1 期，后收入《秦汉魏晋史探微》，中华书局 2004 年版，第 32 页。该文的主要论点是：汉武帝在其去世前两年，开始了政策转型，从而扭转了汉代重蹈秦代的命运，促成了所谓"昭宣中兴"。辛德勇不赞同这一看法，认为西汉的指导思想直到元帝即位才得以改变。（辛德勇：《汉武帝晚年政治取向与司马光的重构》，《清华大学学报》2014 年第 6 期）杨勇则认为，武帝统治方略的调整是一个缓慢、复杂的过程。既不可否认"轮台诏"有重民生的调整倾向，在一定程度上开启了政策转折，但也要看到其远未完成这一过程。（杨勇：《再论汉武帝晚年政治取向——一种政治史与思想史的联合考察》，《清华大学学报》2016 年第 2 期）但无论怎样，田先生"轮台诏"是汉武帝政策转轨信号的说法是符合历史事实的，而后出现的"昭宣中兴"就是这一政策转轨的直接后果。汉武帝在世时确已萌生了政策转轨的想法，"元封"年号是其证据之一，这与北魏太武帝"太平真君"年号似有异曲同工之妙，本文以北魏类似的历史事实似也可以为以上争论提供一点参考。

灭掉北凉，完成北方统一之后，也有了由武功向文治，军事掠夺和游猎畜牧经济向农业经济转型的考虑。《魏书·释老志》载："世祖将讨赫连昌，太尉长孙嵩难之，世祖乃问幽征于谦之。谦之对曰：'必克。陛下神武应期，天经下治，当以兵定九州，后文先武，以成太平真君。'"① 于是改元"太平真君"年号。改"太平真君"年号说明军事武力时代已经结束，和平文治时代即将到来，这毫无疑问也是一个社会转型的标志性年号。于是在太平真君元年（440）正月，世祖"分遣侍臣巡行州郡，观察风俗，问民疾苦。"② 真君四年（443）六月，又针对地方州郡牧守下达劝课农桑的诏令：

> 朕承天子民，忧理万国，欲令百姓家给人足，兴于礼义。而牧守令宰不能助朕宣扬恩德，勤恤民隐，至乃侵夺其产，加以残虐，非所以为治也。今复民赀赋三年，其田租岁输如常。牧守之徒，各厉精为治，劝课农桑，不听妄有征发；有司弹纠，勿有所纵③。

最能说明武功转向文治意向的是太平真君四年（443）冬十一月的诏令：

> 朕承祖宗重光之绪，思阐洪基，恢隆万世。自经营天下，平暴除乱，扫清不顺，二十年矣。夫阴阳有往复，四时有代谢。授子任贤，所以休息；优隆功臣，式图长久，盖古今不易之令典也。其令皇太子副理万机，总统百揆。诸朕功臣，勤劳日久，皆当以爵归第，随时朝请，飨宴朕前，论道陈谟而已，不宜复烦以剧职。更举贤俊，以备百官。主者明为科制，以称朕心④。

这道诏令的主要内容分为两部分，一是对前期的二十年平暴除乱予以总结，给功臣以优厚待遇，但不委以实权："以爵归第，随时朝

① 《魏书》卷114《释老志》，中华书局1974年点校本，第3053页。
② 《魏书》卷4《世祖纪下》，中华书局1974年点校本，第93页。
③ 《魏书》卷4《世祖纪下》，中华书局1974年点校本，第96页。
④ 《魏书》卷4《世祖纪下》，中华书局1974年点校本，第96页。

请，飨宴朕前，论道陈谟而已，不宜复烦以剧职。”这是为太子将来全面掌权做准备，不让前朝功臣干涉太子施政。再就是安排皇太子副理万机，总统百揆，同时在功臣第二代中培养提拔一批文治之臣为太子所用，这就是“授子任贤”政策的用意。从这里可以看出，太武帝已开始考虑社会转型，而又准备将这一重任交给太子去完成。而他自己还需继续征伐，扫清西北民族的残余势力，但这明显不是未来国策的重点了。于是，诏令于十一月下达，十二月他就“车驾至自北伐”①，恭宗也于太平真君五年（444）正月正式开始监国。

太武帝给恭宗监国安排有四位辅政大臣，分别是侍中、中书监、宜都王穆寿，司徒、东郡公崔浩，侍中、广平公张黎，侍中、建兴公古弼②。其中有两位是汉人，即张黎和崔浩，从世祖对崔浩的高度倚重并支持他推行汉化改革来看，明显是希望恭宗在崔浩的辅佐下，顺利实现社会转型和推行汉化。而恭宗一上任，立即颁布促进农业生产大发展的政策，《恭宗纪》载：

> 初，恭宗监国，曾令曰：“《周书》言：‘任农以耕事，贡九谷；任圃以树事，贡草木；任工以余材，贡器物；任商以市事，贡货贿；任牧以畜事，贡鸟兽；任嫔以女事，贡布帛；任衡以山事，贡其材；任虞以泽事，贡其物。’其制有司课畿内之民，使无牛家以人牛力相贸，垦殖锄耨。其有牛家与无牛家一人种田二十二亩，偿以私锄功七亩，如是为差。至与小、老无牛家种田七亩，小、老者偿以锄功二亩。皆以五口下贫家为率。各列家别口数，所劝种顷亩，明立簿目。所种者于地首标题姓名，以辨播殖之功。”又禁饮酒、杂戏、弃本沽贩者。垦田大为增辟③。

这一政策对农业生产起到了极大的促进作用：“垦田大为增辟”。于是促使北魏的财政来源由原来的军事掠夺经济向农业经济转化，《食货志》载：“是时方隅未克，帝（世祖）屡亲戎驾，而委政于恭宗。真

① 《魏书》卷4《世祖纪下》，中华书局1974年点校本，第96页。

② 《魏书》卷4《世祖纪下》，中华书局1974年点校本，第96—97页。

③ 《魏书》卷4《恭宗纪》，中华书局1974年点校本，第108—109页。

君中，恭宗下令修农职之教……此后数年之中，军国用足矣。”① 这与前面记载的“登国六年破卫辰，收其珍宝、畜产……渐增国用”形成对比，说明在拓跋政权前期，国家财政开支主要以军事掠夺和畜牧经济为主，到世祖真君时期，北方统一已经完成，大规模的军事征伐已经结束，掠夺经济开始走向末路，恭宗监国采取的重视农业经济的政策恰当其时，从恭宗对农业经济的重视所产生的结果：“此后数年之中，军国用足矣。”就说明恭宗通过发展农业生产已经有效地解决了国家的财政问题，也说明恭宗时期，主体经济已开始由掠夺经济、游猎畜牧经济向农业经济转变。

可是好景不长，事情出现了意外：一是恭宗与崔浩合作并不顺畅，二人在人才选拔和宗教信仰方面有重大分歧②；再就是太平真君六年（445）九月卢水胡盖吴谋反，而在世祖亲自出征盖吴谋反的路上，又发现长安寺僧与盖吴谋反以及寺僧与富家妇女淫乱的证据，从而引发了世祖在太平真君七年（446）春发动的全国性灭佛运动。这一系列突发事件又引发了世祖、恭宗、崔浩及拓跋贵族之间一系列尖锐矛盾，导致崔浩、恭宗和世祖先后非正常离世，使这一社会转型被迫中断。而由于高宗是非正常接班，即位之后又经历了几年激烈的宫廷权斗。文成帝初年北魏的执政大臣犹如走马灯一样换来换去。高宗正平二年（452）十月即位，到太安元年（455）正月的二年又三个月的时间中，先后有录尚书事、太宰元寿乐，尚书令长孙渴侯，太尉张黎，司徒古弼，太尉周忸，司空杜元宝，建宁王崇，济南王丽，濮阳王闾若文，永昌王仁，车骑大将军、乐平王拔和司徒窦瑾等12位重臣惨遭杀戮，窦瑾还遭满门抄斩。宫廷权斗之激烈为北魏之前所未有。关于文成帝初年权臣之间激烈斗争的详细分析可参见张金龙《北魏政治史》第六卷《文成帝时代》第一章第二节《文成帝初年的政治格

① 《魏书》卷110《食货志》，中华书局1974年点校本，第2851页。

② 恭宗与崔浩在人事与宗教信仰方面的分歧的史料分别见于《魏书》卷48《高允列传》，中华书局1974年点校本，第1069页；卷114《释老志》，第3033—3035页。而学界对于此问题多有讨论，已是史学界共识，具体讨论文章不再征引。

局》①。而高宗初期权臣变动的基本顺序有序可循：首先为太武朝之旧功臣过渡到拥戴文成帝之新功臣，这是血腥的过渡。然后就是汉族士大夫逐渐陆续进入权力机构，这是文成帝地位稳固之后的自然过渡，文成帝时期汉族士大夫的重用见上文第二部分，又以太安三年（457）高允在做了二十七年中书侍郎的任上被升迁为中书令为标志。从此之后，高允得到高宗、显祖、冯太后和孝文帝的高度礼遇，再没有遭受任何猜忌，是高宗以后汉族士人在拓跋政权中最为显赫的人物。高允逝世于太和十一年（487），享年九十八岁，② 可以说是功德圆满，寿终正寝。很明显，文成帝时代的社会转型是到太安年间才真正开始，而高允升迁为中书令又是这一转型的重要信号。这样，以崔浩主导的汉化改革和恭宗主导的社会转型经过十几年的曲折发展，到高宗和高允手中又重新接续下去。从这一角度来看，高宗又是世祖和恭宗事业的继承者，高允即为崔浩事业的延续者。高宗以后，汉化改革在稳中推进，尽管也需要与拓跋保守贵族进行斗争，但其汉化改革的势力再也没有遭到重创，这与太武朝崔浩等士人掀起的汉化改革后遭到残酷杀害，汉化主力遭到重创具有质的不同。正由于高宗稳重的汉化改革，从而为冯太后和孝文帝全面深入的汉化改革铺平了道路，使冯太后一上台，就能够在诛灭权臣乙浑之后，“临朝称制”的第一件事就是“引中书令高允、中书侍郎高闾及贾秀共参大政”③。“共参大政”的具体内容就是在全国范围内建立统一的地方官学，为其第二次“临朝称制”推行全面深入的汉化改革开启序幕④。

文成帝除开实现成功的经济转型外，在对南朝的外交政策以及思想路线方面也实现了社会转型。所谓对南朝的外交政策转型，就是由过去的南北战争对抗进入到一个相对和平外交的新阶段，自高宗上台

---

① 张金龙：《北魏政治史》5，甘肃教育出版社 2008 年版，第 16—30 页。

② 《魏书》卷 48《高允列传》，中华书局 1974 年点校本，第 1089 页。

③ 《资治通鉴》卷 131《宋纪十三》，“明帝泰始二年”条，中华书局 1956 年点校本，第 4104 页。

④ 见本书所收《北魏州郡学的统一建立与拓跋鲜卑的汉化改革——兼谈北魏汉族士人儒学复兴的艰辛历程》一文。

直至孝文帝执政，南北双方维持了一个相当长的和平时期，这一开创之功应该算到文成帝拓跋濬头上。而所谓思想路线转型，就是正统观的转型。拓跋鲜卑的汉化改革是以正统观为其指导思想的，而正统观又分中原地域正统观和汉民族文化正统观，打何种正统观直接影响汉化改革的思路，决定汉化改革的方向。如果武力南伐，就必须继续高举中原地域正统观的旗帜；而如果和平竞争就要改变策略，祭出汉民族正统观的旗号，加强汉化改造，最后以软实力赢得民心而完成统一。而太和十四年（490）中书监高闾与秘书丞李彪、著作郎崔光关于五德历运的争论，就是关于中原地域正统观与汉民族正统观的争论，高闾高举中原地域正统观的旗帜，而李彪和崔光则坚持汉民族文化正统观。最后孝文帝否定了中原地域正统观，而高举汉民族文化正统观的旗帜，表明了他们指导思想的改变，汉化程度的深化。但太和十四年的德运争论实际是一种历史旧案，是对早已施行的指导思想进行的一种确认，而北魏这一新的指导思想，即汉民族正统观酝酿的时间节点应该是在高宗即位到冯太后掌权这样一个时间段①。也就是说，文成帝同时也完成了南北外交路线和指导思想方面的转型。因此，从以上诸多事例来看，文成帝的社会转型是成功的，其历史地位不应该被低估。

① 胡克森：《北魏的正统与汉化》，《史林》2015 年第 5 期。

从《元经》看王通北魏正统的确立依据

——兼评孝文帝的门阀制度重建

《元经》作为第一部书写南北朝分裂时期的史书，尊北魏而不尊南朝为中华正统，使北魏帝国在延续中华文明连续发展进程中的重要历史地位在该书中得到明确确认，而王通的北魏正统观，也通过其撰写的《元经》一书而得以体现。关于王通的正统观，前人对此已做过评述，如张沛的《斯文在中：王通〈中说〉大义抉要》和《人文之中：文中子的中国观》①，以及刘璞宁的《王通的政治道统论》②均涉及王通的正统观评价，但分析并不深入；而祝总斌先生《关于王通的〈续六经〉与〈中说〉》一文，则对王通为何要尊北魏为正统的思想认识以及这一认识的学术渊源进行了深入分析和追溯，尤其是揭示了王通作为一个在《隋书》无传的儒学士人，为何到中唐以后受到极大关注，进而被奉上儒学圣坛的位置③。笔者认为，王通作为隋代大儒，在《元经》一书中所表达的正统观比较特殊，对西晋末年至隋初的历史，先书东晋、刘宋和北魏两个帝位年号，在刘宋灭亡以后，再认北魏为唯一正统，他这一正统划分，与魏晋南北朝及后世一些正统论的主张者有很大差异。王通以太和四年作为北魏正统划分的时间节点，表层原因是因为该年，其四世祖王虬叛逃北魏，王通要为其先祖

① 张沛：《斯文在中：王通〈中说〉大义抉要》《人文之中：文中子的中国观》，分别见《晋阳学刊》2009年第6期，《〈中说〉译注·附录二》，上海古籍出版社2011年版，第275—289页。

② 刘璞宁：《王通的政治道统论》，《北京行政学院学报》2014年第3期。

③ 祝总斌：《关于王通的〈续六经〉与〈中说〉》，《中华文史论丛》2015年第2期。

的叛逃寻求正义性，而深层原因即是南方门阀士族衰落，寒门势力上升，从而导致社会风气全面衰败，正统确已转向北方。

一　王通其人及其儒学道统之地位

（一）王通其人及其学术著述

王通，生于隋代开皇四年（584），卒于大业十三年（617），终年33岁。王通在隋代无闻，却被宋代儒学家追认为一代大儒，对其以高度评价。张沛说视王通为道统中人这一提法是从晚唐皮日休发起的，到宋代更成为一种潮流，分别有宋初的柳开、孙复、石介，后来的理学大家程颐、朱熹、陆象山也都对其称许有加，甚至将其抬上与孟子相等的地位，而且宋代科举考试的策论，《文中子》属于出题范围①。但由于王通生于隋代，却于《隋书》无传，两《唐书》也无补传，而传世著述《中说》等书涉及的历史记载，又缺乏其他佐证，加之在传写过程中，有很多相互抵牾的地方，所以自宋代至清朝，一直有人怀疑其人其书的存在。近代学者如梁启超、姚际恒、余嘉锡等尽管不否认王通其人的存在，但都认为其书为伪②。因此，张沛只承认现存《中说》一书为真，而今本《元经》系后人伪作③，而陈启智力辩今本《元经》为王通所撰。他认为，之所以会出现《元经》是伪作的看法，主要是因为人们忽视了一条最重要的证据，即《全唐文》中所收王通弟子所撰《隋故征君文中子碣铭》一文④。而张新民《〈元经〉考辨》一文即将今传阮注《元经》与《中说》涉及《元经》者逐条比照，从而指出，现存《元经》绝非阮逸伪作，确是王通所撰⑤。李小成则以《文中子考论》为博士论文选题，其中第六章为《〈元经〉真伪考》，从《元经》的避讳问题、《元经》的版本、体例、思想及史书

---

① 张沛：《人文之中：文中子的中国观》，见《〈中说〉译注·附录二》，上海古籍出版社2011年版，第285—289页。

② 陈启智：《王通生平著述考》，《东岳论丛》1996年第6期。

③ 张沛：《人文之中：文中子的中国观》，《〈中说〉译注·附录二》，上海古籍出版社2011年版，第275—276页。

④ 陈启智：《王通生平著述考》，《东岳论丛》1996年第6期。

⑤ 张新民：《元经考辨》，《古籍研究》1997年第1辑。

质量等问题，并以《中说》与《元经》进行相互对照比较，从而指出《元经》绝非伪作。① 刘浦江也说：尽管学界普遍认为，今本《元经》是出自阮逸之手的伪书，但如果将该书的正统体系与《中说》比较，就会发现两者是基本吻合的②。也就是说，尽管自宋以来直至近代，现存《元经》一直被指斥为伪书，但现今学界赞同此看法者已寥寥无几，大量证据证明，这是一个历史冤案。笔者也对《元经》与《中说》中涉及《元经》的内容进行了比对，发现《元经》的基本思想与《中说》中表达的观点形成对应关系，只是个别字词用法不一，而这些字词又是可以互换的。因此，有充分理由认为现存《元经》是王通所撰原书。但正如张新民所说：正由于这一历史冤案，使《元经》研究长期备受冷落，治中国史学史鲜有言及王通所撰之书及其史学思想者③。应该说，这一局面开始有所改观，上文提到祝总斌先生的文章尽管不是直接以《元经》作为研究客体，但对王通学术渊源的追溯主要还是《中说》中关于修《元经》的材料。本文则是以现存《元经》作为研究文本，并结合《中说》中对撰修《元经》有关解释来考察王通的北魏正统观及其确立依据的。

（二）王通在儒学道统中的地位

王通成为儒学道统的重要一环，是晚唐的经学家与宋代理学家共同推出来的。如晚唐的皮日休就在《请韩文公配飨太学书》中提出：“夫孟子、荀卿翼传孔道，以至于文中子。”④ 皮日休在这里说王通是继承孟子、荀卿而来，而在《文中子碑》中更是说王通为孟子以后的第一人⑤。到宋代初年，柳开在《补亡先生传》中开始将王通封为圣人，认为孔子殁后，“其能继孔氏者，轲之下，虽扬雄不敢措一辞……隋之时，王仲淹于河汾间，务继孔子，以续六经，大出于世，实为圣

① 李小成：《文中子考论》，上海古籍出版社 2008 年版，第 144—172 页。

② 刘浦江：《南北朝的历史遗产与隋唐时代的正统论》，《文史》2013 年第 2 辑。

③ 张新民：《元经考辨》，《古籍研究》1997 年第 1 辑。

④ （唐）皮日休著，莫道才、沈伟东选注：《皮鹿门小品》，文化艺术出版社 1997 年版，第 73 页。

⑤ 皮日休：《文中子碑》，见傅云龙、吴可主编《唐宋明清文集》第 1 辑：《唐人文集》卷 4，天津古籍出版社 2000 年版，第 2433 页。

人矣”。[1] 到孙复、石介则排出了王通在道统中的位置，如孙复说：“吾之所谓道者，尧、舜、禹、汤、文、武、周公、孔子之道也，孟轲、荀卿、扬雄、王通、韩愈之道也。”[2] 而石介则说：“传曰：‘五百年一贤人生。’孔子至孟子，孟子至扬子，扬子至文中子，文中子至吏部……孔子、孟子、扬子、文中子、吏部，皆不虚生也。存厥道于亿万世，迄于今而道益明也，名不朽也。”[3] 这一排位基本在理学家中确定，故后来的《三字经》中除孔孟之外，标举五人，即“五子者，有荀扬，文中子，及老庄”。老子和庄子属于道家代表，可见宋人的心目中，王通在儒学道统中地位之高。王通在儒学道统中地位确定及其配位之高，应该是恰逢佛道之学达到鼎盛后而逐步走向衰落，韩愈的“道统说”发生广泛影响，儒学走向复兴的端口之时。学界将儒学的衰落归结为佛道的高涨，而汉代尽管因董仲舒的提倡，儒学成为官方占主流地位的意识形态。但宋儒认为，董仲舒的儒学因吸收其阴阳灾异之说而走向歧路，导致佛道盛行，因此，宋儒要复兴儒学，便要在董仲舒之外，另辟蹊径，推出新的儒学传承者。

宋儒们封王通为圣人，应该与其续写六经有重大关系，但更主要原因可能还是他仿照《春秋》体例写出《元经》一书，《元经》提出了分裂时期，以传承复兴中华传统文化为正统标准，这应该是被宋代学术界推举的重要原因[4]。

二 从《元经》解读看北魏正统

王通撰写《元经》的主要目的就是要在分裂时期树一个新的正

---

① 柳开：《补亡先生传》，《全宋文》第6册，卷127，上海辞书出版社、安徽教育出版社2006年版，第396页。

② 孙复：《信道堂记》，《全宋文》第19册，卷401，上海辞书出版社、安徽教育出版社2006年版，第313页。

③ 石介：《上赵先生书》，《全宋文》第29册，卷619，上海辞书出版社、安徽教育出版社2006年版，第199页。

④ 当然，其续写“六经”，及其弟子整理的语录体著作《中说》也是其儒学道统地位确定的重要原因，但“六经”已全数不存，其学术地位大打折扣，而《中说》的相当一部分内容就是谈《元经》的写作意图的，因此，《元经》应是体现王通儒学道统的主要代表作品。

统，而这个正统就是北魏。《中说》卷五《问易篇》：“文中子曰：‘《春秋》作而典诰绝矣，《元经》兴而帝制亡矣。’”①《礼乐》提到王通在回答学生程元询问他《续六经》的用意时又说道“修《元经》以断南北之疑”②。而在《魏相》篇则说得更明白：

> 《春秋》一国之书也，其以天下有国而王室不尊乎？故约诸侯以尊王政，以明天命之未改；此春秋之事也。《元经》天下之书也，其以无定国而帝位不明乎？征天命以正帝位，以明神器之有归，此《元经》之事也。③

王通之所以说《春秋》是一国之书，是因为《春秋》尽管只是记载鲁国一国的国史，但当时诸侯分立，周王室没有得到尊崇，孔子著《春秋》的用意在于制约诸侯，使其共同维护周室统领天下的权威，从而表明天命未改。而说《元经》是天下之书，因为《元经》不是记载一个诸侯国历史的史书，而是记载秦汉帝国统一天下之后分崩离析时期的国史。《元经》是因为国家动荡，帝位不明，分辨华夏正统而作的，故说《元经》为天下之书。《元经》的纪事起自西晋惠帝太熙元年（290），是因为惠帝即位之后，立太后杨氏，以贾氏为皇后，以太傅杨骏辅政和立广陵王遹为皇太子后导致“八王之乱”的，自此天下失主，“帝位不明”。

那么，《元经》到底用怎样的书写方式将两晋正统过渡到北魏正统的呢？下面我们就将《元经》中有关宣示正统的史料拣择出来，进行分析。《元经》由王通本人所撰写的有九卷，最后第十卷为薛收所续，本文只分析前九卷。第一、二卷主要记西晋史事，即第一卷所记为晋

---

① 王通撰，阮逸注：《中说》卷5《问易》，《四部丛刊初编》第59册，上海书店1989年影印本，第8页b。

② 王通撰，阮逸注：《中说》卷6《礼乐》，《四部丛刊初编》第59册，上海书店1989年影印本，第4页b。

③ 王通撰，阮逸注：《中说》卷8《魏相》，《四部丛刊初编》第59册，上海书店1989年影印本，第2页b—3页a。

武帝太熙元年至晋惠帝光熙元年[①]，第二卷记晋怀帝永嘉元年至建兴五年之史事[②]，尊西晋为正统，自不待言。王通以晋武帝太熙元年为《元经》的起始纪年，到隋开皇九年完成全国统一作为纪年终结一样，表明该书是仿照《春秋》微言大义，列西晋末年到隋代统一这段时期的历史纲目。正统之辩一般是在民族分裂、原有的正统崩塌之时出现，而更主要的原因是因中华文化的正宗传承中断，《春秋》是在俗称"礼崩乐坏"的基础上为正名而作的，《元经》这一纪年起讫也符合《春秋》的义理标准。

第三卷至第七卷主要记载东晋史事。其中第三卷为东晋元帝太兴元年至明帝太宁三年[③]。第四卷记成帝咸和四年至咸康八年[④]。第五卷记康帝建元元年至海西公太和六年[⑤]。第六卷记简文帝咸安元年至太元二十一年，其中太元十一年，代王拓跋珪始称魏王一事的记载值得注意[⑥]。第七卷记安帝隆安元年至恭帝元熙二年[⑦]。从这一卷开始，北魏也有了纪年，如在安帝隆安元年，除记有安帝于这年"春正月即位，加元服"外，还有"魏道武帝皇始元年"的纪年[⑧]。王通为何将"皇始元年"这一年书写下来，而对拓跋珪在大臣中大规模地议定"代""魏"国号问题，并正式改王为帝的"天兴元年"却不书。对此，薛收的传文没有做出解释，阮逸也未有补充注释。在《中说·王

---

① 王通撰，薛收传，阮逸注，南昌袁绚校：《元经》卷 7，中华书局 1991 年版，第 1—20 页。

② 王通撰，薛收传，阮逸注，南昌袁绚校：《元经》卷 7，中华书局 1991 年版，第 21—33 页。

③ 王通撰，薛收传，阮逸注，南昌袁绚校：《元经》卷 7，中华书局 1991 年版，第 35—46 页。

④ 王通撰，薛收传，阮逸注，南昌袁绚校：《元经》卷 7，中华书局 1991 年版，第 47—62 页。

⑤ 王通撰，薛收传，阮逸注，南昌袁绚校：《元经》卷 7，中华书局 1991 年版，第 63—78 页。

⑥ 王通撰，薛收传，阮逸注，南昌袁绚校：《元经》卷 7，中华书局 1991 年版，第 79—94 页。

⑦ 王通撰，薛收传，阮逸注，南昌袁绚校：《元经》卷 7，中华书局 1991 年版，第 95—113 页。

⑧ 王通撰，薛收传，阮逸注，南昌袁绚校：《元经》卷 7，中华书局 1991 年版，第 95 页。

道》篇载："子述《元经》皇始之事，叹焉，门人未达。淑恬曰：'夫子之叹，盖叹命矣。《书》云天命不于常，惟归乃有德。戎狄之德，黎民怀之，三才其舍诸？'"①而《关朗》篇也记载了王通的一段话："吾于《续书》《元经》也，其知天命而著乎！伤礼乐则述章志，正历数则断南北，感帝制而首太熙，尊中国而正皇始。"②这里以皇始年号纪年，是为了尊中国，即已开始认北魏为正统，这里强调正统的文化标准，而非血缘标准。就是说，王通认为，"皇始"年号比"天兴"年号重要。笔者猜测，可能是王通认为，这一年北魏道武帝在参合陂大败后燕，趁此大胜之势攻下并州、河北地。同时，该年按照中原体制初建台省，设置百官，封拜公侯、将军、刺史、太守等③。北魏的势力在中原已居于绝对优势，中原其他胡族政权已无力与之对抗，故王通书"皇始"年号，而不书"天兴"年号。除此之外，应该还有他的理由，这在后面有分析。那么，从这年开始，既有东晋纪元，又书北魏年号，似乎可以理解为王通已尊两个正统，薛收《传文》作注说：

> 安帝……即位之岁，当魏道武帝之皇始元年也。然则一岁而书二帝何也？文中子曰："《元经》抗帝而尊中国，其天命之所归乎！皇始之帝也。征天命以授魏也，晋宋之主近于正体，于是未忘中国。"或问："皇始授魏而帝晋，何也？"子曰："主中国者，将非中国也。齐、梁、陈之君则斥之四夷，以明中国有代矣。"④

薛收这些传文分别在《中说》中可以找到大致相同或相近的对应语言⑤。薛收的意思，王通为何要书二帝？是因为要推举占据中原的

---

① 王通撰，阮逸注：《中说》卷1《王道》，《四部丛刊初编》第59册，上海书店1989年影印本，第3页a—3页b。

② 王通撰，阮逸注：《中说》卷10《关朗》，《四部丛刊初编》第59册，上海书店1989年影印本，第2页a。

③ 《魏书》卷2《太祖纪》，中华书局1974年点校本，第27页。

④ 王通撰，薛收传，阮逸注，南昌袁绚校：《元经》卷7，中华书局1991年版，第95页。

⑤ 王通撰，阮逸注：《中说》卷8《魏相》，《四部丛刊初编》第59册，上海书店1989年影印本，第3页b；卷5《问易》，第8页a。

北魏皇朝为正统，这是天命所归。而东晋与刘宋王朝本来是中原华夏血统，还没有忘记中国，还传承着中华文化，基本上还是可勉强为正统的。但阮逸又注释说："晋本中国之旧也。未尝有树晋之功，图中国之志。假立以岁时，不欲遽弃。"[①] 阮逸的意思是说，尽管东晋来自中原，却从未有为树立晋（指西晋）之正统做出功绩，没有试图收复中原失地的宏图大志，即北伐未能成功，但因为这一政权传自西晋，来自中原，建立又有这么久的时间，因此也不可以立即将东晋的正统废除。

另外，薛收在这里将第八卷以刘宋为正统的原因也一起叙说了，所以，在第八卷，薛收对刘宋被尊为正统的原因不再说明。那么，为何尊刘宋为正统，却又将齐、梁、陈斥之四夷，排除于正统之外？因为，如果从承前代正统政权和民族血缘的标准，齐、梁、陈的政权取得与晋禅宋一样，也是汉族皇朝，也是按照禅让方式传下来的。王通解释，这是因为孝文帝改革取得巨大成就，已经延续了汉魏以来的礼乐文化传统，取代南朝成为中华正统，齐、梁、陈便被斥之为"四夷"。《中说·问易》篇在"晋宋之主近于正体，于是未忘中国"后面还有一句："穆公之志也。"[②] 意思是说，这是穆公的意思。明眼看，就是因为刘宋朝，穆公还在南朝。不过，其实这只是表面现象，真正的原因不在这里，因为，刘宋皇朝曾出现过一个宋文帝的元嘉盛世，这是南朝最为辉煌时期，是同时的北魏无法比拟的，不但如此，元嘉繁华也超过东晋，如果将刘宋斥为僭伪，明显说不过去。因为，王通划分正统既不按血缘标准，也不按顺承标准[③]，而是采用中华传统的"德"标准，实际就是：谁能够传承中华文化，维护"德治"传统，谁就是正统，"元嘉之治"毫无疑问属于传承中华文化最好的时期， 沈约在《宋书·文帝纪·序论》中是这样评价宋文帝与"元嘉之治"的：

① 王通撰，薛收传，阮逸注，南昌袁绹校：《元经》卷7，中华书局1991年版，第95页。

② 王通撰，阮逸注：《中说》卷5《问易》，《四部丛刊初编》第59册，上海书店1989年影印本，第8页a。

③ 所谓顺承标准，就是说：前朝政权是正统，继承该政权者也是正统。

> 太祖幼年特秀，顾无保傅之严，而天授和敏之姿，自禀君人之德。及正位南面，历年长久，纲维备举，条禁明密，罚有恒科，爵无滥品。故能内清外晏，四海谧如也。昔汉氏东京常称建武、永平故事，自兹厥后，亦每以元嘉为言，斯固盛矣①！

《南史·宋文帝纪》也说："上好儒雅，又命丹阳尹何尚之立玄素学，著作佐郎何承天立史学，司徒参军谢元立文学，各聚门徒，多就业者。江左风俗，于斯为美，后言政化，称元嘉焉。"②"建武"是东汉光武帝年号，"永平"是东汉明帝年号，这是东汉最值得肯定的时期，而从这以后直到宋文帝的近400年，又出现一个元嘉时期，成为后世人们津津乐道的盛世，这正说明刘宋是汉代文明的传承者，难道还不足以称为正统时代吗？但元嘉以后，南朝便迅速走向反面，正统逐渐丧失。这一问题在后面有详细分析。

应该承认，从第七卷开始，王通已有了树北魏为中原正统的想法，为将来树北魏为正统打下伏笔。但尽管如此，此时，王通的正统还只有东晋一家，北魏并没有获得与东晋同等的地位。这不仅仅是先书东晋纪年，后书北魏纪年的问题。还有，东晋的纪年是完整的记载，一年不落。而北魏却只记某位皇帝即位的那年，其他年份即不记，而且即使如此，也不是所有的皇帝即位都书其年号的。如卷七就只书道武帝皇始元年，而在东晋安帝的义熙五年，即明元帝拓跋嗣即位的永兴元年，却不书永兴年号。至于这一年还记载了道武帝被拓跋绍所弑，但那不属于帝系体例，而只是略高于诸侯国的待遇而已。因为当时十六国其他君主的一些大事活动也被记载下来，只不过给拓跋珪加了一个"帝"字③。这些都说明，在王通眼里，北魏还没有取得与东晋同等的正统地位，真正的正统还是只有东晋一个，并不是两个。即使与后来继位的南朝刘宋皇朝相比，北魏同样未取得与其相等

① 《宋书》卷5《文帝纪》，中华书局1974年标点本，第105页。

② 《南史》卷2《太祖文皇帝本纪》，中华书局1975年标点本，第45—46页。

③ 王通撰，薛收传，阮逸注，南昌袁绚校：《元经》卷8，中华书局1991年版，第105页。

的纪年地位，请看《元经》第八卷的记述体例。尽管第八卷卷首在记述了“宋高祖武帝永初元年”之后，就有“后魏明元帝五年”的纪年，而后就是“夏六月，宋受晋禅”。① 为何不在东晋义熙五年后书“后魏明元帝永兴元年”，因为这是明元帝拓跋嗣的即位之年，却要在刘裕即位的永初元年后书后魏明元帝五年呢？可以看出，王通在这里，明显是从南朝的角度纪事的。也就是说，刘裕即位，宋朝开国的那年，北魏是明元帝五年，这对北魏似乎有一种应付的味道在内。还有，在第八卷以后的书写中，北魏的纪年也只记述了太武帝的几个年号，如宋文帝元嘉元年后书“魏太武皇帝始光元年”。② 宋“元嘉五年”后书“魏太武皇帝神䴥元年”。③“元嘉九年”后书“魏太武延和元年”。④“元嘉十七年”后书“魏太武太平真君元年”。⑤ 在该卷北魏太武帝改元的第一年大都给以纪年待遇，但太延年号却未书写。还有，即使像道武帝、太武帝这些被书年号的皇帝，在其即位那年也不书“即位”字眼，而东晋和刘宋皇朝每一个皇帝登上大位必须明白无误书上“即位”“受禅”字样。至于太武帝以后的其他两位皇帝如南安王拓跋余、文成帝拓跋濬，均不书任何史事，好像他们根本不存在一样。当然自元嘉二十二年至三十年这八年历史，《经》文已佚，无从知晓其真相，但文成帝正处于刘宋孝武帝即位后的纪年中，也有过三次改元，即“兴光”“太安”与“和平”，却没有任何记载。因此，我们认为，在以东晋和刘宋皇朝为正统纪事的前八卷中，在王通眼里，北魏还未取得与南方汉族政权同等的书写地位，这应该是《元经》正统体系书写的基本态度。王通之所以要这样书写，是认为北魏还不能与

① 王通撰，薛收传，阮逸注，南昌袁绹校：《元经》卷 8，中华书局 1991 年版，第 115 页。

② 王通撰，薛收传，阮逸注，南昌袁绹校：《元经》卷 8，中华书局 1991 年版，第 118 页。

③ 王通撰，薛收传，阮逸注，南昌袁绹校：《元经》卷 8，中华书局 1991 年版，第 120 页。

④ 王通撰，薛收传，阮逸注，南昌袁绹校：《元经》卷 8，中华书局 1991 年版，第 122 页。

⑤ 王通撰，薛收传，阮逸注，南昌袁绹校：《元经》卷 8，中华书局 1991 年版，第 127 页。

东晋南朝等同，但北魏毕竟后来要继东晋刘宋成为中华正统，因此，其正统地位又必须由拓跋珪进入中原之后一步步发展而来，即其发展历史必须追溯，因此将其最具有影响性的皇帝的年号书在东晋南朝之后，附带记述下来，所以王通重点关注的皇帝是道武帝拓跋珪、太武帝拓跋焘。王通在这里对北魏的安排有点类似于《三国志》对蜀汉的记述，蜀汉的地位低于曹魏，但高于孙权。而北魏的正统地位低于东晋刘宋，但又高于其他北方胡族政权。通过这种分析，我们再回过头来看前面提到的卷七中，王通对道武帝的年号为何只书魏王的“皇始”，不书魏帝的“天兴”，是因为王通并没有将北魏放到与东晋刘宋皇朝相等的地位中，封王和称帝没有太多的不同。所以，王通也并不认为拓跋珪改王为帝，讨论国号有多么重大的意义，即他并不认为拓跋珪改王为帝的“天兴元年”是一个重要的时间节点。

当然，《元经》第八卷的记述在孝建元年，即刘宋孝武帝即位之后，只有每一年的纪年，而没有其他史实记载。清代学者王谟对此提出疑问：“至第八卷，元嘉二十二年，经书冬十二月，范晔反，伏诛，而其传文于删众家后汉书为一家之言下，忽接徐湛之则无以谢天下，乃叙元凶弑逆，事在元嘉三十年，中间相距八年，经传文俱全脱，此则不知所据何本也？”① 笔者的理解是：从元嘉二十二年到三十年，中间八年《经》文史事全部脱落，而《传》文尽管也有脱落，但却留下了元嘉三十年刘劭弑逆之事迹，被后人将其与元嘉二十二年有关范晔、徐湛的传文解释混在一起，故出现如上现象。

除此之外，还有一个较费解的现象是《元经》第八卷在孝武帝即位后的孝建元年开始，就只记某年号某年即位改元，以及弑君篡位禅位之大事，其他史事一概不记。王谟考证指出：“自武帝孝建元年后，惟即位改元、禅篡大事始书，余俱不书。此元经本例，然亦不知于春秋之义何居也？”② 王谟考证后认为，这一段确是《元经》原有体

① 王通撰，薛收传，阮逸注，南昌袁绚校：《元经·王谟识》，中华书局1991年版，第1页。

② 王通撰，薛收传，阮逸注，南昌袁绚校：《元经·王谟识》，中华书局1991年版，第1页。

例，但他这么做到底在孔子的“春秋笔法”中有什么依据呢？而李小成即以此作为《元经》无什么特色，认为王通不是真正想作一部纯粹的史书，而是要用史书形式来表达和传递一种正统观念①。笔者以为，这种理解是不准确的，王通不可能以不合基本的历史书写知识的史书来表达他的正统观，这样怎么能达到其目的呢？笔者认为，王通这样做是有其深意的，是符合孔子春秋笔法的，这一问题留待后面做详细分析，此不赘。

《元经》第九卷是以北魏为唯一正统的，纪年以孝文帝太和四年开始，历西魏、北周而至隋，其间的东魏、北齐与南朝的齐、梁、陈均被视为僭伪政权。王通《元经》的终结年份是隋代开皇九年，即到灭陈完成全国统一为止，隋统一以后的历史不再往下记叙。

三 《元经》北魏正统划分的时间节点

王通《元经》卷九以北魏为正统，是以其汉化改革的巨大成就，一个胡族政权转变为一个以传承中华文明为己任的汉族政权为标准的。可是，王通为何以太和四年（480）作为北魏正统的起始年份？从北魏的角度看，这一年不是一个重要年头，北魏具有历史意义的年份或者是天安元年（466），这一年显祖即位，乙浑作乱，文明太后诛乙浑而第一次临朝称制，随后推出统一建立州郡学的诏令，为后来的汉化改革开启序幕②。或者是延兴元年（471），这一年孝文帝即位。或者是承明元年（476），显祖逝世，冯太后第二次掌政，全面的汉化改革宏图开始酝酿。或者是太和八年（484），官员的俸禄制改革开始，也是北魏汉化改革的全面展开之年；或者是太和十八年（494），孝文帝迁都洛阳，从而开始了深层次的文化习俗改革。而太和四年（480），既不是某一位有作为的君主的即位之年，又不是重大改革的发起之年，怎么以这一年作为南北正统转化的分界线呢？这确实有点

① 李小成：《文中子考论》，上海古籍出版社2008年版，第162页。

② 胡克森：《北魏州郡学的统一建立与拓跋鲜卑的汉化改革——兼谈北魏汉族士人儒学复兴的艰辛历程》，《史学月刊》2016年第6期。

费解。薛收对卷九经文“后魏孝文帝太和四年，春正月”一句是这样注释的：

> 文中子曰：或问孝文。子曰：“可与兴化矣。”又曰：“中国之道不替，孝文之力也。”又曰：“太和之政近雅矣，一明中国有法也。”又曰：“修元经以断南北之疑。”董常问：“《元经》之帝魏何也？”子曰：“乱离瘼矣，吾谁适归？天地有奉，生民有庇。且居先王之国，受先王之道，子先王之民矣，谓之何哉？”子曰：“《元经》之专断，盖禀于天命，吾安敢至之哉？帝都洛，造明堂，置职制，凡诏策帝自述之。”①

将这段《传》文与《中说》对照，从而证明薛收的《传》文是有依据的。以上引文中，王通解释了北魏为何最终得正统的原因。首先，王通高度评价了孝文帝汉化改革的重要作用。所谓“中国之道不替”②，也就是说经过东晋十六国100多年的大动乱，传统文化在中原并没有沦亡，而是延续下来了，而这都是孝文帝的功劳。这里解释了王通为什么要修《元经》，就是要在这样一个南北分治时代，判断出一个正统来。

当董常问王通《元经》为何要尊北魏为正统时，王通的解释是：“乱离瘼矣，吾谁适归？天地有奉，生民有庇，即吾君也。且居先王之国，受先王之道，子先王之民矣，谓之何哉？”王通认为，自西晋以后，中原大乱，百姓流离失所，无所依归，自己的理想抱负也无处得以实现。如果有一个人，使天地先祖受到祭祀供奉，乱离的百姓得到庇护，他就是我的君主了。那么，我的理想抱负也实现了。何况我居

---

① 王通撰，薛收传，阮逸注，南昌袁绚校：《元经》卷9，中华书局1991年版，第133页。以上引文分别出现在《中说》卷2《天地篇》（《四部丛刊初编》第59册，上海书店1989年影印本，第8页a）、卷4《周公篇》（第3页b）、卷5《问易篇》（第3页b）、卷6《礼乐篇》（第4页b）、卷7《述史篇》（第2页a）、卷8《魏相篇》（第5页a）等文献中，二者对照，除最后“帝都洛，造明堂，置职制，凡诏策帝自述之”这几句话《中说》中没有，其他均有对应话语，不过少量字词表达不同，但文义无大差异。

② 在《中说·周公篇》中是“中国之道不坠”，意思相近，均是指中华传统文化没有中断的意思。见第3页b。

住在先王之国，接受先王之道，我就是先王之民了，还有什么可说的呢？王通在这里高度赞扬的这个“天地有奉，生民有庇”，能够让自己的理想抱负得以实现的人就是孝文帝。对于孝文帝这样的君主，还有什么可说的呢？最后王通将北魏的正统归于天命。说之所以以《元经》决断是非，是根据天命来决定，并不是自己专断为之①。然后，王通进一步用孝文帝迁都洛阳，改革礼制文化，建造明堂学校以及各种政治制度改革等，指出这就是要尊北魏为正统的理由。

在这里，王通采用的是中华传统文化正统观的标准，正如祝总斌先生指出，这正是《尚书》中的“天命不于常，惟归有德”的基本精神②。即我们通常所说的德政文化传统。德政文化，是一种非常开放的思想传统，也是正统观的主要思想资源。“德”在上古时代，是一个非常宽泛的概念，既表现为一种伦理道德，一种德政思想，又表现为一种礼制文化传统。在中原内部的使用中，它更多地表现为一种德政思想；而在民族文化融合中，其含义更多地表现为一种文化传统，一种文化正统观。而文化正统观，实际是汉民族正统观的较高层次。汉民族正统观有两个层次，一个是血缘层次，属于较低层次；还有一个是文化层次。由于中华民族多元一体格局的主体民族的历史演变顺序是华夏族—汉民族—中华民族，因此文化正统在每一个阶段都是依附于一定阶段的民族实体而存在的，即在华夏民族阶段，文化标准就是华夏文化至上，而在汉民族阶段，所谓主流文化，就是指汉民族文化。前辈学者均提到，在古代华夷分野的主要标准是文化而不是血缘。但也并不是说，根本不重视血缘。当民族融合还没有完成，血缘还容易分辨的时候，血缘还是很看重的，但一旦民族融合的深入发展，文化便提上日程，血缘则退居次要地位。当然，最终还是文化至上。因此，在民族血缘和民族文化二者之间，文化最终具有决定地位。但无论是血缘还是文化，二者都属于民族范畴，即民族正统范

① 王通撰，阮逸注：《中说》卷8《魏相篇》是“盖蕴于天命”，“蕴”“禀”二字其义相近。(《四部丛刊初编》第59册，上海书店1989年影印本，第5页a)

② 祝总斌：《关于王通的〈续六经〉与〈中说〉》，《中华文史论丛》2015年第2期。

畴。也就是说，魏晋南北朝时期，由于汉民族作为中华民族的主体民族已经形成，其正统观属于汉民族正统观时期，而不是其他。王通所说的“居先王之国”，就是迁都洛阳：“都洛阳，得中国也。”“受先王之道”，就是儒学道统，中华传统文化，当然还包括各种典章制度改革，以及其他文化风俗习惯等方面的改革，如“建明堂，修制度与文物”等。自西晋末年以后，经过近 200 年的民族文化融合，北魏拓跋政权承续了汉魏以来中华民族的文化传统，所以，正统当然是北魏而不是南朝。

但薛收的这段传文大量引证王通的语录，似乎只是用来解释和证明为何要尊北魏为正统，而斥南朝齐、梁、陈为僭伪的理由，并没有解释为何要以太和四年为北魏正统的开始。

祝总斌先生在《关于王通的〈续六经〉与〈中说〉》一文中通过对《元经》的学术渊源揭示了王通的主观意图，祝总斌先生说：

> (王通) 的目的主要就是为了肯定北魏王朝在南北对峙中的正统地位，实际上是为了给他的四世祖弃齐奔魏，叛华夏而投奔戎狄，子孙又仕于魏、周、隋这一系列行为的正义性，以及隋王朝的正统地位，寻找历史和儒家经典的根据①。

也就是说，王通写《元经》，定孝文太和四年为北魏正统起始之年，是要为自己的四世祖王虬叛齐降魏寻求正义性。“叛逃”是中国古代士人一个难以绕过的道德坎，而通过历史书写来为自己的先祖正名应该是一个不错的选择。王通高度评价孝文帝改革，又说孝文帝改革是在接受了王虬的建议之后的结果。《中说》中多次提到穆公对汉化改革的作用，如卷五《问易》在评价“太和之政近雅矣，一明中国之有法”后，又说：“惜也不得行穆公之道！”而阮逸对这句话作注说：“穆公虬，子之祖，自江南来奔。太和八年始仕焉，荐王肃及关朗未几，孝文崩，虬亦卒，惜其道未及行也。”② 而在卷七《述史》中记有王通

① 祝总斌：《关于王通的〈续六经〉与〈中说〉》，《中华文史论丛》2015 年第 2 期。

② 王通撰，阮逸注：《中说》卷 5《问易》，《四部丛刊初编》第 59 册，上海书店 1989 年影印本，第 3 页 b。

“穆公来，王肃至，而元魏达矣”的话语。阮逸注释说王虬在孝文帝时为晋阳太守，王肃为平南将军，皆预国政，虬累荐肃，制典章律令，故曰达矣①。王通高度评价北魏孝文帝汉化改革，明显是为北魏正统张目，而尊北魏正统，当然是为王虬叛逃寻找正义性依据。

不过，王虬的事迹不见于正史，仅见于杜淹撰写的《文中子世家》和王通第三子王福畤写的《录关子明事》中，杜淹在《文中子世家》中说王虬“太和中为并州刺史，家河汾，曰晋阳穆公”。② 王福畤在《录关子明事》中即说王虬是在江左不平袁粲被杀而北奔魏的，具体时间为齐建元元年，即魏太和三年。又说在太和八年征为秘书郎，迁给事黄门侍郎。给孝文帝许多进谏，如迁都洛邑、进用王肃等③。也就是说，王通以四世祖王虬逃亡北魏为标志年份，认为是王虬将文化道统从南朝带回中原，所以撰写《元经》一书就以第二年，即太和四年作为北魏正统的开始。当然，这是后世研究者通过推理推测出来的。因为，具体以太和四年作为北魏纪年的开始，王通本人没有解释，只有他在《中说》中多次对孝文帝汉化改革，承续中华传统文化进行了高度评价，并没有对太和四年作为北魏纪年开始的任何说明，薛收传文也没有解释。但这一推理是符合逻辑的。从各种材料综合分析，这应该反映了王通的真实想法。王通以修史的方式为自己的先祖奔魏寻找正义依据，以此表明王虬的奔魏是一种弃暗投明的举动，符合中国古代士人的大义标准。《中说·述史》篇记载叔恬与王通的一段对话：

> 叔恬曰：“敢问《元经》书陈亡而具五国，何也？”……叔恬曰：“敢问其志。”文中子泫然而兴曰：“铜川府君之志也，通不敢废。书五国并时而亡，盖伤先王之道尽坠。故君子大其言，极其败，于是乎扫地而求更新也。‘期逝不至，而多为恤’，汝知之

---

① 王通撰，阮逸注：《中说》卷7《述史篇》，《四部丛刊初编》第59册，上海书店1989年影印本，第2页b。

② 杜淹：《文中子世家》，《四部丛刊初编》第59册，上海书店1989年影印本，第6页b。

③ 王福畤：《录关明子事》，《四部丛刊初编》第59册，上海书店1989年影印本，第13页b。

乎？此《元经》所以书也。”①

这里说叔恬问到了《元经》的正统观问题，这是《元经》的主旨，更问到了《元经》的写作意图，王通提到了这是其父王隆，即铜川府君的遗愿，自己只不过是为了完成父亲的遗愿而已。而王隆为何耿耿于怀要写这部史书，应该就是要为其祖父王虬叛逃北魏寻找正义性，而王隆这一志向也可能是王虬的临终遗言。因此，书写《元经》，并尊北魏为正统可能是王通几代人的志向。但王通内心的这种想法必须有一定的史实依据，即以王虬投奔北魏作为其南北正统转移的年份是否能为时人所接受。因为，史书毕竟是要给人看的，要经得起历史检验。这就要看王虬在孝文帝改革中是否真如王福畤所说的有那么大的作用，孝文帝迁都洛邑的建议是王虬提出的吗？王肃得到孝文帝的如此礼遇是王虬的作用吗？一句话，王虬是孝文帝礼制改革的主要或重要谋划者吗？从南北朝的正史记载来看，王虬的名字仅见于《魏书》卷五十一《皮豹子传》，共出现过两次，是作为敌对国的将领被附带记下的，说的是兴安二年（453）正月，与萧道成、马光、杨文德等将领受刘义隆派遣进入汉中之事②。在其他南北朝的正史中没有任何片言只语的记载，因此，我们仅能知道王虬确是刘宋王朝的一位高级官员，按照时间推测，说王虬在萧道成即位之后奔魏是可信的，其他不能证明什么。如果照王通、王福畤的说法，孝文帝的礼制文化改革，尤其是迁都洛邑、进用王肃均是王虬的建议，这些不可能不被写进《魏书》与《北史》等史书中，因为王肃是孝文帝的大红人，孝文帝对其是宠幸有加。其传记也占有相当多的篇幅，除开附记于其传中的子孙辈之外，单是他本人的史事记载就达2167字。其在孝文帝心中的地位正如本传所载：

高祖幸邺，闻肃至，虚襟待之，引见问故。肃辞义敏切，辩

① 王通撰，阮逸注：《中说》卷7《述史篇》，《四部丛刊初编》第59册，上海书店1989年影印本，第2页b—3页b。

② 《魏书》卷51《皮豹子列传》，中华书局1974年点校本，第1131页。

> 而有礼，高祖甚哀恻之。遂语及为国之道，肃陈说治乱，音韵雅畅，深会帝旨。高祖嗟纳之，促席移景，不觉坐之疲淹也。因言萧氏危灭之兆，可乘之机，劝高祖大举。于是图南之规转锐，器重礼遇日有加焉，亲贵旧臣莫能间也。或屏左右相对谈说，至夜分不罢。肃亦尽忠输诚，无所隐避，自谓君臣之际犹玄德之遇孔明也①。

孝文帝不但高度器重王肃，对其他南投人员也非常重视，《南齐书·魏虏传》载："每使至，宏亲相应接，申以言义。甚重齐人，常谓其臣下曰：'江南多好臣。'"② 这些受到孝文帝重视的北投人员基本上都被记入正史。如果按《录关子明事》所载，王肃就是王虬推荐给孝文帝的，孝文帝许多改革大计又是王虬提出的，那么，王虬对孝文帝的重要性或超过王肃，至少应等于王肃，而其人其事就不可能不载于正史。因为，无论是《魏书》还是《北史》，对孝文帝汉化改革之人和事的记载均是浓墨重彩。王虬对于汉化改革的贡献不但《魏书》不载，《北史》也不补记，于理不通。因此，我们认为，王虬可能确实推荐过王肃③，对孝文帝汉化改革也提出过一些建议，但这些意见并未受到孝文帝的重视，王虬也不是汉化改革的决策人和重要参与者。在这一问题上，明显是王通，尤其是王福畤对其先祖的功劳过度拔高了。其实，我们在《中说·魏相》篇中已看到王通对孝文帝所发泄的不满，他批评孝文帝："谓孝文明，吾不信也。"说君主不英明，往重里说，就是说其是昏君，这是一个非常严重的批评。那么，王通为什么认为孝文帝不是明君呢？阮逸注释说："后魏孝文帝，元氏，名宏。都洛阳，文物制度始备，然有王虬不能用，有尔朱荣不能图，似不明

---

① 《魏书》卷63《王肃列传》，中华书局1974年点校本，第1407页。

② 《南齐书》卷57《魏虏列传》，中华书局1972年点校本，第991—992页。

③ 推荐王肃的人肯定不是一位，因为王肃传统礼制文化的深厚功底已为南北双方所知晓，即使没有人推荐，也会被孝文帝所关注和器重。因为王肃是孝文帝汉化改革深化推进的最合适人选之一。

也。”① 原来王通是埋怨孝文帝未重用王虬，既然未重用王虬，也就是说王虬在汉化改革中并未起到什么重大作用，迁都洛阳这样的重大国策，王虬绝不可能是主要建议者。王通对孝文帝的这句评价反映了王虬在北魏的真实历史地位。而前文引《中说·问易》篇也有“子谓‘太和之政近雅矣，一明中国之有法；惜也不得行穆公之道”一句，其实也有对孝文帝不满的意思，即是说没有全部接受穆公的意见。王通一面高度赞扬太和之政，一面又叹息孝文帝没有能够推行穆公之道，实际也是对孝文帝的一种埋怨②。这些都反映了王通对北魏政权和孝文帝汉化改革的矛盾心情，从其四世祖王虬逃亡北魏和孝文帝汉化改革的成就来看，王通高度推举北魏正统。因为只有高度推举孝文帝的汉化改革，推举其正统地位，其四世祖王虬的北逃才具有正义性。但对于未重用王虬这一点，他又对孝文帝极其不满。我们知道，家传行状对其祖先多有溢美之词，以攀引附会虚饰夸张著称，王通也不能脱其俗，在与门人弟子的谈论中夸饰自己的先祖是很有可能的，但一不小心总会流露其真实心态，暴露其历史真相。而王福畤的《录关明子事》更是一种类似于家传行状的东西，其为祖先修饰的成分就更浓。李小成也说《录关明子事》中有虚构的成分③。

王虬既然对北魏的汉化改革并没有举足轻重的作用，其事就不一定载于正史。那么，以王虬北投之年为孝文帝汉化改革出谋划策作为北魏正统的起始年份是否合适，一部自认为可以与孔子《春秋》齐名的“天下之书”能否为时人所折服就是一个问题。应该说，借书写史书为先祖正名确是王通以太和四年作为北魏正统开始的一个重要诱因，是王通个人的内心想法，或作为与学生谈论学问时的注脚，但不

---

① 王通撰，阮逸注：《中说》卷8《魏相》，《四部丛刊初编》第59册，上海书店1989年影印本，第1页a。

② 王通在这里说的“惜也不得行穆公之道”应该也是对孝文帝的不满。王福畤在《录关明子事》中谈到孝文帝对王虬的迁都和进用王肃的建议非常敬服，并对王虬说：“嘉谋长策，勿虑不行，朕南征还日，当其论道，以究治体。”可是不久孝文帝驾崩，穆公回到洛阳后，也过了一年就逝世，所以王虬的主张没有实现。但对照王通在《中说·魏相》篇中所发泄对孝文帝的不满，王福畤的说法明显有拔高王虬功绩的嫌疑。

③ 李小成：《文中子考论》，上海古籍出版社2008年版，第27页。

可能是其治史的全部依据。以一个正统纪元的开始是必须有重要史实作为依据的，我们还需要寻找新的证据。以上分析只是从王通的主观想法和其对北魏汉化改革的高度评价来进行考察的，我们是否还可以从南朝的角度进行考察，即时人，以及当时的史书是怎样看待南北正统地位的。

《洛阳伽蓝记》卷二《景宁寺》条杨元慎与陈庆之关于南北正统之争的对话可以看作时人对于南北朝正统的看法。这段关于正统之争的对话是这样记载的，梁朝的陈庆之出使北魏，景仁设宴招待庆之，并邀北方士族杨元慎等作陪。庆之因醉谓萧、张等曰："魏朝甚盛，犹曰五胡，正朔相承，当在江左。秦朝玉玺，今在梁朝。"而杨元慎立即指责道：

> 江左假息，僻居一隅……浮于三江，棹于五湖，礼乐所不沾，宪章弗能革。虽复秦余汉罪，杂以华音，复闽楚难言，不可改变。虽立君臣，上慢下暴。是以刘劭杀父于前，休龙淫母于后，见逆人伦，禽兽不异。加以山阴请婿卖夫，朋淫于家，不顾讥笑。……我魏膺箓受图，定鼎嵩洛，五山为镇，四海为家。移风易俗之典，与五帝而并迹，礼乐宪章之盛，凌百王而独高。岂卿鱼鳖之徒，慕义来朝，饮我池水，啄我稻粱，何为不逊，以至于此①？

这条史料被学界反复引用，作为北方士大夫争夺正统的经典资料。杨元慎认为，尽管南朝曾经是华夏正统，继承秦汉以来的礼乐文化，但后来却丧失了这一文化正统地位，而北朝尽管原为夷狄民族，但经过孝文帝的汉化改革，勇敢吸收中华传统文化，已经成为中华正统。杨元慎在这里衡量正统的标准当然有北魏占有中原地域这一条件，但更主要的则是礼乐文化风尚习俗，北朝之所以能够获得正统资格，当然是孝文帝汉化改革取得的巨大成效："移风易俗之典"，就是说孝文帝改革是移风易俗的典范，所以出现了中华礼乐典章之盛世。如果说，杨元慎在这里所指"移风易俗之典"和"礼乐宪章之盛"还

① 杨衒之撰，周祖谟校释：《洛阳伽蓝记校释》，中华书局 1963 年版，第 105—107 页.

有泛指成分，不一定完全证明正统已从南方转为北方的话，那么，所举南朝正统资格的丧失，即传统伦理道德沦丧，社会风气败坏的几件史实：刘劭杀父、休龙淫母、山阴请婿卖夫而朋淫于家等却是实指。因为这些事实均被记载在南北两边的正史之中。南朝宫廷污秽乱伦，杀父弑兄等丑相正开始于宋孝武帝前后。刘劭，宋文帝刘义隆之长子，原被文帝立为太子，后又想废黜，但刘劭先发制人，于元嘉三十年，率东宫兵入宫杀文帝及宰相江湛、王僧绰等，自立为帝。后刘劭又被文帝第三子武陵王刘骏所败。刘骏杀掉刘劭及其四个儿子，又杀掉刘劭的同党、文帝的第二子刘濬及其三个儿子[①]。王室之间子杀父，弟杀兄的丑剧从此成为家常便饭。孝武帝在位的十几年中，又先后杀掉他的弟弟南平王刘铄（文帝第四子）、武昌王刘浑（文帝第十子），海陵王刘休茂（文帝第十四子），竟陵王刘诞（文帝第六子）。这种宫廷内互相杀戮在民间有一首歌谣："遥望建康城，小江逆流萦，前见子杀父，后见弟杀兄。"[②] 可见其影响之大，为南北两地所知晓。而孝武帝死后，其子刘子业继立，刘子业又杀掉叔祖刘义恭（刘裕第五子）及其四个儿子，又杀掉弟弟刘子鸾、刘子师。他还想杀掉剩余的六个叔父，后却被对方联合起来将他杀掉，成为刘宋王朝的第一个被废黜的皇帝，即前废帝。刘彧后又杀掉刘子业，继续大行杀戮，刘骏的二十八个儿子，除原已早夭外，到此已被刘彧全部杀尽[③]。

杨元慎说的"休龙淫母于后"和"山阴请婿卖夫"等又反映了宋孝武帝及其以后宫廷中的荒淫无耻现象。休龙就是宋孝武帝刘骏，《魏书》记载说"骏淫乱无度，蒸其母路氏，秽污之声，布于瓯越"。[④] 而前废帝刘子业也是一个毫无道德廉耻感的禽兽。他有一爱好，喜欢游华林园竹林堂，并使妇人赤身裸体互相追逐，有一妇人不从，便将

① 《资治通鉴》卷 127《宋纪九》，元嘉三十年，中华书局 1956 年点校本，第 3986—4008 页。

② 《魏书》卷 97《岛夷列传刘裕》，中华书局 1974 年点校本，第 2142 页。

③ 《魏书》卷 97《岛夷列传刘裕》，中华书局 1974 年点校本，第 2148 页。

④ 《魏书》卷 97《岛夷列传刘裕》，中华书局 1974 年点校本，第 2144 页。

其杀害。他还奸淫自己的亲姑姑，刘义隆的第十女，新蔡长公主。他对外宣布公主已死，并设丧事，从而将其纳入后宫，改为谢氏，封为贵嫔、夫人①。而其姐姐山阴公主也大受其宠爱，史书说她淫恣过度，曾对刘子业说："妾与陛下，虽男女有殊，俱托体先帝。陛下六宫万数，而妾唯驸马一人。事不均平，一何至此！"于是刘子业为她置面首左右三十人②。《宋书・后妃列传》也说："上于闺房之内，礼敬甚寡，有所御幸，或留止太后房内，故民间喧然，咸有丑声。宫掖事秘，莫能辨也。"③ 而随着宫廷淫荡生活的泛滥，各种有乖典雅，具有淫秽色彩的舞蹈乐曲也参与助兴："以《鞞》《拂》、杂舞合之钟石，施于殿庭……故喧丑之制，日盛于廛里，风味之韵，独尽于衣冠。"④ 而沈约评价孝武帝刘骏所作所为是"尽民命以自养，桀、纣之行也"。⑤ 前废帝刘子业也是一个集殷纣、昌邑等各种罪恶于一体的人⑥。而在《明帝纪・赞论》中，沈约又对刘裕的家风进行评价："经国之义虽弘，而隆家之道不足。"最后指出，刘宋王朝的衰败是"履霜有渐，坚冰自至，所从来远也"。⑦ 说明杨元慎指斥刘宋王朝的这些丑事为当时南北双方所共知。因为《洛阳伽蓝记》在记载这段争论时还描述了杨元慎与陈庆之二人争论时的形色，形容杨慎之说这段话时的形态是"正色""清词雅句""纵横奔发"，说明其讲话占理，是有事实依据为基础的。而在写到这位挑起正统问题争端的陈庆之时，竟然是"杜口流汗，含声不言"，无以反驳之能事⑧。我们认为，也许陈庆之不一定完全认同杨元慎北魏"礼乐宪章之盛，凌百王而独高"的描述，即北魏礼乐文化已经全面超过南朝。但他却无法否认杨元慎对刘宋皇室道德沦丧，社会风气败坏的指斥，因为这些都是

① 《魏书》卷 97《岛夷列传刘裕》，中华书局 1974 年点校本，第 2146 页。
② 《宋书》卷 7《前废帝》，中华书局 1974 年点校本，第 147—148 页。
③ 《宋书》卷 41《后妃传》，中华书局 1974 年点校本，第 1287 页。
④ 《宋书》卷 19《乐志一》，中华书局 1974 年点校本，第 551—552 页。
⑤ 《宋书》卷 6《孝武帝纪》，中华书局 1974 年点校本，第 135 页。
⑥ 《宋书》卷 7《前废帝纪》，中华书局 1974 年点校本，第 148 页。
⑦ 《宋书》卷 8《明帝纪》，中华书局 1974 年点校本，第 171 页。
⑧ 杨衒之撰，周祖谟校释：《洛阳伽蓝记校释》，中华书局 1963 年版，第 107 页.

客观事实。正由于杨元慎摆出的这些事实能够服人，所以后来陈庆之回到南方，逢人就说："自晋、宋以来，号洛阳为荒土，此中谓长江以北尽是夷狄。昨至洛阳，始知衣冠士族并在中原，礼仪富盛，人物殷阜，目所不识，口不能传。"① 通过与杨元慎的辩论，陈庆之主动承认自己过去的看法是错误的。"观风俗"历来是中国传统文化评论政权兴亡的重要参考指标，当然也是政权分治时代评价正统与否的主要手段。以上史料均说明此时的社会舆论已经认同南朝从刘宋孝武帝开始失去了充当正统的资格②。

其实，《洛阳伽蓝记》所载杨元慎与陈庆之关于南北正统的争论，与清朝中期朝鲜人和日本人与清朝互争中华正统可有一比。葛兆光在《宅兹中国》一书的第四章《西方与东方，或者是东方与东方——清代中叶朝鲜与日本对中国的观感》中提到，在清朝中叶的朝鲜人眼里，明以后无中华，他们把清朝帝国叫做"夷虏"，把清朝皇帝叫做"胡皇"，认为自满清政权统治中华，改易衣冠服色之后，中华正统就已经转移到朝鲜，从而产生"中华制度，独存于我国"之自信，对于自己仍然穿戴明朝衣冠，特别自豪，对清朝顺从蛮夷衣冠相当蔑视。同样，当时中国人到日本进行商业旅行时，日本人与中国船员发生的关于中华正统的争论，所举例证就是衣冠服色、礼乐文明及文化风俗，争论双方的表现是：日本方面咄咄逼人，义正词严；而中国船员却理屈词穷，勉强应对，从而使得日本人感觉：中华正宗文明已在中国丧失，日本与中国的华夷位置已经互换③。面对朝鲜的自信与日本咄咄逼人的责难，当时的中国人为何只能勉强应对，可能这一指责确实触发了他们心中的剃发之痛，尤其是江南人民的剃发之耻，这应该是他们无以应对的重要原因。而这与陈庆之面临杨元慎关于南朝在

① 杨衒之撰，周祖谟校释：《洛阳伽蓝记校释》，中华书局 1963 年版，第 108 页.

② 其实，陈寅恪先生在《隋唐制度渊源略论稿》一书中将唐代文化分为三大源流，其中第一大源流是北魏、北齐，认为这一源流是江左承袭汉、魏、西晋之礼乐政刑典章文物，自东晋至南齐其间所发展变迁，而为北魏孝文帝及其子孙模仿采用。而这明显是指"元嘉之治"之后，南朝大批士族北逃所带来的"南朝文化北传"现象，说明南北正统的转移自此已经开始。《隋唐制度渊源略论稿》，中华书局 1963 年新 1 版，第 1 页。

③ 葛兆光：《宅兹中国》，中华书局 2011 年版，第 151—165 页。

孝武之后宫室乱伦指责时的心态相同①。因此，可以这样说，杨元慎对南朝宫室乱伦等文化风俗的指责，对南方正统的打击是致命的，北朝士大夫以“元嘉之治”后南朝的表现来指斥其正统的丧失是一种真实的思想表达，甚至是大多数南北士人较为普遍的看法。

不过对此，刘浦江有不同的看法，他在批评何德章引用这条资料来作为北方士人已经将北魏视为正统的依据时指出：《洛阳伽蓝记》“景宁寺”条所记北方士大夫杨元慎的言辞不一定反映北方士人的真实心态，对于杨元慎的话，与其说代表一种文化观念，毋宁说代表一种政治立场。认为用这条史料来说明北方士人的正统理念是缺乏说服力的。同时他举出《北齐书·杜弼列传》引高欢与杜弼的“江东复有一吴儿老翁萧衍者，专事衣冠礼乐，中原士大夫望之以为正朔所在”的一段话来作为北方士大夫仍旧认同正统在南方的证据②。

不过，笔者认为，杨元慎在这里的宣言固然代表的是一种政治立场，但同时也是当时北方士人一种文化观念，至少是北方大多数士人的文化观念。因为如果仅仅是政治立场，陈庆之完全同样可以义正词严的反驳，怎么会哑口无言，而且回到南方还到处宣扬杨元慎的观点呢？正因为是一种文化观念，通过二者争辩，使陈庆之顺从了杨元慎的观点。说明这一观念已经不仅仅是北方士人的看法，还已经深深地影响了南朝士人。当然，《北齐书·杜弼列传》中高欢的那段话似乎是一个反证，其实不然。我们知道，东晋以后，从刘宋到萧梁皇朝，其礼乐文化并不是呈直线式发展，而是呈现一条曲折发展路线。梁武帝正是从“元嘉之治”后，宋、齐皇朝的乱政，尤其是腐朽衰乱的风气中吸取了教训的。因此，他的治政主要从整顿伦理纲常，重建儒学和

---

① 当然，对于北魏与朝鲜、日本对中华的关系来说，前者由于居住中华本土，其对中华正统的自信使其强化了对中华的向心力，进而由其完成民族统一，成为实际的中华正统；后者却因远离中华本土，其自以为是的中华正统自信使其逐渐萌生出脱离中华本土的独立意识，中原地域在这里又一次起到了重要作用。但其时对以成为中华传统文化的正统而增加其自豪感的心态以及这种心态形成的外部条件却是一样的，这种所谓外部条件，就是原有的中华正统政权因自身衰败一时偏离正统轨辙，而原有的蛮夷通过接受中华文化的熏陶而逐渐成为中华传统文化的继承者。

② 刘浦江：《南北朝时代的历史遗产与隋唐时代的正统论》，《文史》2013 年第 2 辑。

文化风貌开始，如兴建官学，重视儒学与佛、道相结合等等。同时，必须承认，梁武帝的个人道德和儒学修养是宋孝武帝及以后刘宋和齐朝各位君主无法比拟的。再就是，梁武帝一反萧道成大肆杀戮士族的做法，重新尊重门阀士族势力，使传统礼乐文化呈现新的兴盛局面①。而北方却恰恰相反，高欢与杜弼的谈话背景是东魏时期。北魏末年，汉化改革的负面作用得到发酵，“六镇叛乱”导致北魏走向衰落，洛阳的东魏政权被高欢所控制，采取了一定的鲜卑化政策，从而出现汉化的短暂倒退，使汉族士人具有一定的离心倾向，所以才有以上对话，说明北朝士人的正统观在北魏以后一度出现短暂的向南方回归的倾向。这同时也说明正统在南北之间的摇摆不定，这是不足为奇的。由于这种在南北之间摇摆不定的正统观念是以对传统礼乐文化的态度为依归的，梁武帝短时期对士大夫人心的部分收复并不能否定北方士大夫将宋孝武以后到南齐政权对传统礼乐文化的破坏作为南北正统转化的标志性事件。因为，无论是梁武帝复兴传统文化，尊重门阀士族的做法，还是东魏北齐的反汉化倾向都只是一种回光返照。梁武帝死后，南朝的政局更形衰乱，南朝的世家大族势力在侯景之乱中遭到毁灭性打击，江南地方豪强全面崛起，陈朝政权再也不被北方士人所认可；另一方面，北方在经过东魏、北齐短暂的胡化阶段之后，文化融合呈纵深发展。随着北周武帝推行的一系列汉化改革措施，国力逐步强大，最后灭掉北齐，统一北方，后政权落入杨坚手中，隋朝建立，于开皇九年（589）完成民族统一。这些均说明自孝文帝汉化改革以后，北朝正统向前发展，而南朝正统呈现衰落的总趋势是不可阻挡的。当然，隋唐以后，关于南北谁为正统的争论还在继续，但隋唐时代关于南北朝谁为正统的争论与南北朝时期南北政权互争正统是一个

① 梁武帝复兴儒学，重视官学教育是有史可查的。《南史·儒林传》提到，自东晋至宋、齐，无论是官学还是私学都处于衰落状态，只有梁武天监以来，各类儒学教育才全面兴盛：“怀经负笈者云会矣。”（中华书局 1975 年点校本，第 1730 页。）在对待门阀士族方面，梁武帝与萧齐政权尤其不同，一是改朝换代不以杀戮士族为事，而是对其笼络；再就是尊重高门士族，提拔一批高门士族为高官。周一良先生对此评价甚高，参见周一良《论梁武帝及其时代》，《中华学术论文集》，中华书局 1981 年版，第 123—154 页。

完全不同的概念，那是一种事后争论，实际是一种道统之争，而非政统之争，是看南北方谁才是中华传统文化的正宗传承；而南北朝时期南北政权宣示正统则是一种争取民心的政治行为，是一种政统之争，也是一种民心的反映。

当然，到宋代以后，在司马光等书写的《资治通鉴》又采用南朝正统，但正如司马光自己所说：这并不是“尊此而卑彼”，他在这里遵循的是一种中华民族统一正统观，即谁完成民族统一谁就是正统，“苟不能使九州合为一统，皆有其名而无其实者也”。① 但当南北双方还都没有完成民族统一的时候，正统是承前延续的，因为历史记载总应该有一个主要的纪年依据，而东晋南朝是从建立短暂统一政权的西晋延续下来的，所以，历史纪年就从南朝而非北朝，当隋朝完成民族统一后，其正统立即转化为隋朝。这里的正统标准是民族统一，而非道统传承，没有尊南而贬北的意思。

而南朝在元嘉之后，为何会在士人心目中逐渐丧失其正统地位，这又主要是因为门阀士族衰落，寒门势力全面上升的缘故。在中国古代，中华传统文化的保持是正统维持的主要依据，而文化中最深厚的因素，也是最能被作为评判指标的因素是社会风尚和道德风貌。前面提到《宋书·文帝纪》的评价“江左风俗，于斯为美，后言政化，称元嘉焉”就是明证。何德章提到：文帝后的孝武帝朝，政局大变，寒人成为政治生活中的支配力量，形成寒人操纵政权的局面，对刘宋后期及齐、梁政治产生了深刻影响。而这一影响的表现之一就是社会风气的败坏。何德章说：寒人大量进入高层政治中，政治风气与前此各朝大异其趣，一是用人腐败，再就是对臣僚的极不尊重，“狭侮群臣”，或在朝廷上任意杖辱群臣；还有就是寒人的生活习气带进朝廷，主要是各种游戏杂耍在朝廷公开盛行。与此相适应的是政治动荡，宗室残杀成为政治上的最大特色②。也就是说，东晋南朝正统的

---

① 《资治通鉴》卷 69《魏纪一》，文帝黄初二年，中华书局 1956 年点校本，第 2187 页。

② 何德章：《宋孝武帝上台与南朝寒人之得势》，《西南师范大学学报》1990 年第 3 期，收入《魏晋南北朝史丛稿》，商务印书馆 2010 年版，第 41—52 页。

丧失是以门阀士族的衰落，寒门势力的上台为主要标志的，寒门上台导致社会风气全面下滑，从而导致正统的丧失。钱穆先生对这段历史有一个评价：

> 门第精神，维持了两晋二百余年的天下，他们虽不戮力世务，亦能善保家门。名士清谈，外面若务为放情肆志，内部却自有他们的家教门风。推溯他们家教门风的来源，仍然逃不出东汉名教礼法之传统。……门第精神，本是江南立国主柱。蔑弃了门第，没有了一个代替，便成落空。落空的结果，更转恶化。南朝诸帝，因惩于东晋王室孤微，门第势盛，故内朝常任用寒人，而外藩则托付宗室。然寒人既不足以服士大夫之心，而宗室强藩，亦不能忠心翊戴，转促骨肉屠裂之祸①。

钱穆先生在这里评价宋齐政治，提出了一个重要观点：门第精神是江南的立国支柱。门第精神就是门阀士族的家教门风，就是传承于东汉的名教礼法，从而说明东晋南朝的文化精髓来自两汉文化正传。而刘宋孝武帝上台之后，寒门势力上升，门阀士族衰落，门第精神丧失，江南立国主柱折断，士人大规模北逃，南朝自此走向衰落，中华正统丧失也就理所当然，这实际是当时南北士人较为一致的观点，南朝陈庆之说“始知衣冠士族并在中原”，就是说，士族门风已转向中原，所以正统也已转向北方。

那么，刘宋孝武帝即位的孝建元年（454）与太和四年（480）相差20多年，这与王通定北魏为正统又有什么关系呢？笔者认为，这是因为史书的记载自有其章法体例，既然已认刘宋为正统（而认刘宋为正统，就是因为有一个“元嘉之治”），就不能在一个皇朝的中途变换纪年，更换正统，更何况，等到萧道成窃取刘宋权力之后，政局更为衰乱，因为萧道成不但出身低下，又未建有什么功勋，导致士族不服，如袁粲就坚决抵制萧道成篡权而被害。袁粲死后，得到江南百姓怀念，而助纣为虐的褚渊却遭到人们贬斥。《资治通鉴》记载说：袁粲

① 钱穆：《国史大纲》，商务印书馆1996年修订本第3版，第267—268页。

死后，“百姓哀之，谣曰：‘可怜石头城，宁为袁粲死，不作褚渊生！’”① 袁粲是当时的一流士族，其被杀，使士人的北逃现象更为加剧，这就是王虬“耻食齐粟”的思想由来。而士人北逃正代表了大部分南方士人关于正统政权的看法，萧齐政权建立便成为南朝正统丧失的主要依据，而南朝正统的丧失当然就是北方正统的开始。于是，王通以第二年，即太和四年作为北魏正统的起始年份。因此，我们认为，王通撰写《元经》以太和四年作为正统转化的起始年份是受到《魏书》《宋书》和《洛阳伽蓝记》等史料启发的。

现在我们可以回答清代学者王谟《元经》为何孝建元年后，只书即位改元禅篡大事，其余史事均不书的原因。笔者认为，这是因为，王通最终主张以北魏为正统，但到底如何过渡，颇费周折。在王通看来，刘宋继承东晋文化正统，尤其是“元嘉之治”，这是有历史依据的。但自此之后，因寒人上台，导致朝政混乱，宫室乱伦，社会风气败坏不堪，礼乐文化开始崩溃，南朝正统有名无实。而北朝经过孝文帝的汉化改革，门阀士族制度的重建，礼乐文化全面恢复，北方士族的家风门风与南朝的社会风气，尤其是与宋、齐皇室的家风门风相比，已不是一个等级可言。因此，北方士人们有理由认为，正统已转移到北方。照王通看来，刘宋孝武以后 20 多年，其正统是勉强为之，可以看作一个正统转移的过渡时期。所以，王通对这段时期只书改元禅篡大事，其余一概不书，这一书写体例也是符合孔子《春秋》的义理原则的。

四　兼评孝文帝的门阀制度重建

通过上文考察，我们发现，南北朝时期，对待士族，尤其是对待高门士族的态度成为争夺正统的主要标准。由此，笔者想到一个问题，即如何看待孝文帝重建门阀士族制度的问题。过去有些文章对孝文帝重建门阀制度进行过多指责，认为是一种倒退，这是不太客观的。那么，我们应该怎样看待孝文帝的门阀制度重建呢？关于门阀制

① 《资治通鉴》卷 134《宋纪十六》，昇明元年，中华书局 1956 年点校本，第 4207 页。

度的形成过程，祝总斌先生有一个概括性的表述：门阀制度大体萌芽于东汉后期，初步形成于曹魏、西晋，确立、鼎盛于东晋及南北朝前期，而衰落于南北朝后期①。田余庆先生则说严格意义的门阀政治只存于东晋一朝②。门阀士族，作为一种制度，给予士族们一定的政治、经济和文化特权，而文化特权又可以称为社会声望。政治特权，表现为任官和升迁的优先权，基本制度是九品中正制；经济特权主要表现在授田和占有佃农、奴婢和依附人员方面；而文化特权主要表现在子弟接受文化教育，即各级官学对士族子弟的优待政策。但门阀制度盛行时期，官学大都衰落，士族培养子弟主要通过家学。这一特权对士族们似乎没有实际作用，因此，士族的文化特权更主要表现为一种文化品格，即俗称的士族学风、家风和门风。所谓书香门第家庭就属于对这一文化特征的概括性表述。因此，我们在分析这一时期的门阀制度时，至少应该从两个方面进行区别考虑。第一是要将士族所拥有的政治、经济特权和其文化特权进行区别。因为，如果说，政治、经济特权是由制度外加的话，那么，文化特权或文化品格却是士族内部长期培育而生成的，属于社会声望范畴。同样，政治、经济特权相对容易获得，也容易为皇权剥夺而丧失；而文化品格，门第家风则需要较长时间才能培育而成，也不能被皇权轻易剥夺，因而其衰退也相对滞后。如果说，门阀士族的政治、经济特权会造成社会不公，从而形成腐败，引起社会不满的话，那么，其文化品格，社会声望却对社会风气具有引领作用，尤其是对中华传统文化的保护和传承具有极其重要的作用，是一种正能量，必须给予保护和发扬，因而应该给以正面评价。

第二就是要将门阀制度的发展演变放到南北不同的区域环境下区别考察。典型的门阀政治制度之所以形成于东晋，是因为西晋被胡族灭亡，大批高门士族被迫南迁，与晋皇室中势力较弱的司马睿建立起相互

---

① 祝总斌：《试论魏晋南北朝的门阀制度》，《材不材文集——祝总斌学术论文集》下编：《中国古代政治制度研究》，三秦出版社 2006 年版，第 178—249 页。

② 田余庆：《东晋门阀政治·自序》，北京大学出版社 2005 年 6 月第 4 版，第 2 页。

扶持的门阀政权。而在胡族占统治地位的中原，门阀政治从未真正实行过。这些留在北方的士族大多并不是西晋时期的一流高门，而他们又在异族统治下生活，必须看异族统治者的眼色行事，而更多的士族更是拒绝与胡族合作，在家乡默默传承中华文化。因此，无所谓门阀政治，也无所谓像南方士族那样，享有经济、政治特权。当然，为胡族政权服务的士族的境遇也许比最下层百姓要好过一些，但与胡族贵族的地位是不可同日而语的。尽管他们没有太多政治经济方面的特权，但其文化品格却绝不亚于南方士族，其学术文化更是继承了汉魏遗风，后世研究者指出南北不同的学术风格，就是承认北方士族具有独特的学风、门风和家风。更何况，他们要在胡族统治下保持中华传统文化的传承，必须付出比南方士族更多的艰辛，保持更多的自己家族的学术文化特征。这也是我们评价门阀士族制度时必须认真考虑的。

还有，我们应该承认，门阀士族制度是东汉以来的大土地所有制和封建王朝“独尊儒术”、察举选人制度发展的必然结果。也就是说，门阀制度是中国古代社会一个必经的发展阶段，具有历史必然性。既然具有历史必然性，就一定有它的兴盛期和衰落期，也就必然有它的进步阶段和腐朽阶段。从东晋南朝来看，东晋是南方门阀制度的兴盛时期，士族对江南经济的开发、抵抗胡族南下侵扰、维护江南地区政权的稳定起到了重要作用；到南朝后期便开始走向衰落，消极作用日益表现出来。而北方从十六国到北魏孝文帝改革前，就从未建立起门阀政治，既然从未建立过门阀制度，孝文帝建立的门阀制度就不可能是腐朽没落的，而应该是进步的。因为，孝文帝要进行汉化改革，要建立汉族的封建制度，就不可避免地要重建门阀制度，这一关是绕不过去的，没有经过这一过程也要补上这一课，这是不以孝文帝本人的意志为转移的，孝文帝只能顺应而不能违背。钱穆先生说孝文帝的重建门阀制度是要援借汉族门第制度来保护鲜卑族的政治地位。如果惟才是用，则鲜卑不如汉人；论门品，则鲜卑以王室亲贵，尚可保其优势①。应该说，孝文帝可能有这种想法，但这是针对全面汉化

① 钱穆：《国史大纲》，商务印书馆 1996 年修订本第 3 版，第 308—309 页。

之后来说的，是要保证选出一定的拓跋贵族，而不全是汉族知识士人。但无论怎样，与汉化改革以前相比，汉族人才比例已大大提升。当然，孝文帝建立的门阀制度同样也会有其兴盛和衰落时期，只不过时间的长短不同罢了。

孝文帝重建门阀制度，主要表现在以下几个方面：第一，改鲜卑姓氏为汉人姓氏。孝文帝规定：北人谓土为拓，后为跋，魏之先出于黄帝，以土德王，故为拓跋氏。夫土者黄中之色，万物之元也，而改姓元氏，诸功臣旧族自代来者，姓或重复，皆改之。于是始改拔跋氏为长孙氏，达奚氏为奚氏，乙氏为叔孙氏，上穆氏为穆氏，步六孤氏为陆氏，贺兰氏为贺氏，独孤氏为刘氏，贺楼氏为楼氏，勿忸氏为于氏，尉迟氏为尉氏。其余所改，不可胜纪。第二，定族姓高下，确定拓跋皇室最尊贵，其次是穆、陆、贺、刘、楼、于、嵇、尉八姓，其余的根据皇始以来三世官位高下决定。然后，将鲜卑贵族和汉族高门第对等，即以鲜卑八姓和汉族高门清河崔氏、范阳卢氏、荥阳郑氏、太原王氏四姓相配。再就是，郡姓按门第和官位分为甲、乙、丙、丁四等；最后规定：凡士族著姓，世为清官，不充猥任。第三，通婚，规定诸王嫔妃必出自“八族及清秀之门”①。

从汉化改革和民族文化融合的角度看来，孝文帝重建门阀制度，其效果主要表现在两个方面，一是拔高了汉族士族的身份，提高了其地位，确定门阀等级，使汉族士人不再受鲜卑贵族压制。这当然在一定程度上压抑了其他汉族知识士人的社会地位及升迁机会，但与过去比较，更多的是抢占了拓跋贵族的政治资源。因为，在以前，汉族士人的资源本身有限。相对过去拓跋贵族来说，汉族知识士人的地位总体上大大提高了，如果不确立门阀制度，汉人知识士人的地位就无法在鲜卑社会中体现出来。二是将拓跋皇室和显赫贵族纳入了门阀士族体系之中，既然是门阀士族，就必须具有汉文化修养，这就迫使他们学习汉文化，从而士族化，这不但促进了民族文化融合，也大大提高

① 《资治通鉴》卷 140《齐纪六》，明帝建武三年，中华书局 1956 年点校本，第 4393—4395 页。

了整个鲜卑民族和国家的文化水平。学者们研究指出，孝文帝迁都洛阳、重建门阀制度促成了北魏后期“胡人士族”的形成①。而何德章更是从大量北朝碑志中搜集资料，对这一现象进行深入探讨，指出：大量鲜卑贵族不但采用汉族世家大族的方式教育子弟，还大量接受南方上流社会学风的影响，崇尚文学、老庄玄学，并热衷于士林间的文学交往与相聚清谈②。

所以，孝文帝重建门阀制度的行为是应该肯定的，对于推行汉化，尤其是为北魏政权赢得了正统，为后来北方完成民族统一提供了足够的软实力条件，这是它的积极作用。我们不否定北魏的门阀制度，尤其是以门第选拔人才有很大弊病，但其进步作用远远大于消极作用，这是不言而喻的。当然，北方门阀制度在经历过它的兴盛时期后，就迅速走向腐朽。北魏后期，由于整个政权只重视文化士族，强固门第，形成了轻视武人，军备松懈的社会风气，从而导致边镇士兵造反，社会动乱开始，政权从此而崩溃。这正是赵翼所说的：“盖帝优于文学，恶本俗之陋，欲以华风变之，故不惮为此举也，然国势之衰，实始于此。”③ 但这是一个必经阶段，是历史发展的趋势。在经历此阶段后，鲜卑民族才彻底被融入汉民族之中。到隋唐时期，除开从姓氏上还能找到其残余痕迹之外，鲜卑民族，甚至在西晋末年进入中原的所有胡族全都被融合于汉民族之中，因此，民族统一也水到渠成。从这一角度来评价孝文帝的门阀制度重建才是客观公正的态度。

（原载于《史林》2018 年第 1 期）

---

① 刘驰：《北朝胡人士族形成的原因及其影响》，《中国社会科学院研究生院学报》1985 年第 3 期。

② 何德章：《北魏迁洛后鲜卑贵族的文士化——读北朝碑志札记之三》，原载武汉大学中国三至九世纪研究所编《魏晋南北朝隋唐史资料》2003 年第 20 辑，收入《魏晋南北朝史丛稿》，商务印书馆 2010 年版，第 275 页。

③ （清）赵翼：《廿二史札记》卷 14“魏孝文迁洛”条，中国书店 1987 年影印本，第 192 页。

参考文献

一　基本史籍

（汉）司马迁：《史记》，中华书局 1959 年点校本。

（汉）班固：《汉书》，中华书局 1962 年点校本。

（晋）陈寿：《三国志》，中华书局 1959 年点校本。

（南朝宋）范晔：《后汉书》，中华书局 1965 年点校本。

（南朝梁）沈约：《宋书》，中华书局 1974 年点校本。

（梁）萧子显：《南齐书》，中华书局 1972 年点校本。

（梁）释慧皎撰，汤用彤校注，汤一玄整理：《高僧传》，中华书局 1992 年版。

（北齐）魏收：《魏书》，中华书局 1974 年点校本。

（北齐）杨衒之撰，周祖谟校释：《洛阳伽蓝记》，中华书局 1963 年版。

（隋）王通撰，（宋）阮逸注：《中说》，《四部丛刊初编》第 59 册，上海书店 1989 年影印本。

（隋）王通撰，（唐）薛收续传，（宋）阮逸注，南昌袁绚校：《元经》，中华书局 1991 年版。

（唐）令狐德棻：《周书》，中华书局 1971 年点校本。

（唐）李百药：《北齐书》，中华书局 1972 年点校本。

（唐）姚察、姚思廉：《梁书》，中华书局 1973 年点校本。

（唐）魏征：《隋书》，中华书局 1973 年点校本。

（唐）房玄龄：《晋书》，中华书局 1974 年点校本。

（唐）李大师、李延寿：《南史》，中华书局 1975 年点校本。

（唐）李大师、李延寿：《北史》，中华书局1974年点校本。
（唐）杜佑：《通典》，岳麓书社1995年版。
（唐）皮日休著，莫道才、沈伟东选注：《皮鹿门小品》，文化艺术出版社1997年版。
（唐）虞世南撰，陈虎译注：《帝王略论》，中华书局2008年版。
（后晋）刘昫：《旧唐书》，中华书局1975年点校本。
（宋）司马光：《资治通鉴》，中华书局1956年点校本。
（宋）欧阳修：《新五代史》，中华书局1974年点校本。
（宋）欧阳修、宋祁：《新唐书》，中华书局1975年点校本。
（宋）薛居正：《旧五代史》，中华书局1976年点校本。
（宋）司马光：《资治通鉴》，上海古籍出版社1987年影印本。
（元）陈澔：《礼记集说》，北京中国书店1985年影印本。
（清）赵翼《廿二史札记》，中国书店1987年版。
（清）董浩：《全唐文》，中华书局1983年版。
吴玉贵、华飞：《四库全书精品文存》，团结出版社1997年版。
傅云龙、吴可主编：《唐宋明清文集》第1辑：《唐人文集》卷4，天津古籍出版社2000年版。
曾枣庄、刘琳：《全宋文》，上海辞书出版社、安徽教育出版社2006年版。

二　今人论著

（一）论文

陈启智：《王通生平著述考》，《东岳论丛》1996年第6期。
陈金凤：《北魏正统化运动论略》，《黑龙江民族丛刊》2008年第1期。
曹仕邦：《太子晃与文成帝——英年早逝的天才父子政治家大力推广佛教于北魏的功勋及其政治目的》，《中华佛学学报》 1996年第9期。
邓乐群：《十六国胡族政权的正统意识与正统之争》，《南通师范学院学报》2004年第4期。
房芸芳：《北魏太武帝灭佛原因浅析》，《历史教学问题》1996年第1期。
古正美:《北凉佛教与北魏太武帝发展佛教意识形态的历程》,《中华佛学报》第13期。
韩府:《北魏灭佛新考》,《佛学研究》2003年。
何德章:《北魏国号与正统问题》,《历史研究》1992年第3期。
何德章:《北魏初年的汉化制度与天赐二年的倒退》,《中国史研究》2001年第2期。
何德章:《宋孝武帝上台与南朝寒人之得势》,《西南师范大学学报》1990年第3期。
胡克森:《论中国古代正统观的演变与中华民族融合之关系》,《史学理论研究》1999年第4期。
胡克森:《试论中国爱国主义两个阶段的划分——兼谈古今爱国主义的区别》,《鲁东大学学报》1993年第1期。
孔毅:《北魏前期北方世族"以夏变夷"的历程》,《中国史研究》1998年第2期。
李军:《略论魏晋南北朝时期私学的特点》,《中国史研究》1993年第1期。
李春祥:《北魏太武帝与周武帝灭佛之异同》,《通化师范学院学报》2001年第3期。
李玉芳:《北魏太武帝灭佛原因浅析》,《宜宾学院学报》2004年第1期。
梁满仓:《北魏中书学》,《魏晋南北朝史论文集——中国魏晋南北朝史学会第八届年会暨缪钺先生百年诞辰国际学术研讨会论文集》,巴蜀书社2006年版。
刘浦江:《南北朝的历史遗产与隋唐时代的正统论》,《文史》2013年第2辑。
刘璞宁:《王通的政治道统论》,《北京行政学院学报》2014年第3期。
刘驰:《北朝胡人士族形成的原因及其影响》,《中国社会科学院研究生院学报》1985年第3期。
罗新:《十六国北朝的五德历运问题》,《中国史研究》2004年第3期。

牟钟鉴:《中国宗法性传统宗教试探》,《世界宗教研究》1990 年第 1 期。

穆岚:《北魏时期中原(河南)教育管窥》,《河南教育学院学报》2001 年第 2 期。

穆岚:《试论北魏的私学教育》,《河南师范大学学报》1992 年第 4 期。

栾贵川:《北魏太武帝灭佛原因新论》,《中国史研究》1997 年第 2 期。

秦永洲:《东晋南北朝时期中华正统之争与正统再造》,《文史哲》1998 年第 1 期。

施光明:《北魏中书学考述》,《教育史研究》 1991 年第 4 期。

汤池:《西汉石雕牵牛织女辨》,《文物》1979 年第 2 期。

王永平:《南朝人士之北奔与江左文化之北传》,《南京师范专科学校学报》2000 年第 1 期。

王永平:《北魏时期之南朝流亡人士行迹考述——从一个侧面看南北朝之间的文化交流》,《临沂师范学院学报》2002 年第 1 期。

王永平:《论北魏孝文帝任用南士及其对南朝文化之汲引》,《学习与探索》2009 年第 5 期。

王大良《科举考试起源再认识》,《中州学刊》1999 年第 4 期。

王子云:《新疆的石刻艺术》图七,《文物参考资料》1956 年第 8 期。

王继训:《论北魏佛教信仰展开中的偶然因素》,《理论学刊》2015 年第 7 期。

向燕南:《北魏太武灭佛原因考辨》,《北京师范大学学报》1984 年第 2 期。

姚宏杰:《北魏中书学新探》,《华东师范大学学报》(教育科学版)2006 年第 3 期。

曾顺刚、张宏斌:《鲜卑政治、文化背景下的儒士命运——对北魏崔浩被诛的深层解读》,《天府新论》2014 年第 5 期。

张宪华:《北魏官学初探》,《兰州大学学报》1988 年第 2 期。

张箭:《论导致北魏灭佛的直接原因暨罪证》,《西南民族学院学报》

2000 年第 12 期。
张新民:《〈元经考辨〉》,《古籍研究》1997 年第 1 辑。
张沛:《斯文在中：王通〈中说〉大义抉要》,《晋阳学刊》2009 年第 6 期。
钟盛:《从〈洛阳伽蓝记〉 看北魏洛阳汉文化的复兴——以陈庆之、杨元慎正统之争为例》,《四川理工学院学报》2008 年第 1 期。
祝总斌:《关于王通的〈续六经〉与〈中说〉》,《中华文史论丛》2015 年第 2 期。
朱高正：《近思录对开创中华文明第三周期的意义》，《文史知识》2016 年第 1 期。

(二) 专著

陈寅恪:《隋唐制度渊源略论稿》，中华书局 1963 年新 1 版。
陈寅恪:《金明馆丛稿二编》，上海古籍出版社 1980 年版。
陈寅恪:《魏晋南北朝史演讲录》，黄山出版社 1987 年版。
川本芳昭:《魏晋南北朝时代の民族问题》，东京汲古书院 1998 年版。
曹文柱:《魏晋南北朝史论合集》，商务印书馆 2008 年版。
高敏:《秦汉魏晋南北朝史论考》，中国社会科学出版社 2004 年版。
葛兆光:《宅兹中国》，中华书局 2011 年版。
何德章:《魏晋南北朝史丛稿》，商务印书馆 2010 年版。
侯旭东:《五、六世纪北方民众佛教信仰》，中国社会科学出版社 1998 年版。
侯绍文:《唐宋考试制度史》，台湾商务印书馆 1973 年版。
胡克森:《融合：春秋至秦汉时期从分裂走向统一的文化思考》，人民出版社 2010 年版。
李凭:《北魏平城时代》(修订本)，上海古籍出版社 2011 年版。
李凭:《北朝研究存稿》，商务印书馆 2006 年版。
李孝本:《南北朝之佛教资料》，《现代佛教学术丛刊》第五册，大乘文化基金会 1980 年版。

李小成：《文中子考论》，上海古籍出版社 2008 年版。

梁启超：《饮冰室合集》，中华书局 1989 年影印本。

刘淑芬：《中古的佛教与社会》，上海古籍出版社 2008 年版。

吕思勉：《两晋南北朝史》，上海古籍出版社 1983 年版。

吕思勉：《吕思勉读史札记》，上海古籍出版社 1982 年版。

钱穆：《国史大纲》，商务印书馆 1996 年修订本第 3 版。

尚永琪：《3—6 世纪佛教传播背景下的北方社会群体研究》，科学出版社 2008 年版。

唐长孺：《魏晋南北朝史论丛》，生活·读书·新知三联书店 1955 年版。

汤用彤：《汉魏两晋南北朝佛教史》，上海书店 1991 年版。

田余庆：《拓跋史探》，生活·读书·新知三联书店 2003 年版。

田余庆：《东晋门阀政治》，北京大学出版社 2005 年版。

田余庆：《秦汉魏晋史探微》，中华书局 2004 年版。

王仲荦：《魏晋南北朝史》，上海人民出版社 1980 年版。

严耕望：《中国地方行政制度史·魏晋南北朝地方行政制度》，上海古籍出版社 2007 年版。

阎步克：《察举制度变迁史稿》，辽宁人民出版社 1991 年版。

（北魏）杨衒之撰，周祖谟校释：《洛阳伽蓝记校释》，中华书局 1963 年版。

业露华：《中国佛教学者文集》，宗教文化出版社 2007 年版。

张金龙：《北魏政治与制度论稿》，甘肃教育出版社 2003 年版。

张金龙：《黎虎教授古稀纪念中国古代史论丛》，世界知识出版社 2006 年版。

张沛：《〈中说〉 译注》，上海古籍出版社 2011 年版。

郑钦仁：《北魏官僚机构研究续编》，台湾稻禾出版社 1995 年版。

钟肇鹏：《谶纬论略》，辽宁教育出版社 1991 年版。

中华书局编辑部：《中华学术论文集》，中华书局 1981 年版。

中国魏晋南北朝时学会编：《魏晋南北朝史论文集》，齐鲁书社 1991 年版。

塚本善隆:《支那佛教史研究之北魏篇》，日本东京：弘文堂书店 1942 年版。
周一良:《魏晋南北朝史札记》，中华书局 1985 年版。
周祖谟:《周祖谟语言文史论集》，浙江古籍出版社 1988 年版。
祝总斌:《两汉魏晋南北朝宰相制度研究》，中国社会科学出版社 1990 年版。
祝总斌:《材不材文集——祝总斌学术论文集》，三秦出版社 2006 年版。